河北省高等教育教学改革研究与实践项目

地方普通高校
劳动实践教育

主　编　董丽娟　马爱林
副主编　贺骄阳　张传生　胡建生

燕山大学出版社

·秦皇岛·

图书在版编目（CIP）数据

地方普通高校劳动实践教育 / 董丽娟，马爱林主编．—秦皇岛：燕山大学出版社，2024.5
ISBN 978-7-5761-0617-6

I．①地… II．①董…②马… III．①地方高校－劳动教育－教育研究－河北 IV．①G40-015

中国国家版本馆 CIP 数据核字（2024）第 011036 号

地方普通高校劳动实践教育
DIFANG PUTONG GAOXIAO LAODONG SHIJIAN JIAOYU
董丽娟 马爱林 主编

出 版 人：陈 玉
责任编辑：刘馨泽
责任印制：吴 波   封面设计：刘馨泽
出版发行：燕山大学出版社   电 话：0335-8387555
YANSHAN UNIVERSITY PRESS
地 址：河北省秦皇岛市河北大街西段 438 号   邮政编码：066004
印 刷：涿州市般润文化传播有限公司   经 销：全国新华书店

开 本：787 mm×1092 mm   1/16   印 张：20.75
版 次：2024 年 5 月第 1 版   印 次：2024 年 5 月第 1 次印刷
书 号：ISBN 978-7-5761-0617-6   字 数：380 千字
定 价：86.00 元

内 容 提 要

　　本书以习近平新时代中国特色社会主义思想为指导，贯彻中共中央、国务院发布的《关于全面加强新时代大中小学劳动教育的意见》精神，紧扣新时代劳动教育的要求，结合地方院校特色，注重引导学生对劳动产生情感认同、理性认知和实践自觉，突出劳动技能锻炼，充分挖掘校内及地方优势教育资源，融合劳模精神、工匠精神、奋斗精神和身边榜样典型事迹，着力提升学生的劳动综合素养和劳动能力，培养德智体美劳全面发展的社会主义建设者和接班人。

　　本书理论结合实际，具有地方性、应用性等特点，可作为应用型本科院校开展劳动教育的教材或参考用书。

前　　言

　　劳动教育是新时代中国教育现代化的重要表征。中国式现代化理论为劳动教育高质量发展提供了新视域。党的二十大报告指出，中国式现代化，是中国共产党领导的社会主义现代化，既有各国现代化的共同特征，更有基于自己国情的中国特色。热爱劳动是中华民族的优良传统，更是我党教育事业的优良传统，劳动教育在历史上对于人才的培养发挥了重要作用。

　　随着时代的发展，人们对劳动教育的认识不断深化，其内涵与外延也有新的发展。新时代劳动教育已成为培养社会主义建设者和接班人的基本要求，是党的教育方针的重要内容，是中国特色社会主义教育制度的重要内容。2018年9月，习近平总书记在全国教育大会上明确提出将劳动教育纳入社会主义建设者和接班人的培养要求之中，必须构建大中小学劳动教育体系，全面落实党的教育方针。2020年4月，中共中央、国务院发布了《关于全面加强新时代大中小学劳动教育的意见》（以下简称《意见》），就全面贯彻党的教育方针，加强大中小学劳动教育进行了系统设计和全面部署。

　　本书依据《意见》对大学生劳动教育提出的新要求，针对大学生特点和成长规律，结合地方普通高校应用型人才培养要求，以大学生应该具备的劳动观念、劳动精神、劳动技能为重点，以培养大学生树立劳动最光荣、劳动最崇高、劳动最伟大、劳动最美丽的劳动观念，形成良好的劳动习惯，积极参与校内外劳动实践，以服务地方奉献社会为目的，引导大学生成长为"爱劳动、懂劳动、会劳动"的时代新人。全面贯彻党的教育方针，落实立德树人根本任务，通过劳动教育，帮助大学生塑造正确的世界观、人生观、价值观。

　　作为河北省高等教育教学改革研究与实践项目"地方应用型高校劳动教育'一体两翼四结合'教材体系建构探索"（2021GJJ305）、"转型高校劳动教育实践体系构建研究"（2021GJJ304）的研究成果，本书进一步助推了劳动教育体系建设。

全书共分为四篇十二章，分别是：劳动教育概览篇（第一章：认识劳动；第二章：马克思主义劳动教育理论发展；第三章：地方高校劳动教育；第四章：劳动安全与权益）、劳动精神传承篇（第五章：永不过时的劳模精神；第六章：追求卓越的工匠精神；第七章：百折不挠的奋斗精神）、劳动实践中成长篇（第八章：自我成长——日常劳动；第九章：自我锤炼——生产劳动；第十章：自我奉献——志愿服务；第十一章：服务地方建新功）、劳动实践典型案例篇（第十二章：劳动实践教育典型案例）。本书内容翔实、语言通俗、图文并茂，融理论、知识、技能、实践为一体。为了便于教与学，每章都精心设置了"本章导读""课后思考题""拓展阅读"等栏目，特别是"拓展阅读"栏目，根据章节内容推荐了名家名著，一方面让学生重温经典，体会劳动创造幸福的深刻意义；另一方面使学生进一步拓宽视野，感悟劳动精神，传承红色基因，涵养家国情怀。

本书由董丽娟、马爱林负责内容框架、编写体例的统筹与细化工作；董丽娟、贺骄阳负责全书的初稿审改工作；董丽娟、张传生负责全书的统稿工作。具体编写分工如下：董丽娟负责第一章、第三章、第五章、第九章的编写；马爱林负责第二章、第四章的编写；贺骄阳负责第六章、第七章、第八章、第十章的编写；张传生负责第十一章的编写；胡建生负责第十二章的编写。

本书可作为应用型本科院校等各类高校大学生"劳动教育"课程的教材，也可作为对劳动教育感兴趣的其他人员的参考阅读材料。

本书在编写时参考或引用了部分单位、专家学者的资料；同时，得到了河北科技师范学院宣传部、学工部、招生就业处、安全工作处，以及各学院的大力支持与帮助，在此表示衷心的感谢。由于时间仓促，水平有限，书中难免存在不足之处，敬请广大读者批评指正。

编者
2023 年 9 月

目　　录

第一篇　劳动教育概览

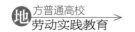

第四篇　劳动实践典型案例

第一篇

劳动教育概览

　　劳动是人类创造物质财富和精神财富的活动。我们要实现中华民族伟大复兴的中国梦，就必须加强劳动教育，引导学生树立正确的劳动观，崇尚劳动、尊重劳动，增强对劳动人民的感情，报效国家、奉献社会。

学习目标

知识目标：

　　了解劳动的基本知识、明确劳动的教育意义。

　　了解新时代劳动教育的内涵及要求。

　　了解地方高校劳动教育的特征、体系及课程结构。

素质目标：

　　懂得劳动的伟大意义。

　　认识接受劳动教育的重要性和必要性。

第一章 认识劳动

【本章导读】

人从哪里来

古代传说：女娲抟土造人。

《圣经》记载：上帝造人。

达尔文在《物种起源》中提出生物进化论学说，他认为生物是由简单到复杂、由低等到高等不断发展变化而来。

恩格斯说：劳动创造了人本身。

第一节 劳动基本知识

人与动物之间的根本区别在于劳动。几千年的人类文明史本质上是人类劳动的创造史和发展史，是由低到高的不同社会形态的历史演进。人类历史的发展演变，本质上是以劳动作为推动力的人类社会生产方式的历史嬗变。

一、劳动的内涵

马克思强调，劳动是以人作为劳动主体的有目的地认识和改造自然的能动活动。当人类通过劳动作用于他身外的自然并改造自然时，也就同时改变了他自身的自然。马克思的阐释揭示了劳动是将人内在的体力、智力对象化的一个过程，劳动过程和劳动目的实现使人认识到自己的本质力量。因此，劳动既是人生存的手段，也是目的。

二、劳动的属性与价值

1. 劳动具有自然属性与社会属性

劳动具有自然属性。马克思指出，劳动是不以一切社会形式为转移的人类生存条件，是人和自然之间的物质变换即人类生活得以实现的永恒的自然必然性。可见，劳动是使得人类从动物界逐渐脱离的过程，也是人类自然属性逐步显现的过程。人的大脑在劳动中逐步发展，并为智力发展提供了物质基础，而且由大脑所支配的外在的五官感觉的形成也是以往全部劳动的历史产物。人类通过劳动实践去获取基本的生活资料，保证生命的延续。而随着劳动生产力的提高，人的生存需求也变得越来越高、越来越多。在这个相互作用的过程中，人与自然对象的联系日益密切，劳动对象的范围逐步扩大，劳动成果的量和质不断提高。因此，人类通过劳动在改造自然的同时也在改造人类本身。

劳动具有社会属性。人类在劳动生产中不仅同自然界发生关系，还同身边的一切事物发生着千丝万缕的联系。人们的劳动不是在孤立状态下进行，而是在一定社会关系中进行的。在劳动中，人们分工合作，形成了一系列的生产、分配、交换、消费等社会关系。劳动促进人类个体不断理解社会、参与社会；个体也在社会化劳动中使自己的劳动能力不断提升，在劳动关系中不断获得有利条件。可以说，劳动关系是人类社会关系最重要的组成部分，现实中的人往往是处在具体劳动关系中的人。

2. 劳动具有生存价值、生活价值与发展价值

劳动具有生存价值。生存是人类最基本的需要，劳动创造了人类本身，促进了人类社会发展，满足人类的生存需要是劳动的最基本价值。在原始社会，人类劳动能力较为低下，劳动的形式和内容比较简单，劳动工具也很简陋，想要维持生命就需要靠自己的劳动，获得满足生存需要的基本物质。打猎、捕鱼、养殖、采集等都是人们的劳动方式，基本的劳动使人类的生命得以延续。后来，社会发展经历了奴隶社会、封建社会、资本主义社会、社会主义社会，劳动由最初的简单劳动演变为复杂劳动，但劳动者依然要通过劳动来获得生存所需。

劳动具有生活价值。从古代中国的"四大发明"到今天改变世界的计算机及人工智能，都是人类劳动的结晶。今天的劳动已经远远超出了生存的目的，人们不再仅仅满足于"活着"，而是追求"有质量"的生活。随着人类社会的不断进步，更大范围、更深层次、更多领域的劳动内容正在发生改变，人类的生活也在劳动水平的提升下朝着更加丰富、多元的方向发展。

劳动具有发展价值。马克思认为，人类本质的实现是一个通过劳动而自我诞生、自我创造和自我发展的历史过程，即"劳动是人的本质"。劳动既是人本质形成的起点，也是人本质发展的基础，更是整个社会文明不断进步的推力。劳动不仅为人类的发展提供必要的物质条件和精神条件，还为人的发展搭建实践平台。马克思指出，劳动创造着具有人的本质的这种全部丰富性的人，创造着具有丰富的、全面而深刻的感觉的人。人只有劳动，才能实现发展，才能实现自我的价值，进而成为全面发展的人。

三、劳动工具及劳动形态

要全面了解劳动，就需要认识劳动工具和劳动形态的变化。每一次产业革命，都是人改造劳动工具，进而改造世界，引发生产力的变革、生产形态的变化，最终推动人类社会向前发展的过程。

1. 劳动工具的变迁

劳动工具是人们在生产过程中用来直接作用于劳动对象的物件。各地历史博物馆中展示的粗糙的石刀石斧、拙朴的耒耜杵臼、锈迹斑斑的犁铧铁镰，看起来毫不起眼，但是，这些劳动工具见证了劳动形态的变迁、人类在劳动中的成长。

劳动工具在劳动者和劳动对象之间发挥作用，是劳动资料最基本和主要的组成部分，是生产力发展水平的主要标志，也是区分经济发展阶段的主要标志。人类文明经过石器时代、青铜器时代、铁器时代、工业时代、信息时代，而引发迭代升级的最核心因素就是劳动工具的改变。劳动工具作为人类从事劳动不可或缺的基本条件，汇集了人类的智慧，体现了人类独有的创造本质。回顾历史发展，人类社会的劳动工具主要经历了五次变革（见表1-1）。

表 1-1　劳动工具的五次变革

人类社会发展阶段		起始时间	代表性工具
石器时代	旧石器时代	距今约 300 万年前	以打制石器为主，如剥片石器、石英片、石头刀、石叉、石锥、石锯、骨器
	新石器时代	距今约 1 万年前	磨制石器、土器、利用草木的纤维以及绢丝、毛等制作的纺织织物
青铜器时代		约公元前 3000 年	用铜、青铜制造的器具
铁器时代		约公元前 1400 年	用铁制造的器具
工业时代	蒸汽时代	18 世纪 60 年代	蒸汽机、纺纱机
	电气时代	19 世纪 60 年代	发电机、电动机、内燃机
信息时代	计算机时代	20 世纪四五十年代	电子计算机
	智能化时代	21 世纪	人工智能、机器人等

2. 劳动形态的发展

依据人类劳动工具的演进，我们可以将人类劳动形态分为手工劳动、机器劳动、自动化劳动、智能化劳动四种。

人类最早的劳动形态为手工劳动。在原始社会，人们主要使用石制劳动工具，因而该时期也被称为石器时代。约 50 万年前的"北京猿人"用锤击、砸打等方法制作出来的砍砸器、刮削器、尖状器就属于早期的手工工具。西安半坡遗址中出土的石刀、石斧、石锄就是经过磨制的手工工具。进入原始社会末期，人们开始制造金属工具。到奴隶社会，金属工具的生产和使用逐渐普及。随着冶铁技术的发展，人类迈入了铁器时代。在这个时期，劳动是一项单纯的活动，劳动力水平较低，人们大多从自然界中获取物质生产资料，劳动对象以土地、水、生物等为主。人类的劳动活动受客观环境影响比较大，自然环境很大程度上影响了人们的劳动内容和劳动方式，多数劳动仅能满足基本的生存需求。

18 世纪中期到 19 世纪时期，人类的劳动形态以机器劳动为主，手工劳动为辅。欧美一些主要的资本主义国家先后开始了以机器大工业代替手工劳动的产业革命，农耕文明向工业文明过渡，产业结构也从以农业为主体转变为以工业为主体。机器得到了广泛的使用，人类的劳动形态发生了根本变化，不再是以往松散的个体劳动，而是变成了有组织的劳动。劳动也产生了细化分工，工厂将需要施加在一个产品上的劳动分割成若干部分，将各个部分的劳动分配给流水线上的工人。

20 世纪四五十年代，电子计算机的研制成功和广泛应用使得生产过程逐步迈向自动化。机器逐渐替代了人们繁重的体力劳动，也替代了人的部分脑力劳动。自动化机器的特点，就是具备一定的运算、判断、操作甚至思维能力，能够独立完成人们设计的生产过程。自动化机器把劳动者与生产工具隔离开来。人类第一次有能力完全以脑力劳动取代体力劳动来获取生存资料和发展资料。与机器大工业生产链条不同，虽然自动化机器把人排除在直接的生产过程之外，但在设计智能机器及其软件的环节增加了劳动者。

进入 21 世纪，智能化劳动开始普及。人类正在经历以人工智能、虚拟现实、量子信息技术、可控核聚变、清洁能源等为技术突破口的新技术革命。随着人工智能和互联网的快速发展，人类社会正在从自动化时代迈向智能化时代，人类生产、交换和消费的内容与方式发生了深刻的变革，其中一个重要而显著的劳动形态变化是机器代替人的主要体力劳动和部分脑力劳动。人工智能不仅在工作精度方面远胜于人类劳动，同时也将人从很多危险岗位上解放出来。这一时期，人主要从事无形的知识、信息、数据等生产、服务和交换的劳动，这些智力密集型的工作除了需要劳动者身心健康外，还需要其拥有通过人力资本所形成的存量"客力"，劳动者体力在智能化劳动中的作用大大下降。

第二节　马克思主义劳动观

马克思认为："全部人的活动迄今为止都是劳动。"劳动是马克思主义思想体系中的核心概念，是马克思主义理论研究的基础。马克思把劳动比喻成整个社会围绕其旋转的太阳，劳动是人类生存的本质，人类的发展过程就是劳动的发展史。在马克思主义经典著作中，关于劳动的论述很多，我们从以下几个方面来认识马克思主义劳动观。

一、劳动与人类起源

恩格斯在《劳动在从猿到人转变过程中的作用》中，深刻地分析了从猿到人转变的关键在于劳动。在他看来，直立行走是从猿转变到人的具有决定意义的一步，劳动促使猿的体质进化成为人的体质。直立行走使手与脚的分工固定化，并且在漫长的劳动过程中，不断进化的人的手终于发展成能够制造工具的手。随着手、脚、脑等各种器官的发展，语言和意识出现，人类终于能够制造各种生产工具。因而，人逐渐脱离动物界，成为真正意义上的人。

恩格斯指出："其实劳动和自然界在一起才是一切财富的源泉，自然界为劳动提供材料，劳动把材料变为财富。但是劳动的作用还远不止于此。劳动是整个人类生活的第一个基本条件，而且达到这样的程度，以致我们在某种意义上不得不说：劳动创造了人本身。"劳动促使人类的大脑不断进化，人类的体态特征愈来愈区别于猿而近似于现代人，人类的劳动工具日益改进和多样，人类智力得到发展，物质生活逐渐丰富起来。在从猿到人不断进化、不断开展劳动的过程中，人类还加强了群体内部成员之间的互相协作，并使成员意识到加强这种协作的好处，从而强化了这个阶段的原始组织。人类社会就在原始组织的基础上逐步演变发展。

二、劳动与社会进步

在马克思看来，劳动是一切历史的基本条件，有了人类的劳动这一满足人类生存必需的前提，才有了人类历史。他充分肯定了劳动对于整个人类和人类历史的重要意义，同时进一步强调："任何一个民族，如果停止劳动，不用说一年，就是几个星期，也要灭亡，这是每个小孩子都知道的。"在人的形成与人类社会诞生和发展的过程中，劳动起着决定性作用，正是由于劳动，人类告别了刀耕火种的蒙昧时代，走向文明。

马克思在《德意志意识形态》中明确指出："我们首先应当确定一切人类生存的第一个前提，也就是一切历史的第一个前提，这个前提是：人们为了能够'创造历史'，必须能够生活。但是为了生活，首先就需要吃喝住穿以及其他一些东西。因此第一个历史活动就是生产满足这些需要的资料，即生产物质生活本身，而且这是这样的历史活动，一切历史的一种基本条件，人们单是为了能够生活就必须每日每时去完成它，现在和几千年前都是这样。"人类的一切活动，包括经济活动、政治活动与文化活动，在本质上都是价值的运动，都是各种不同形式的价值不断转化、循环、增值的过程，只有通过运动，才能实现这种价值的循环，否则一切都只是纸上谈兵。劳动通过作用于自然物，解决了人类吃、穿、住、行的问题，推动了社会生产力的发展。只有生产力得到发展，才能进一步促进物质的丰富，才能充分满足每个社会成员的需要，这样社会发展才能得以持续。

三、劳动与人的发展

人的自由全面发展是马克思主义理论的重要组成部分，是马克思主义最高的价值追求。自由发展和全面发展是马克思关于人处于理想生存状态的两个特质的描述。自由发展指的是人根据自身的兴趣与爱好，自觉自愿、不受束缚地发展自己的体力、智力、个性、品质以及其他方面的各种能力。自由发展强调人的自主性、自觉性和独立性。全面发展是人克服片面性，使自身的体力、智力、个性、品质以及其他方面的各种能力都获得协调均衡的发展。全面发展强调人的发展的丰富性和多维性。做到这两个方面，人才能作为一个完整的主体，真正享受劳动所带来的创造的快乐，从而实现劳动的解放。马克思指出："生产劳动同智育和体育相结合，它不仅是提高社会生产的一种方法，而且是造就全面发展的人的唯一方法。"

在现实生活中，人们的吃、穿、住、行都由劳动完成，人类也经过劳动由自然人转变成社会人。劳动既是一种付出，也是一种自我价值的体现。一方面，劳动让劳动者获得生存的必需品、社会的尊重；另一方面，劳动所创造的物质财富也供养了劳动者及其家人、朋友等。劳动者通过劳动创新生产、改变生活、改善生态，同时也通过劳动磨炼意志、塑造性格、实现梦想。虽然劳动的过程不一定都是愉快的，但是结果却往往会让人觉得充实，因为人们在付出的同时也收获了很多，不仅包括物质上的富足，更有精神上的满足和升华。任何一名劳动者，无论从事的劳动是什么，只要勤于学习、善于实践，在工作上兢兢业业、精益求精，都能够实现自我价值，不断向自由全面发展迈进。

第三节 劳动的意义

劳动是人类的本质特征和存在方式。小到做家务，大到制造宇宙飞船，都贯穿着人类的劳动，我们穿的衣服、吃的食物、住的房子、出行使用的交通工具都是通过劳动而获得的。人在这种普通而平凡、日复一日的劳动中，可以更加充实，让生命更有价值，进而让社会变得更加美好。劳动是我们人类社会发展最日常的活动，是财富和幸福的源泉，更是推动人类社会进步的根本力量。

一、劳动创造个人幸福

幸福，是人类孜孜以求的理想生活状态。习近平总书记多次强调："幸福不会从天而降，梦想不会自动成真。""人世间的美好梦想，只有通过诚实劳动才能实现；发展中的各种难题，只有通过诚实劳动才能破解；生命里的一切辉煌，只有通过诚实劳动才能铸就。"这些论述在继承马克思主义劳动观基本立场的基础上，从人类整体、社会发展、个人追求三个层次阐述了劳动与幸福的辩证关系，是习近平新时代中国特色社会主义思想的重要内容。

幸福是每一个劳动者的基本诉求。只有通过劳动，人们才能提高生活水平和质量，才能提升幸福感。今天，人类物质生活和精神生活已经发展到一个前所未有的高度，大多数人已经拥有了幸福美满的生活，但是这并不意味着不再需要劳动了。劳动作为人的基本活动，贯穿于人生发展的始终。人生发展的每个阶段都需要通过劳动获得进步，创造幸福。

二、劳动托起中国梦

2012年11月29日，习近平总书记在参观《复兴之路》展览时第一次提出了"中国梦"。次年4月28日，他在同全国劳动模范代表座谈时说："实现我们的奋斗目标，开创我们的美好未来，必须紧紧依靠人民、始终为了人民，必须依靠辛勤劳动、诚实劳动、创造性劳动。"

实现中华民族伟大复兴的中国梦，是中华民族近代以来最伟大的梦想，这个梦想凝聚了几代中国人的夙愿。现在，我们比历史上任何时期都更接近这一目标。但是要清醒地认识到，在这一伟大征程中，幸福不会从天而降，梦想不会自动成真。决胜全面小康，"两个一百年"奋斗目标的实现，需要全体中华儿女众志成城、万众一心，把一切力量都凝聚起来，把一切积极因素都调动起来，以劳动托起中国梦。梦想有了，怎么实现呢？"天上不会掉馅饼"，只能靠勤奋不辍、持之以恒的劳动。建一座高楼，依靠的不是其中某一根钢筋的力量，而是靠许许多多型号不同的钢筋一起，形成高楼的骨架，再用混凝土填充，才使高楼拔地而起，巍然耸立。近代以来，正是一代又一代中国人的辛勤劳动、接续奋斗，才实现了国家站起来、富起来、强起来的根本转变。未来，也只有在劳动实践中，才能实现从"中国制造"到"中国创造"再到"中国智造"的飞跃。

中国是一个拥有 14 亿多人口的大国，中国梦是每个中国人的梦想，每个人的梦想都需要劳动来实现，而中国梦的实现必须紧紧依靠广大劳动人民。通过强化劳动者的主人翁地位，给劳动者个人发展和价值实现创造更有利的条件，激发劳动者做新时代的奋斗者，把自己的事业做好，自觉地把人生理想、家庭幸福纳入国家富强、民族复兴的伟业之中，把个人梦与中国梦紧密联系在一起，把实现党和国家确立的发展目标变成自己的自觉行动。如果每一位劳动者都能身体力行，做劳模精神的践行者，做新时代的奋斗者，那么，中国梦必将照进现实，每一个中国人必将用奋斗赢得未来。

三、劳动是人类发展永恒的主题

劳动促进了人对自身与自然界之间关系的全面认识和把握。通过劳动，人类把自然界作为自己劳动的对象，使其成为自己的对象世界；通过劳动，人类实现了自然的人化，同时实现并证明了自身在劳动中的主体地位，彰显出作为劳动主体的智慧、意志和力量；通过劳动，人类对劳动及其各种内在关系进行深度反思，透过各种劳动现象认识了蕴含于其中的劳动的主要内涵、深刻本质和基本规律。

劳动创造了财富，也创造了人类文明，开创了人类从蒙昧时代、野蛮时代走向文明时代的道路，这是巨大的历史性进步。人的需要及对需要的满足构成了人类劳动的动机、目的和实践过程，这既是劳动全过程的内在联系，是创造财富和价值的基本途径，也是创造人类几千年灿烂文明的强大驱动力。古代中华文明以及古巴比伦、古埃及、古印度文明，无不是人类劳动创造的丰厚积淀，无不是无数劳动者劳动智慧的结晶。劳动创造文明的进程还将继续下去，这是不可改变的客观规律。

劳动推动人类社会不断向前发展。人类通过劳动促进了生产力的进步、劳动形态的变化、劳动空间的拓展和劳动门类的丰富，实现了人类社会由低级阶段向高级阶段的不断跃迁。在这个过程中，旧有的部分劳动方式逐渐消失，崭新的劳动方式不断出现，呈现出生生不息、充满活力、不断演进的特点。进入 21 世纪，人工智能与机器大生产进一步融合，在催生新行业新领域新岗位的同时，也给劳动方式带来新的挑战，传统的简单重复、作业强度大、安全风险高的工作将被逐渐代替，人类的生产秩序和社会分工将会产生新一轮的深刻变革。可以预见，人机协作、人机共融将会是未来最重要的劳动发展趋势。站在新的历史关口，面对劳动方式的变革，响应人机共融，实现自由全面的发展将会成为我们驰而不息、为之努力的美好愿景。

【课后思考题】

1. 对自己的劳动经历进行描述与自评，讨论通过劳动有什么感受或者收获。
2. 你如何看待体力劳动和智力劳动？这对自己未来的职业选择有什么影响？
3. 如何理解"劳动创造了人本身"这一重要论断？

【拓展阅读】

1. 中央党校采访实录编辑室：《习近平的七年知青岁月》，中共中央党校出版社 2017 年版。
2. 李珂：《嬗变与审视——劳动教育的历史逻辑与现实重构》，社会科学文献出版社 2019 年版。
3. 郭明义、巨晓林、高凤林：《劳动教育箴言》，中国工人出版社 2020 年版。
4. 苏霍姆林斯基：《怎样培养真正的人》，蔡汀译，教育科学出版社 1992 年版。
5. 恩格斯：《劳动在从猿到人的转变中的作用》，《马克思恩格斯文集（第九卷）》，人民出版社 2009 年版。

第二章 马克思主义劳动教育理论发展

【本章导读】

劳动是贯穿马克思主义理论的一个核心概念，马克思开始观照现实中的人正是从分析研究劳动这一现象开始的。

通过劳动，人们可以在生产过程中有目的地根据自己的需要改造自然对象，创造物质财富和精神财富。马克思认为："劳动作为使用价值的创造者，作为有用劳动，是不以一切社会形式为转移的人类生存条件，是人和自然之间的物质变换即人类生活得以实现的永恒的自然必然性。"劳动是人类一种特殊的存在形式，是人类社会生存和发展的基础。

2018年全国教育工作会议之后，"劳动教育"被纳入新时代党的教育方针。2021年4月，第十三届全国人民代表大会常务委员会第二十八次会议通过新修订的《中华人民共和国教育法》，其中第一章第五条规定："教育必须为社会主义现代化建设服务、为人民服务，必须与生产劳动和社会实践相结合，培养德智体美劳全面发展的社会主义建设者和接班人。"在这种政策背景下，对有关教育与生产劳动相结合的认识与实践进行再回顾、再分析。进一步回顾马克思主义经典作家有关教育与生产劳动相结合的重要论述，从经典作家的有关论述中寻找理解新时代教育与生产劳动相结合以及劳动教育的思想经纬和理论根据。

第一节　马克思主义经典作家劳动价值观阐述

　　教育与生产劳动相结合是马克思、恩格斯的教育思想和整个科学社会主义思想的重要组成部分。马克思、恩格斯、列宁和毛泽东都非常重视教育与生产劳动的结合，认为在资本主义社会里，这是改造社会的最强有力的手段之一。在无产阶级取得政权之后，这是培养理论与实际结合、学用一致、全面发展的新人的根本途径。马克思认为，教育与生产劳动结合不仅是提高社会生产的一种方法，而且是造就全面发展的人的唯一方法。

　　劳动价值观与劳动教育观是马克思主义教育理论的重要内容。马克思、恩格斯曾从历史唯物主义、政治经济学和教育学原理三个维度对劳动价值观、劳动教育观进行过十分重要的精彩的理论解释。其中，历史唯物主义主要是一种将人类物质劳动作为出发点的劳动史观，政治经济学主要是一种基于劳动创造商品价值的劳动政治经济学，而教育学原理则主要是一种强调通过教育与生产劳动相结合来实现人的全面发展的劳动解放学说。认真发掘、深入研究马克思主义经典作家有关劳动价值、劳动教育的文献资源，对于我们今天重新审视劳动教育的价值、把握劳动教育的本质，都具有重要的理论价值和现实意义。

一、历史唯物主义视域中的劳动价值观

　　劳动，是马克思用以分析人类历史发展的核心范畴之一。马克思认为，人类历史是以人的物质劳动作为载体的历史，劳动在整个人类社会和社会历史的发展中处于关键性地位，这使得劳动不仅是把握历史唯物主义的钥匙，更是历史唯物主义得以建构的根本出发点和落脚点之一。劳动范畴的辩证运用不仅构成了历史唯物主义的理论骨骼，而且是历史唯物主义在社会存在和社会意识的辩证关系、阶级和阶级斗争、国家和社会革命等方面的逻辑展开。马克思的历史唯物主义就是用劳动的观点来认识和把握现实世界的发展，或者说，历史唯物主义正是在劳动发展史中才找到了理解全部人类历史的入口，历史唯物主义在一定程度上就是马克思的劳动史观。具体来看，在历史唯物主义的视域中，马克思对人类劳动的基本价值进行的分析主要表现为劳动创造世界、劳动创造历史和劳动创造人本身这三大主张。

　　首先，劳动创造世界。马克思认为，构成人类赖以存在的现实世界的关

键要素之一正是人的劳动，而且这种劳动并不是抽象层面的劳动，而是现实生活中的人的感性物质劳动，即作为人类实践活动最基本形式的"生产劳动"。马克思认为，这是区分人与动物的关键。"当人开始生产自己的生活资料，即迈出由他们的肉体组织所决定的这一步的时候，人本身就开始把自己和动物区别开来。人们生产自己的生活资料，同时间接地生产着自己的物质生活本身。"从这里可以看出，人类的生产劳动都是有意识、有目的的活动，其试图创造出一个可以满足人类生活需要的物质世界。不过在马克思看来，从事生产劳动的个体并不是处在某种虚幻的离群索居和固定不变状态中的人，而是处在现实的、可以通过经验观察到的、在一定条件下进行的发展过程中的人，这使得劳动个体的生产劳动并不只是单一地生产出外部物质世界的现实性，而且还生产出人类社会生活的现实性。因此，马克思历史唯物主义所理解的世界，本身是人类的现实生产劳动的结果，而不是与人类的现实生产劳动无关的抽象的外在实体。也正是通过劳动，人类和外部世界的关系才发生了根本性的转变，原先自在意义的自然世界逐渐成为自为意义的人类世界。在这一世界中，关键性的问题不再是通过劳动来解释或直观，而在于改变或改造世界。作为人类最基本实践活动形式的劳动，也不再只是单纯地依靠人的感性活动，而是将感性活动转变为人的现实社会活动。由此，马克思正式揭示了劳动的社会规定性，并从人与人的社会关系层面来理解和把握劳动，从而实现了历史唯物主义对之前一切旧唯物主义的根本性超越。

其次，劳动创造历史。在马克思看来，只有人类的生产劳动才真正构成了人类历史的基础，才是解开人类历史发展秘密的钥匙。他说："人们为了能够'创造历史'，必须能够生活。但是为了生活，首先就需要吃喝住穿以及其他一些东西。因此，第一个历史活动就是生产满足这些需要的资料，即生产物质生活本身，而且，这是人们从几千年前直到今天单是为了维持生活就必须每日每时从事的历史活动，是一切历史的基本条件。"这表明，只有立足于生产劳动才能真正理解人类历史的发展，只有劳动人民才是历史的创造者，而人类创造历史的行动蕴含在日常生产劳动之中。马克思由此批判了各种独立于人的生产劳动之外的唯心主义历史观，并将劳动看作建立历史唯物主义的基石，人类历史发展的一切现实性都离不开人的劳动过程。对于马克思的这一伟大发现，恩格斯曾经鲜明地指出："历史破天荒第一次被置于它的真正基础上；一个很明显的而以前完全被人忽略的事实，即人们首先必须吃、喝、住、穿，就是说首先必须劳动，然后才能争取统治，从事政治、宗教和哲学等等——这一很明显的事实在历史上的应有之义此时终于获得了承认。"总的来看,在马克思的历史唯物主义中,劳动被看作"一切历史的基本条件"和"人类的第一个历史性活动",其既是人类历史发展的事实起点,也是整个历史唯物主义建构的逻辑起点。马克思正是通过劳动来揭示物质资料生产的作用,发现了人类社会关系发展的客观规律性;并由此肯定了人的主体地位,继而发现劳动人民在历史发展中的伟大作用。而这正是马克思全面建立历史唯物主义的两个理论准备。

再次,劳动创造人本身。马克思深刻指出,劳动不仅创造出人类的物质世界和社会历史,同时也创造了人类自己。"劳动首先是人和自然之间的过程,是人以自身的活动来中介、调整和控制人和自然之间的物质交换的过程。"为了能够在对自身生活有用的形式上占有自然物质,人类必须使得他身上的自然力——臂和腿、头和手运动起来,而当人类通过这种运动作用于他身外的自然并改变自然时,也就同时改变他自身所处的社会生活及人类本身。因此,"劳动是整个人类生活的第一个基本条件,而且达到这样的程度,以致我们在某种意义上不得不说:劳动创造了人本身"。对此,恩格斯在《自然辩证法》一书中依据当时的科学研究成果,从人类起源的意义上论证了劳动在从猿到人的转变过程中具有决定性作用。这种决定性作用主要体现在两个方面:不仅在人类的起源意义上,是劳动创造了人本身,而且在人类的进化意义上,也是劳动创造了人本身。正是在改造世界的劳动过程中,人类才真正地证明自己是类存在物,而劳动就是人类能动的类生活。人只有通过作为类生活的劳动,"自然界才表现为他的作品和他的现实。因此,劳动的对象是人的类生活的对象化:人不仅像在意识中那样在精神上使自己二重化,而且能动地、现实地使自己二重化,从而在他所创造的世界中直观自身"。总之,劳动不仅是人的本质规定,更是人类自身生产和再生产的创造过程。

二、政治经济学语境中的劳动价值观

劳动不仅是理解马克思历史唯物主义的逻辑起点,也是把握马克思政治经济学的枢纽。两者的区别在于,前者主要是一种对劳动的哲学规定,它主要是从劳动的社会历史形态、劳动的存在论内涵来把握劳动的价值;而后者主要是一种对劳动的政治经济学规定,它提出了劳动者是劳动主体、劳动创造价值、按劳分配等一系列政治经济学命题。马克思将劳动作为构建政治经济学体系的基础概念，对处于一定生产方式下从事劳动的人进行了深入研究，并试图创建政治经济学意义上的劳动价值论。其回答的主要问题是价值是谁创造的，是被谁占据的，以及如何被分配的。具体来看，在政治经济学的语境中，马克思的基本主张包括：劳动是商品价值的唯一源泉，劳动剥削是资本主义的社会本性，按劳分配是实现社会正义的重要原则。

首先，劳动是商品价值的唯一源泉。马克思在《资本论》中提出了较为完整的劳动二重性理论，即把劳动区分为具体劳动和抽象劳动，劳动的二重性统一于劳动过程之中。"一切劳动，一方面是人类劳动力在生理学意义上的耗费；就相同的或抽象的人类劳动这个属性来说，它形成商品价值。一切劳动，另一方面是人类劳动力在特殊的有一定目的的形式上的耗费；就具体的有用的劳动这个属性来说，它生产使用价值。"在这里，马克思把商品看作使用价值和价值的统一体，拥有不同形式的具体劳动主要决定使用价值，而凝结在商品中的一般的、无差别的抽象劳动则是形成商品价值的唯一源泉。由此，马克思将抽象劳动的价值视为商品价值的一般尺度，而劳动的自然尺度则是劳动时间，因而就可以用抽象劳动时间量来衡量商品的价值量。"商品具有价值，因为它是社会劳动的结晶。商品的价值的大小或它的相对价值，取决于它所含的社会实体量的大小，也就是说，取决于生产它所必需的相对劳动量。所以，各个商品的相对价值，是由耗费于、体现于、凝固于该商品中的相应的劳动数量或劳动量决定的。"可以看出，马克思强调商品的价值是由劳动者创造的，要生产出一个商品，就必须在这个商品上投入或耗费一定量的劳动。而我们如果承认某种商品具有价值，我们也就是承认在这种商品中的社会劳动。虽然当代社会的劳动形态已经发生了巨大变化，但劳动是商品价值的唯一源泉仍然是颠扑不破的真理。

其次，劳动剥削是资本主义的社会本性。马克思之所以要提出劳动二重性理论与商品二因素思想，其目的在于确立劳动与价值的关系，并以此揭露资本主义社会剥削制度的劳动起源。马克思通过对资本主义社会生产过程的全面剖析，认为资本主义社会生产过程的价值增殖和资本财富快速积累的全部基础，就在于资本家对于雇佣工人剩余劳动的剥削。这里的"剩余劳动"主要是指"一切为养活不劳动的人而从事的劳动"，而且"支配着这种剩余劳动的不是工人，而是资本家"。因此，所谓的"劳动剥削"就是指资本家对雇佣工人的剩余劳动的无偿占有。这是因为在资本主义社会中，资本家占有资本，土地所有者占有土地，而工人阶级除自身劳动力外一无所有，这使得工人阶级被迫以商品的形式出卖剩余劳动，而资本家和土地所有者正是依靠占有工人阶级的剩余劳动才得以生存。可见，正是有了剩余劳动的存在，才会产生被剥削者与剥削者的社会关系。被剥削者是"直接生产者"或劳动者，而剥削者则是"非生产劳动者"。这里面的逻辑顺序是：劳动创造价值——剩余劳动创造剩余价值——资本主义社会的资本家凭借对生产资料的所有权占有雇佣工人的剩余价值。而资本主义社会全部的秘密就隐藏在剩余价值之中，马克思正是通过对剩余价值的研究，考察了劳动者受资本家剥削的程度。由此发现了劳动剥削就是资本主义的社会本性，正是劳动剥削导致了资本主义社会不同阶级的对立，即必要劳动和剩余劳动的分裂直接形成了劳动者阶级与剥削阶级的对立。总的来看，马克思认为，劳动剥削在资本主义社会中起着支配作用，劳动逐渐成为资本增值的工具，劳动在资本主义生产过程中也逐渐演变为异化劳动，而异化劳动的实质就是劳动的社会雇佣关系对于劳动的强制。

再次，按劳分配是实现社会正义的重要原则。按劳分配是马克思关于未来社会分配制度的一个重要构想：在以生产资料公有制为基础的集体社会中，"不管个人所创造的或协助创造的产品的特殊物质形式如何，他用自己的劳动所购买的不是一定的特殊产品，而是共同生产中的一定份额"。马克思认为，应该按照劳动者个人所提供的劳动量的比例，在劳动者之间进行分配。在这里，劳动是决定个人消费资料分配的同一的、唯一的尺度，劳动者据此从社会领取与他向社会提供的劳动量成比例的一份消费品。马克思同时指出："分配的结构完全决定于生产的结构。分配本身是生产的产物，不仅就对象说是如此，而且就形式说也是如此。就对象说，能分配的只是生产的成果；就形式说，参与生产的一定方式决定分配的特殊形式，决定参与分配的形式。"这里面的"生产"就是指人类的劳动活动。人类如何参与劳动的形式直接决定了人类如何进行劳动成果分配的形式，而这就是马克思按劳分配理念中多劳多得、少劳少得、不劳不得的最初原型。马克思的按劳分配理念，总体上就是指由劳动者占有其生产的全部产品，或者分配到与其劳动量相当的全部价值。可见，这种"劳动者得其应得"的分配方式关注的是对分配行为的道德衡量和价值评价，从根本上否定了不劳而获的剥削分配制度，故而被马克思看作是实现社会正义的重要原则，其体现了对具备不同劳动能力的劳动者有效劳动的承认，也体现了对不同劳动者之间劳动正当、合理性差异的承认。

三、教育学原理论述中的劳动价值观

劳动及其劳动价值观在马克思、恩格斯的教育论述中占据着核心位置，马克思、恩格斯关于教育问题的一些重要观点和结论都紧紧围绕着劳动价值观展开，劳动及其劳动价值观在一定程度上为整个马克思主义教育学的最终形成提供了理论依据和方法论指导。具体来看，在教育学的基本理论中，马克思认为，劳动形成人的本质，劳动是实现人的全面发展的重要途径，教育与生产劳动相结合是社会主义教育的根本原则。

首先，劳动形成人的本质。"人的本质不是单个人所固有的抽象物，在其现实性上，它是一切社会关系的总和。"教育的对象是人，因此，面向人的教育也同时面向人身上所带有的社会关系，这就要求，当我们考察教育对人的作用时就必须以人的社会关系作为考察的起点。而在人的社会关系建构中，人的生产劳动是建构其社会关系的主要载体，人正是通过生产劳动才形成了现实的社会关系。社会关系并不是一种独立于或强加于人的事物，而是内生于人的生产劳动之中。基于此，马克思认为，生产劳动对于个人具有决定性的意义。他说："个人怎样表现自己的生命，他们自己就是怎样。因此，他们是什么样的，这同他们的生产劳动是一致的，既和他们生产什么一致，又和他们怎样生产一致。"因此，研究发生在人身上的教育，就是研究人是如何学会通过劳动来生产自己需要的生活资料，就是研究人与人之间具体的生产劳动关系如何影响人自身的生产。对此，马克思、恩格斯进行了总结："为了能够得到通晓整个生产系统的人，教育就必须让年轻人不断地接受各种形式的生产劳动，并轮流从一个生产部门转到另一个生产部门。"可见在马克思、恩格斯看来，劳动形成人的本质，劳动也是发生在人身上的教育。教育既承载于劳动，又服务于劳动，一方面教育的目的就是提高人的劳动能力，另一方面承载着教育功能的劳动本身也使人能够不断丰富自己的精神、拓展自己的才能和实现自己的成长。

其次，劳动是实现人的全面发展的重要途径。马克思、恩格斯通过对人类社会发展的历史考察，特别是对工场手工业取代个体手工业，进而走向机器大工业历史进程的考察发现，不合理的社会分工会造成人的片面发展，从而提出现代教育的目标就在于实现人的全面发展。值得注意的是，马克思、恩格斯最初所说的人的全面发展，并不是指人在德、智、体、身心各方面都得到发展，而是指人的劳动能力的全面发展。具体来讲是使人的生产劳动才能得到充分的发展。人的劳动能力主要划分为体力和脑力。体力是人体所具有的自然力，脑力则是人在精

神方面的生产能力。马克思、恩格斯之所以如此强调人的劳动能力的全面发展，主要是因为当时社会分工的精细化已经导致人的劳动能力逐渐丧失整体性。体力劳动和脑力劳动的分离，以及体力、脑力的各自片面发展在一定程度上都将限制和破坏人发展的全面性，而"当一切专门发展一旦停止，个人对普遍性的要求以及全面发展的趋势就开始显露出来"。因此，只有通过提高人全方面的劳动能力才能使人有能力适应工种的变化和创造出更多的劳动财富，而这启示我们，社会生产劳动对人的全面发展起着重大作用，也要求我们实现教育与生产劳动的内在结合。总的来看，劳动作为人类实践活动的最集中表现，促进人的劳动能力的充分发展意味着劳动的内容和形式达到了完整性、丰富性和可变动性，这无疑能够进一步实现人的自觉能动性、创造性和自主性的全面发展。

再次，教育与生产劳动相结合是社会主义教育的根本原则。马克思在教育思想上特别强调教育要与生产劳动相结合，其形式主要是指"教育要使儿童和少年了解生产各个过程的基本原理，同时使他们获得运用各种生产的最简单的工具的技能"。之所以强调这一点，主要基于两方面的理由：一是教育和生产劳动相结合是现代社会发展的基本要求，其既适应了现代社会劳动形式的变化，又使工人获得了尽可能多方面的发展；二是在马克思构想的社会主义社会中，由于消灭了剥削制度，这就为教育和生产劳动的普遍结合提供了现实的可能。因此，马克思把教育与生产劳动相结合看成是改造现代社会的最强有力的手段之一，是提高社会生产的一种有效方法和造就人的全面发展的唯一方法。在马克思看来，教育与生产劳动相结合是社会主义教育基本特征的体现。这正如列宁所言："没有年轻一代的教育和生产劳动的结合，未来社会的理想是不能想象的：无论是脱离生产劳动的教学和教育，或是没有同时进行教学和教育的生产劳动，都不能达到现代技术水平和科学知识现状所要求的高度。"毛泽东曾经指出："教育必须为无产阶级政治服务，必须同生产劳动相结合。"邓小平也曾指出："为了培养社会主义建设需要的合格的人才，我们必须认真研究在新的条件下，如何更好地贯彻教育与生产劳动相结合的方针。"总之，我们必须从根本上理解教育与生产劳动相结合的含义，将教育与生产劳动相结合视为社会主义教育的根本原则和重要途径。

四、劳动教育观：劳动教育的本质在于培养劳动价值观

通过对马克思、恩格斯著作中劳动价值观的粗线条梳理不难发现，马克

思、恩格斯对于劳动价值观的理解主要存在着三种相互联系的解释模式：第一种是历史唯物主义的解释模式，强调劳动创造世界、劳动创造历史和劳动创造人本身；第二种是政治经济学的解释模式，强调劳动是商品价值的唯一源泉，劳动剥削是资本主义的社会本性，按劳分配是实现社会正义的重要原则；第三种是教育学原理的解释模式，强调劳动形成人的本质，劳动是实现人的全面发展的重要途径，教育与生产劳动相结合是社会主义教育的根本原则。这三种有关劳动价值观的论述，既是整个马克思主义经典著作的重要内容，也是深入理解与应用马克思主义学说的重要通道。

从教育实践的角度看，马克思、恩格斯对劳动及其劳动价值观的阐述能够给予我们最重要的启示在于社会主义的劳动教育观。也就是说，劳动观、劳动价值观决定了劳动教育观，社会主义劳动教育的核心目标只能是促进学习者形成正确的劳动价值观。基于前述马克思主义的劳动观，劳动价值观的培育应当涵盖三个方面：一是要让学生认识到劳动具有本源性价值，即劳动是创造物质世界和人类历史的根本动力，劳动、劳动者神圣光荣；二是要让学生认识到劳动具有经济性价值，即劳动是一切社会财富的源泉，按劳分配是合乎正义的分配原则，不劳而获、少劳多得可耻不义；三是要让学生认识到劳动具有教育性价值，教育与生产劳动相结合不仅体现社会主义教育的本质，而且表明热爱劳动、参加劳动才能实现个人的健康成长，不愿劳动、不爱劳动则会阻碍个人的全面发展。

重温马克思主义经典作家对于劳动及其劳动价值观的阐述，并进一步明确劳动教育的本质在于培养正确的劳动价值观，具有重要的现实意义。在新的历史征程中，我们要在习近平新时代中国特色社会主义思想指引下，开展好学校劳动教育，为培养德智体美劳全面发展的社会主义建设者和接班人作出更大贡献。

第二节　中国共产党劳动教育实践

中国共产党坚持和发展了马克思主义。党和国家对于劳动、劳动者、劳动教育等内容的一系列决策和重要论断都体现了对马克思主义劳动价值观、劳动教育观的继承和发展。

"要在学生中弘扬劳动精神，教育引导学生崇尚劳动、尊重劳动，懂得劳动最光荣、劳动最崇高、劳动最伟大、劳动最美丽的道理，长大后能够辛勤劳动、诚实劳动、创造性劳动。"2018 年 9 月 10 日，习近平总书记在全国教育大会上第一次将劳动教育纳入人才培养全过程，提出培养德智体美劳全面发展的社会主义建设者和接班人，构建德智体美劳全面培养的教育体系。

教育与生产劳动相结合是马克思主义教育理论的基本原理之一，也是我国教育方针的重要内容。百年来，中国共产党始终把贯彻马克思主义教劳结合思想同中国的实际紧密结合，极大地促进了人的全面发展和社会生产，有力支撑了中国革命、建设和改革事业。

一、萌芽：教育与劳动联系起来

在北京西南五环外一个叫祠堂口的胡同里，有一座小三合院，木质门窗，青砖灰瓦，这里是长辛店劳动补习学校旧址。走进不大的屋内，桌椅排列得整整齐齐，黑板上写着"劳工神圣"四个大字。

安源路矿工人补习学校、长沙农村补习教育社、广州农民运动讲习所……20 世纪 20 年代，中国共产党人普遍采用工读结合、耕读结合的方式对工农群众开展教育，在教育实践中践行脑力劳动与体力劳动相结合、理论必须联系实际的原则，唤醒工农民众的斗争意识。

随着中国共产党在政治上的逐渐成熟和革命根据地的不断壮大，教育与生产劳动相结合的思想在共产党的教育实践中得到充分体现。

1934 年 1 月，中华苏维埃共和国第二次全国苏维埃代表大会召开。毛泽东在大会报告中指出："苏维埃文化教育的总方针在什么地方呢？在于以共产主义的精神来教育广大的劳苦民众，在于使文化教育为革命战争与阶级斗争服务，在于使教育与劳动联系起来，在于使广大中国民众都成为享受文明幸福的人。"

"教育与劳动联系起来"成为苏维埃文化教育总方针的重要内容。在苏区，生产劳动是学校课程必不可少的一部分。不少学校都建立起了生产劳动的实习场所，如儿童菜园、肥料所等。传统上，闽西苏区是不种棉的。学习了《种棉指南》后，儿童在老师的指导下开始种植棉花，学校还将种棉技术推广，当地农民也开始种棉，取得了一定的经济效益。

在抗日根据地，为突破敌人的经济封锁，中共中央号召开展大生产运动。无论是在陕甘宁边区还是敌后各个抗日根据地，中小学都积极投入大生产运动中，从教学制度、教学内容到教学方法，都与生产劳动结合起来，为抗日战争贡献了力量。

在教学制度上，课时安排依据农活的忙闲灵活调整。在绥德四十里铺完小，当地 5 天一小集、10 天一大集，许多学生都要回家帮大人照看摊位，因此该校每个星期五上午上课，下午放假。每个大集日早上上课，早饭后学生就可以回家帮大人做活儿了。

在内容上，小学生主要学习基本的生产常识，最主要是接受劳动观念教育。延安杨家湾小学把当地的生产情况和生产经验编成联句教学生。四月棉花下种，教学生"四月里来枣芽发，家家户户种棉花，温水泡籽柴灰拌，向阳川地把种下"；割麦时，教学生"五月天，割麦忙，学生娃娃出书房"；夏耘时，教学生"夏天锄草要加油，一年荒了三不收"……

在教学方法上，学校把一些与生产相关的学科同生产实践紧密联系起来。化学课上讲了做豆腐的原理后，便组织学生做豆腐，学了化学反应原理后，师生就共同熬碱、制墨水、造纸，把知识转化为技能，又把技能转化为产品，支持根据地的大生产运动。

中国共产党成立后，马克思关于教育与生产劳动相结合的思想在中国大地上开始第一次实践。新民主主义革命时期，在战争环境中，只有教育与生产劳动相结合才能克服办教育的物质困难并支援革命斗争，同时唤醒工农群众的革命意识，树立无产阶级的世界观。

二、确立：正式成为教育方针

素有"燕山明珠"之称的密云水库是北京最重要的地表饮用水水源地。多年来，密云水库供水量占了北京城市居民生活用水量的60%，所谓"每喝三杯水，两杯密云来"。这座水库是 20 世纪 50 年代清华大学师生"真刀真枪做毕业设计"的重要成果，也是新中国成立后教育与生产劳动相结合的典型产物。

新中国成立初期，社会主义三大改造完成后，我国开始全面进入社会主义建设时期，中国共产党开始探索走自己的社会主义道路，"教育与生产劳动相结合"在这一时期正式成为社会主义教育方针中的重要内容，并一直延续至今。

新中国成立初期，由于过度强调教育的正规化，一度忽视了思想政治教育和生产劳动教育，以致鄙视劳动的思想抬头，相当一部分学生毕业后不愿意到工厂和农村去，不愿意做工人、当农民，只想升学。而当时，我国教育事业虽然有了较大的恢复和发展，但仍然不能满足所有人的升学愿望。1956年，有些未能升学的初中、小学毕业生因不愿意参加农业生产劳动，还曾有过情绪。

1957年，毛泽东在《关于正确处理人民内部矛盾的问题》中严肃批评了这种现象，他说："有些青年人以为到了社会主义社会就应当什么都好了，就可以不费气力享受现成的幸福生活了，这是一种不实际的想法。"并提出："我们的教育方针，应该使受教育者在德育、智育、体育几方面都得到发展，成为有社会主义觉悟的有文化的劳动者。"

1958年9月，中共中央和国务院发出《关于教育工作的指示》，明确提出"党的教育工作方针，是教育为无产阶级的政治服务，教育与生产劳动结合"，并要求把生产劳动列为一切学校的正式课程。后来毛泽东将其表述为"教育必须为无产阶级政治服务，必须同生产劳动相结合"。

经过大量细致深入的宣传教育工作，1957年以后，每年都有许多中小学毕业生直接参加生产劳动，特别是参加农业生产劳动。他们积极、热情地同广大农民一起并肩劳动，成了我国第一代有社会主义觉悟的有文化的新型劳动者。

在高校，师生们下乡搞现场教学和调查研究，参加技术革命和技术革新，初步建立了以教育教学为主，教学、生产劳动和科学研究"三结合"的体制。清华大学1958届的1400多名毕业生中，绝大多数是直接结合生产进行毕业设计的。

勤工俭学也在这个时候大范围开展起来。1958年年初，共青团中央和教育部相继发布了《关于在学生中提倡勤工俭学的决定》《关于大力支持共青团中央"关于在学生中提倡勤工俭学的决定"的通知》。各地掀起了开展勤工俭学活动的热潮。

根据当地的自然条件和季节变化，各地开展了多种多样的勤工俭学活动，比如替合作社和国营农场割草、积肥、抢收、抢种，帮助建筑工地挖土、填坑、搬砖、运瓦，帮助学校打围墙、修校舍、修运动场，替人缝纫、洗衣，当家庭教师，等等。

这些勤工俭学活动是实现知识分子同工农群众相结合、脑力劳动同体力劳动相结合的一个重要途径，并且对彻底改变旧社会遗留下来的鄙视体力劳动和劳动人民的恶习，也起到了移风易俗的作用。

这一时期，半工半读教育有了相当的发展。党和国家领导人提出借鉴外国经验试办半工半读教育的意见，即学校办工厂农场、企业办学校。比如，天津就有 100 多个工厂办了半工半读学校，其他省份也开办了许多农业中学、劳动大学、工业大学等半工（农）半读学校，一些高校还开办了半工半读班、半农半读系。

这些半工半读学校既减轻了国家和学生家长的负担，又有利于改善学校教育教学脱离实际的状况，开辟了一条教育与生产劳动相结合的新途径。

从新中国成立到"文革"前这段时间，是教劳结合取得丰富经验的时期，是马克思主义教劳结合思想中国化取得第一批重要成果的阶段。原中央教育科学研究所所长卓晴君把这一阶段的教劳结合成果总结为四方面：一是教劳结合第一次被提到了教育方针的高度；二是探索并初步建立了中国社会主义学校劳动教育制度；三是试办了半工（农）半读学校；四是学生普遍受到了一次劳动教育洗礼，对他们的健康成长产生了积极影响。

三、突破：同国民经济发展相适应

党的十一届三中全会后，党和国家的工作重心转移到了社会主义现代化建设上来，党的教育方针也转向为社会主义现代化建设服务，教育与生产劳动相结合在新的历史时期有了突破性的发展。

1978 年，全国教育工作会议召开，邓小平在谈到教育与生产劳动相结合时说："更重要的是整个教育事业必须同国民经济发展的要求相适应。不然，学生学的和将来要从事的职业不相适应，学非所用，用非所学，岂不是从根本上破坏了教育与生产劳动相结合的方针？""整个教育事业必须同国民经济发展的要求相适应"，是邓小平教劳结合思想的核心。邓小平把教劳结合的地位、作用及其重要意义提到了从未有过的高度，大大开阔了我们的视野，使我们摆脱了只在教育圈子内讨论教劳结合的狭隘、封闭和保守。

在邓小平教劳结合思想的指引下，这一时期教育与生产劳动相结合出现了许多新突破。改革教育体制、调整教育结构、大力发展职业教育，是这一时期教育和生产劳动相结合的重要表现。为解决中等教育的单一化，满足社会主义现代化建设对各类专业技术人才的需求，这一时期国家对职业教育高度重视。截至 1992 年年底，我国中等教育中的普通中学学校数与职业学校数已经基本持平。国家还第一次把职业教育的内容纳入普通中学的劳动教育内容中。发展职业教育是教育为经济服务的重要途径，在这一时期被确立为教育与生产劳动相结合的重要形式之一。

在"科学技术是第一生产力"的论断下，教劳结合实践中技术教育的因素也在不断加强。比如，四川成都实验小学坚持对小学生进行种植、金工、木工、电工、炊事、洗涤、手工、缝纫等八项劳动训练；天津十三中引进先进技术设备和高水平科技人才，建起劳动技术教育中心；辽宁省农村实验中学在学习传统农业基础知识等课程的基础上加强了技术教育内容。

教育与生产劳动相结合在新的时期也逐渐走向规范化、法治化、科学化。1978年3月5日第五届全国人民代表大会一次会议通过的《中华人民共和国宪法》，1995年3月18日第八届全国人民代表大会第三次会议通过的《中华人民共和国教育法》，1993年2月13日中共中央、国务院印发的《中国教育改革和发展纲要》，从国家的根本大法、教育专门法和教育行政法规三个层面完整地表述了教育方针，教劳结合作为教育方针的重要内容，有了贯彻实施的法律保障。

随着时代的发展，特别是新技术革命的到来，生产劳动的内涵越来越丰富，过去意义上的"教育与生产劳动相结合"已无法涵盖教育与社会日益广泛且深刻的联系。在党的十六大报告及2015年审议修改的《中华人民共和国教育法》中，明确将教育"与生产劳动和社会实践相结合"确立为新时期党的教育方针的重要内容。

从教育"与生产劳动相结合"到"与生产劳动和社会实践相结合"，表明党对实现教育目标基本途径的认识日臻成熟和完善，这不仅能够给教育事业的改革和发展提供更为科学全面的政策指导，而且也有益于提高受教育者的学习能力、实践能力和创新能力，为培养兼具科学素养与实践技能的全方面、复合型人才提供重要支撑。

四、升华：德智体美劳"五育"并举

进入新时代，站在实现中华民族伟大复兴中国梦的战略高度，以习近平同志为核心的党中央对教劳结合进行了创造性的运用和发展，把劳动教育纳入人才培养总要求，作为新时代立德树人的重要载体，明确提出构建德智体美劳全面培养的教育体系，培养德智体美劳全面发展的社会主义建设者和接班人。这是新中国成立以来，党和国家的最高领导人首次提出将劳动教育与德育、智育、体育和美育并列为五育的全面发展教育理念，这是新中国教育史上一座新的里程碑，也是马克思主义教劳结合思想中国化的又一个标志，具有重大战略意义。

党的十八大以来，习近平总书记在多个场合大力赞扬劳动的价值，把劳动同实现中国梦联系起来。

2012年11月，习近平总书记同采访党的十八大的中外记者见面时指出，人世间的一切幸福都需要靠辛勤的劳动来创造。2013年4月，习近平总书记同全国劳动模范代表座谈时强调，人世间的美好梦想，只有通过诚实劳动才能实现；发展中的各种难题，只有通过诚实劳动才能破解；生命里的一切辉煌只有通过诚实劳动才能铸就。2020年11月，习近平总书记在全国劳动模范和先进工作者表彰大会上强调，光荣属于劳动者，幸福属于劳动者。社会主义是干出来的，新时代是奋斗出来的。

习近平总书记尤其重视对广大青少年的劳动教育。2014年4月，习近平总书记在乌鲁木齐接见劳动模范和先进工作者、先进人物代表时强调，要通过各种措施和方式，教育引导广大青少年牢固树立热爱劳动的思想、牢固养成热爱劳动的习惯，为祖国发展培养一代又一代勤于劳动、善于劳动的高素质劳动者。2015年4月，习近平总书记在庆祝"五一"国际劳动节暨表彰全国劳动模范和先进工作者大会上的讲话中指出，要教育孩子们从小热爱劳动、热爱创造，通过劳动和创造播种希望、收获果实，也通过劳动和创造磨炼意志、提高自己。2016年，在知识分子、劳动模范、青年代表座谈会上，习近平总书记再次指出，人类是劳动创造的，社会是劳动创造的。劳动人民是国家的主人。实现中华民族伟大复兴，必须依靠知识，必须依靠劳动。2018年9月，习近平总书记在全国教育大会上强调，要在学生中弘扬劳动精神，教育引导学生崇尚劳动、尊重劳动，懂得劳动最光荣、劳动最崇高、劳动最伟大、劳动最美丽的道理，长大后能够辛勤劳动、诚实劳动、创造性劳动。

2020年3月，中共中央、国务院发布的《关于全面加强新时代大中小学劳动教育的意见》中，把劳动教育的意义提升到"直接决定社会主义建设者和接班人的劳动精神面貌、劳动价值取向和劳动技能水平"的高度。这是新中国成立以来，国家首次对大中小学劳动教育进行顶层设计和系统部署，充分体现了党和政府对大中小学劳动教育的高度重视，是构建德智体美劳全面发展教育体系的重大举措。

劳动教育带着新时代的新期待强势回归。劳动教育成为大中小学必修课，纳入综合素质评价，不再是可有可无的"隐形课"；劳动教育具有了树德、增智、强体、育美的综合育人价值；劳动教育不再仅仅是学校教育，学校、家庭、社会形成劳动教育合力；劳动的内容更加丰富，适应科技发展和产业变革，注重新兴技术支撑和社会服务新变化……

2021 年 4 月，"培养德智体美劳全面发展的社会主义建设者和接班人"被写入新修订的《中华人民共和国教育法》，"劳"被纳入国家教育方针，实现了同德智体美同样重要的地位，五育并举以法律形式固定下来。

回望历史，中国共产党领导下的教劳结合在百年的栉风沐雨中不断发展，是马克思主义基本原理同中国革命、建设、改革实际相结合的过程，也是社会主义教育方针确立和不断演进的过程。站在中国共产党成立一百周年的新的历史起点上，教育与生产劳动相结合必将继续闪耀光芒，助力中国加快推进教育现代化，建设教育强国，培养堪当民族复兴大任的时代新人。

第三节　新中国劳动教育

重视和加强劳动教育是我国高等教育的一条成功的办学经验。早在中国共产党创建初期，1921 年 8 月，由毛泽东同志创办的湖南自修大学就非常注意劳动教育，强调脑力劳动和体力劳动的结合。抗日战争时期，成立于 1933 年 11 月的中国工农红军大学，坚持理论与实际结合的原则，要求学生参加各种社会活动，校内还办有红军军人书店、军人合作社、畜牧场、碾房、园圃等，成为脑力劳动和体力劳动相结合的场所。红军大学后来发展成为中国人民抗日军事政治大学，是当时根据地最有名的高等学府。全国解放后，我们党就提出把生产劳动列为学校正式课程。1958 年，毛主席在一次讲话中明确地指出，教育必须为无产阶级政治服务，必须与生产劳动相结合。同年 9 月 19 日，中共中央和国务院发布的《关于教育工作的指示》把它确定为党和政府的教育工作方针。

一、各个时期对劳动教育的界定与认识

新中国成立后，中国共产党对马克思主义的"教育与生产劳动相结合"的思想做了创造性实践和发展，并把这一原理作为党的教育方针。然而在新中国成立后很长一个时期，劳动只是被看成工业和农业领域的体力劳动，这显然是对劳动简单化的理解。"劳动教育被确定为勤工俭学、勤俭建国、多快好省建设社会主义的重要途径"，劳动是创造生产价值的途径和公民道德标准。劳

动教育的目的是培养劳动观念和劳动习惯，激发国民劳动的热情和积极性。所以，这一时期劳动教育的内涵主要侧重于体力劳动这一形式，鼓励国民通过日常生活劳动、生产劳动来创造物质财富。

新中国成立初期，劳动教育的主要任务是"提高人民文化水平，培养国家建设人才，改革旧教育，肃清封建的、买办的、法西斯的思想，发展为人民服务的思想"。因此，课程设置与生产生活紧密相关，以此来改造学生思想。这一时期，劳动教育的开展起到了普及劳动知识、培养劳动技能的作用，但是在实施过程中缺乏计划性，过分强调成效而忽略了过程，在方法上操之过急，常常超出学生的能力范围。

社会主义建设的探索和曲折发展时期，尤其是"文化大革命"时期，我国的各项事业均受到严重冲击，劳动教育也被教条化。在错误政策的指导下，劳动教育课程的设置和实施均以纯粹的体力劳动为主，为政治服务，理论课程被严重忽视。教学内容方面，小学主要开展农业生产活动，中学大力强调思想政治教育，借助劳动教育宣传阶级斗争。教学原则方面，一切劳动教育理论必须为生产服务。教育制度方面，村校不分，学校由公社和大队开办，形成"民办公助"式学校，学生服务农村或者直接从工人和农民中选拔学生，学成之后再回到生产实践中去。

改革开放以后，脑力劳动和体力劳动的关系、教育与生产劳动的结合、劳动教育在全面发展教育中的地位等问题引起了深入讨论。党中央努力给脑力劳动正名，重塑"尊重知识、尊重人才"的风气，贯彻脑力劳动与体力劳动相结合、教育必须与生产劳动相结合的方针。1993 年，中共中央、国务院印发的《中国教育改革和发展纲要》明确将我国教育方针表述为"教育必须为社会主义现代化建设服务，必须与生产劳动相结合，培养德、智、体全面发展的建设者和接班人"。可见，这一时期劳动教育的内涵更全面，劳动教育的目的是培养全面发展的社会主义建设者和接班人。

受科技革命和国内教育体制的影响，改革开放以后的劳动教育表现出了与时俱进的时代特征。课程内容方面，小学劳动教育课程以自我服务劳动、家务劳动、简单的社会公益劳动、简单的生产劳动技能以及手工艺劳动为主。中学的劳动教育主要以劳动技术教育课程为主，包括农作物种植、木工、烹饪等日常生产生活内容。课程实施方式则灵活多样：一是将劳动教育与其他学科融合起来，将其穿插在其他课程的教授中；二是让学生参加公益活动，在劳动中培养学生的奉献精神；三是让学生参加生产劳动，定期到校办工厂和农场进行实地操作，将理论与实践紧密结合起来；四是开设手工艺课程，主要培养小学阶段学生的动手能力。改革开放以后，劳动教育逐渐走上正轨，并且取得了较大进步，培养学生劳动素养的维度逐渐凸显。

进入 21 世纪以来，党中央站在新的历史高度重新阐释了新时期劳动的内涵，明确了劳动创造价值，全社会形成了尊重劳动的风气。相应地，教育方针也就劳动教育作了调整。党的十六大报告将"尊重劳动、尊重知识、尊重人才、尊重创造"明确为党和国家的一项重大方针。此外，2001 年国务院发布的《关于基础教育改革与发展的决定》中提出："坚持教育必须为社会主义现代化建设服务，为人民服务，必须与生产劳动和社会实践相结合，培养德智体美等全面发展的社会主义事业建设者和接班人。"强调了教育要与社会实践相结合，更强调了对知识的运用与创新。

综合各个时期劳动教育的目标和内容来看，劳动教育的内涵可以分成两大类：一是培养社会主义事业的建设者和劳动者，劳动教育锻炼受教育者的劳动技能，使受教育者积极投入社会的建设与发展之中；二是作为德育的内容之一，培养受教育者良好的劳动意识、劳动态度，使受教育者珍惜他人的劳动成果，形成良好的道德品质。

二、我国劳动教育的发展历程

70 多年来，我国劳动教育课程的发展经历了探索、特殊发展、革新、深化和新时代构建五个阶段。

（一）劳动教育课程的探索期（1949—1965 年）

中华人民共和国成立之际，《中国人民政治协商会议共同纲领》将"爱劳动"列为国民的五项公德之一。1950 年，《当前教育建设的方针》中明确提出："为工农服务，为生产建设服务，这就是当前实行新民主主义教育的中心方针。"1953 年，我国中小学毕业生明显增多，有些地区甚至发生了毕业生因不能如愿升学而游行的现象。1954 年，中共中央转批教育部《关于解决高小和初中毕业生学习与从事生产劳动问题的请示报告》指出："目前中、小学毕业生之所以普遍发生紧张的升学问题，主要由于过去几年中央教育部对中、小学教育的指导思想上有忽视劳动教育的倾向。"1954 年，党中央提出在学校增设生产劳动课，中学增设实习课，许多学校创办了教学工厂和实验园地。在此阶段，劳动教育开始进入中小学课程体系。此后，教育部、宣传部、青年团中央等部门出台了一系列政策,组织不能升学的高小和初中毕业生参加生产劳动,并开展多样化的劳动教育。这一时期的劳动教育主要表现为体力劳动,主要目的是用劳动教育来缓解毕业生的升学压力。

随着我国教育事业的飞速发展,在校学生人数突增。到 1956 年,小学生人数达 6 346.6 万人,是 1949 年的 2.6 倍;初中生达 438.1 万人,是 1949 年的 5.3 倍;高中生达 78.4 万人,是 1949 年的 3.8 倍,中等技术学校学生达 53.9 万人,是 1949 年的 7 倍;大学生 40.3 万人,是 1949 年的 3.5 倍。教育经费支出出现了明显下降趋势,教育供给与需求之间的差距悬殊,并成为人民内部矛盾在教育领域的一个突出体现。在此背景下,劳动教育作为解决教育经费问题的重要手段得到了重视,主要表现为开展勤工助学。1957 年,毛泽东在《关于正确处理人民内部矛盾的问题》中指出:"我们的教育方针,应该使受教育者在德育、智育、体育几方面都得到发展,成为有社会主义觉悟的有文化的劳动者。"在要求学生掌握基本劳动知识和技能的基础上,开始关注劳动教育在学生社会主义道德培养中的作用。1958 年,中共中央、国务院颁布《关于教育工作的指示》,提出在一切学校中,必须把生产劳动列为正式课程,每个学生必须依照规定参加一定时间的劳动。这一时期,国家将劳动教育贯穿各级各类的学校教育之中,并强调教育与生产劳动相结合。

（二）劳动教育课程的特殊发展期（1966—1976 年）

1966 年,《中共中央关于抓革命、促生产十条规定（草案）》颁布,组织青年学生上山下乡,参加生产劳动,许多学校师生陆续到工厂农村参加劳动和运动。劳动教育的内容更加强调体力劳动至上,文化知识学习不受重视,普通高等学校招生全国统一考试被取消。师生到工厂和农村去,和广大工农群众相结合,从小学到高中的劳动教育内容一律以生产劳动为主导。1966 年年底至 1969 年上半年,全国有 404 万名知青和城镇居民到农村落户,知识青年上山下乡运动骤然达到高潮。20 世纪 60 年代,规定学校必须把教学放在第一位,但是全体师生必须参加一定的生产劳动,缩短学制、压缩文化课、增加社会实践活动方式,"教育与生产劳动相结合"走向形式化、教条化。劳动教育被盲目夸大,甚至出现了"唯劳动是教学、读书无用唯劳动"的极端倾向,使教育与生产劳动相结合为主线的劳动教育探索出现了一定偏差。

在此阶段,劳动的政治意义上升到前所未有的高度,认为将知识分子进行再改造的途径就是通过艰苦的环境和"苦、累、脏、险"的体力劳动,强调要到农村这个广阔的天地去,滚一身泥巴,磨两手厚茧,晒一脸皮,练一颗红心。同时，"四人帮"打着"开门办学"的旗号，强调劳动代替教学，鼓吹"知识越多越反动、劳动越多越革命"，劳动教育研究基本停滞不前。学校层面的劳动教育逐渐消解于社会层面的生产劳动中，这"实际上是将'劳动'概念等同于'生产劳动'进而等同于'体力劳动'，结果是将一部分劳动者（知识分子）视作要接受另外一部分劳动者（工人、农民）革命改造的对象"，劳动教育被异化为阶级斗争的工具和惩罚手段。

（三）劳动教育课程的革新期（1978—2000 年）

1978 年，邓小平在全国教育工作会议上提出，教育与生产劳动相结合既是党的教育方针，也是党的教育优良传统。20 世纪 80 年代，教育资源的匮乏导致升学率偏低，"片面追求升学率"的应试教育问题一度较为突出，弱化了劳动教育的地位。1981 年，《关于建国以来党的若干历史问题的决议》提出要坚持德智体全面发展、又红又专、知识分子与工人农民相结合、脑力劳动与体力劳动相结合的教育方针。1982 年，教育部颁发《关于普通中学开设劳动技术教育课的试行意见》指出，劳动教育是中学教育不可缺少的一部分，开设劳动技术教育课程目的在于培养德、智、体全面发展的一代新人。1986 年，《中华人民共和国义务教育法》明确指出，学校要加强思想政治工作，贯彻德育、智育、体育、美育全面发展的方针，并适当进行劳动教育。至此，劳动教育在法律层面取得了合法性。1987 年，国家下发《关于颁发〈全日制小学劳动课教学大纲（试行草案）的通知》，要求各地组织力量，编好劳动课教材、积极抓好师资配备和培训工作，并要求在全日制五年制和六年制小学三年级均增开一节劳动课：小学低年级的劳动教育，通过各科教学、常规训练、班队活动、课外活动和家庭教育等多种途径渗透进行。

1993 年，国务院颁布《中国教育改革和发展纲要》明确提出各级各类学校都要把劳动教育列入教学计划。1995 年，《中华人民共和国教育法》提出："培养德、智、体等方面全面发展的社会主义建设者和接班人。"劳动教育开始关注个体人的全面发展和劳动观念、劳动技能的培养。1999 年，第三次全国教育工作会议通过《关于全面推进素质教育的决定》，劳动教育更加关注对人素质提升的教育意义，教育与生产劳动相结合成为实施素质教育的重要途径被强调，被界定为社会实践方式之一，强调各级各类学校要加强和改进对学生的生产劳动与实践教育，扭转应试教育，从德、智、体、美、劳等方面来推动素质教育的实现，教育与生产劳动相结合开始更加注重劳动技术和劳动技能教育。2000 年，教育部印发《全日制普通高级中学课程计划（试验修订稿）》，将劳动技能作为学生综合素质的一个重要组成部分，劳动成为育人育才体系的一部分被正式写进教学计划，在课堂教学中得到落实。

（四）劳动教育课的深化期（2001—2017 年）

2001 年，我国基础教育领域开始新一轮课程改革，国务院颁布《关于基础教育改革与发展的决定》，要求在小学至高中阶段设立综合实践活动课程，劳动教育被列入综合实践活动的相应范畴，拓展了劳动课程实施的形式，成为中小学的必修课，内容主要包括信息技术教育、研究性学习、社区服务与社会实践以及劳动与技术教育。我国中小学劳动教育开始进入综合实践活动课程体系的转型时期。2002 年，党的十六大报告中提出，必须尊重劳动、尊重知识、尊重人才、尊重创造，尊重劳动被提升到一个新的高度。2010 年，《国家中长期教育改革和发展规划纲要（2010—2020 年）》进一步强调坚持教育教学与生产劳动、社会实践相结合，加强劳动教育，培养学生热爱劳动、热爱劳动人民的情感，加强重视劳动技术教育的发展，劳动教育实现从理念到具体行动的变革。

2015 年 8 月，教育部、共青团中央、全国少工委《关于加强中小学劳动教育的意见》提出，要坚持思想引领、有机融合、实际体验和适当适度的基本原则，将落实相关课程、开展校内劳动、组织校外劳动及家务劳动作为劳动教育的关键环节。2017 年，党的十九大报告提出，要弘扬劳模精神和工匠精神，营造劳动光荣的社会风尚。

（五）劳动教育课程的新时代构建期（2018 年至今）

2018 年，习近平总书记在全国教育大会上首次提出要将劳动教育纳入德、智、体、美、劳全方位育人的教育体系，大力弘扬劳动精神，教育引导学生明白劳动的光荣与伟大、崇高与美丽，让学生懂得辛勤劳动、诚实劳动、创造性劳动的意义与价值，回应了新时代的重大关切问题，其中包含了"实干兴邦"的劳动实践观、"民族复兴"的劳动发展观、"崇尚劳动"的劳动价值观、"热爱劳动"的劳动教育观等丰富内涵，成为推动党和人民事业的强大思想武器和具体行动指南。2020 年，中共中央、国务院发布《关于全面加强新时代大中小学劳动教育的意见》，强调要将劳动教育纳入人才培养全过程，促进学生形成正确的世界观、人生观、价值观。可见，新时代劳动教育体系正在得到全新的构建，愈发彰显出新时代的"五育并举"的全面育人理念，我国劳动教育在新时代被赋予了新意蕴。

首先，体现在新时代的劳动价值观方面。劳动是人类社会所独有的、自觉的对象性活动，在创造物质世界和人类社会发展中有着重要的作用。新时代的劳动教育强调通过对劳动创造美好生活的体会，形成劳动不分贵贱的积极劳动价值观。其次，体现在新时代的劳动教育内容观方面。当前信息产业、文化产业等新兴劳动的不断涌现，对过去的劳动形态格局产生了挑战和革新，在此背景下的劳动教育内容必须结合产业新形态与劳动新形态深化产教融合，注重选择新型服务性劳动的内容，树立一种发展的内容观。再次，体现在新时代的劳动教育消费观方面。因为生产行为本身就它的一切要素来说也是消费行为。当前青少年普遍存在攀比消费及过度消费的现象，从而反映出消费教育在劳动教育内容中的缺失。最后，体现在新时代的劳动教育闲暇观方面。斯宾塞认为，在生产方式达到圆满，劳动力得到最大化节约之时，闲暇时间会大量增加且占有重要的地位。身心合一的、主动的、创造性的劳动是使人从"沉重的肉身"和"横流的欲望"的奴役状态中解放出来的现实载体，随着人们劳动时间的减少和闲暇时间的增多，劳动教育的内涵必须涵盖正确的劳动教育闲暇观。

第四节　习近平关于劳动的重要论述

党的十八大以来，习近平先后围绕劳动、劳动者、劳模精神等内容发表重要讲话，对之进行了深刻阐述。习近平的讲话中包含了"民族复兴"的劳动发展观、"崇尚劳动"的劳动价值观、"热爱劳动"的劳动教育观等丰富内容，成为推动党和人民事业发展的思想武器和行动指南。

一、劳动发展观

无论是自然界、人类社会还是人的思维，都在不断地运动、变化和发展。劳动是人类社会存在和发展的基础，是推动人类社会进步的根本力量。从马克思认为"劳动是任何一个民族存在和发展的基础"到习近平强调"劳动开创未来"都表明了劳动与社会发展的本质联系。

习近平指出："中华民族是勤于劳动、善于创造的民族。正是因为劳动创造，我们拥有了历史的辉煌；也正是因为劳动创造，我们拥有了今天的成就。""实现中华民族伟大复兴的中国梦，要靠各行各业人们的辛勤劳动。"这些论述揭示了劳动发展的本质，重申和强调了劳动对于发展的历史价值和重要意义。党的十九大报告在对决胜全面建成小康社会做出全面部署的同时，明确了从 2020 年到 21 世纪中叶分两步走全面建设社会主义现代化国家的新目标。新目标的实现依赖全国各族人民的辛勤劳动，劳动是通向未来的必经之路，只有通过全国各族人民的辛勤劳动、诚实劳动、创造性劳动，才能让美好愿景变成现实，从而最终实现中华民族的伟大复兴。

二、劳动价值观

劳动价值观是人们对劳动的根本看法和态度，它直接决定着一个人的价值判断和价值选择，是人们世界观、人生观、价值观的重要组成部分，关系到一个人的就业取向以及他走上工作岗位后的价值取向。

习近平多次强调，劳动最光荣、劳动最崇高、劳动最伟大、劳动最美丽，这是对新时代劳动价值观的明确定位。从内在来看，劳动者通过劳动，可以因为劳动过程和结果产生积极的自我感受和心理愉悦，并且被社会所关注、接受、肯定和认同。"全社会都要贯彻尊重劳动、尊重知识、尊重人才、尊重创造的重大方针，全社会都要以辛勤劳动为荣、以好逸恶劳为耻，任何时候任何人都不能看不起普通劳动者，都不能贪图不劳而获的生活。"这是推动中国特色社会主义发展的一个重要方面，通过教育引导，人们深刻认识新时代劳动的多样性，由衷认为劳动没有贵贱之分，任何一份职业都很光荣。一切劳动，无论是体力劳动还是脑力劳动，都值得尊重和鼓励，新时代劳动价值在人们心中扎根生长，从而形成正确的择业观、就业观和创业观。

劳动模范是践行劳动价值观的典型代表，被称为"民族的精神、人民的楷模""共和国功臣""最美的劳动者"。在 2020 年全国劳动模范和先进工作者表彰大会上，习近平指出："全社会要崇尚劳动、见贤思齐。""劳模精神、劳动精神、工匠精神是以爱国主义为核心的民族精神和以改革创新为核心的时代精神的生动体现，是鼓舞全党全国各族人民风雨无阻、勇敢前进的强大精神动力。"这些重要论述，对全社会提出尊重劳动、崇尚劳动、热爱劳动的明确要求，要始终尊重劳动、关心劳动者，鼓励劳动者焕发劳动热情，向劳动模范看齐，弘扬劳模精神，让诚实劳动、勤勉工作形成风尚，营造良好的价值引领和社会风气，为中国经济社会发展汇聚强大正能量。

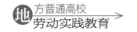

三、劳动教育观

劳动教育是中国特色社会主义教育制度的重要内容，具有树德、增智、强体、育美的综合育人价值，直接决定社会主义建设者和接班人的劳动精神面貌、劳动价值取向和劳动技能水平。近年来，一些青少年出现了不珍惜劳动成果、不想劳动、不会劳动的现象，劳动的独特育人价值在一定程度上被忽视，劳动教育正被淡化、弱化。因此，重视劳动教育是当前教育发展应有的题中之义。

新中国成立以来，不同时期党的教育方针有不同的主题，但"劳动者""生产劳动""社会实践"这些词语一直在我国的教育方针中有所体现，我国在劳动教育方面也积累了一定的经验。新时代的劳动教育不是过去简单的"回归"，更不是回到课堂教学中的学工、学农、种地的模式，而是要从学生劳动价值观、劳动态度、劳动品德、劳动习惯、劳动技能这五个方面深入开展。教育家陶行知指出："劳动教育的目的，在于手脑相长，以增进自立之能力，获得事物之真知及了解劳动者之甘苦。"要在坚持教育同生产劳动和社会实践相结合中，让学生在投身实践和亲身参与中认识国情、了解社会，在增长才干和磨炼意志中感受劳动所带来的收获和快乐，进而形成尊重劳动、热爱劳动的真挚情感。

第五节　新时代劳动教育内涵及要求

一、新时代劳动教育内涵

进入新时代，习近平总书记强调广大青少年要"热爱劳动、热爱创造，通过劳动和创造播种希望、收获果实，也通过劳动和创造磨炼意志、提高自己"。2015 年 7 月，教育部联合共青团中央、全国少工委印发的《关于加强中小学劳动教育的意见》中提出："通过劳动教育，提高广大中小学生的劳动素养，促进他们形成良好的劳动习惯和积极的劳动态度，使他们明白'生活靠劳动创造，人生也靠劳动创造'的道理，培养他们勤奋学习、自觉劳动、勇于创造的精神，为他们终身发展和人生幸福奠定基础。"

　　随着时代的发展，劳动教育也被赋予了新的时代内涵。党的十八大以来，习近平总书记立足新时代历史方位，多次就劳动和劳动教育作出重要论述。习近平总书记多次强调劳动在教育中的重要地位和对历史发展的重要意义，提出："全面建成小康社会，进而建成富强民主文明和谐的社会主义现代化国家，根本上靠劳动、靠劳动者创造。""要在学生中弘扬劳动精神。"这些有关劳动的重要论述回应了新时代的重大关切。2019年7月，中共中央、国务院印发《关于深化教育教学改革全面提高义务教育质量的意见》，提出要坚持"五育"并举，即德智体美劳全面发展，充分发挥劳动的综合育人功能。这是劳动教育作为与其他"四育"对等的概念首次在中央正式文件中被提出。

　　2020年3月，中共中央、国务院颁布的《关于全面加强新时代大中小学劳动教育的意见》（以下简称《意见》），明确提出劳动教育的总体目标是："通过劳动教育，使学生能够理解和形成马克思主义劳动观，牢固树立劳动最光荣、劳动最崇高、劳动最伟大、劳动最美丽的观念；体会劳动创造美好生活，体认劳动不分贵贱，热爱劳动，尊重普通劳动者，培养勤俭、奋斗、创新、奉献的劳动精神；具备满足生存发展需要的基本劳动能力，形成良好劳动习惯。"《意见》明确劳动教育"是学生成长的必要途径，具有树德、增智、强体、育美的综合育人价值"，要求"把劳动教育纳入人才培养全过程"。劳动教育的价值理念得到强化，有利于学生正确劳动价值观的形成和良好劳动品质的培养。同时，《意见》明确表示育人是新时代劳动教育的基本原则之一。"把准劳动教育价值取向，引导学生树立正确的劳动观，崇尚劳动、尊重劳动，增强对劳动人民的感情，报效国家，奉献社会。"《意见》明确了准确把握育人导向是新时代劳动教育的首要价值，也是最核心的价值。

　　2020年7月，教育部印发的《大中小学劳动教育指导纲要（试行）》（以下简称《指导纲要》）对劳动教育的内涵进行了详细界定："劳动教育是发挥劳动的育人功能，对学生进行热爱劳动、热爱劳动人民的教育活动。"劳动教育是帮助学生形成正确的劳动价值观、养成良好的劳动品质的教育活动。

　　总之，新时代劳动教育的本质是一种教育活动，是有目的、有计划地组织学生参加日常生活劳动、生产劳动和服务性劳动，让学生动手实践、出力流汗，接受锻炼、磨炼意志，培养青少年尊重劳动、尊重劳动人民和尊重劳动成果，能运用知识与技能的实践活动。这种教育活动是动态的过程，随着时代的发展被赋予更多新的内涵。

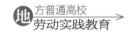

二、新时代劳动教育要求

我国劳动教育的根本目标是聚焦社会主义建设者和接班人所需要的劳动精神面貌、劳动价值取向、劳动技能水平，全面提升学生各方面的劳动素养。一般认为，素养是个体在长期教育和环境影响下形成的某一方面的稳定修养，包含了知识、能力、态度、价值观等内容。根据《关于全面加强新时代大中小学劳动教育的意见》和《大中小学劳动教育指导纲要（试行）》对劳动教育的目标和内容要求，结合新时代劳动对劳动者在思想、心理、伦理、行为、知识与技能等五个方面提出的新要求，我们系统设计了由劳动价值观、劳动情感态度、劳动品德、劳动习惯、劳动知识与技能有机组成的劳动教育内容体系，以全面提升青少年劳动素养。

（一）在劳动价值观方面：要让"劳动最光荣、劳动最崇高、劳动最伟大、劳动最美丽"的观念内化于心、外化于行

劳动价值观是劳动者对劳动的思想认识、根本看法，它直接决定着劳动者的价值判断、情感取向与行为选择，是劳动者素养最深层、最核心的要素。习近平总书记多次强调："劳动最光荣、劳动最崇高、劳动最伟大、劳动最美丽。"这是对新时代劳动价值观的明确定位。落实这一定位，需结合唯物史观，教育引导大学生充分认识"人民创造历史，劳动开创未来。劳动是推动人类社会进步的根本力量"的真理性意义；真正明白"劳动是财富的源泉，也是幸福的源泉"的道理，真切体验在劳动创造中"把自己的理想同祖国的前途、把自己的人生同民族的命运紧密联系在一起，扎根人民，奉献国家"的幸福感；深刻理解按劳分配是实现社会正义的基本原则，真正树立"以辛勤劳动为荣、以好逸恶劳为耻"的价值观，鄙视"不劳而获""少劳多获"的投机思想；正确认识新时代劳动的复杂性与多样性，由衷认同"劳动没有高低贵贱之分，任何一份职业都很光荣""一切劳动，无论是体力劳动还是脑力劳动，都值得尊重和鼓励"的道理，切实改变轻体力劳动和体力劳动者的错误心态。深入理解为什么"尊重劳动"为"四个尊之首"，不能离开"尊重劳动"去谈时代精神。

（二）在劳动情感态度方面：要大力培植"热爱劳动""热爱创造"的真挚情感和积极的劳动精神

劳动情感态度是劳动者的个性心理特征的反映，是个体在一定劳动价值观支配下，在长期劳动情感体验基础上形成的一种相对稳定的对待劳动的心理。"爱劳动"一直是我国劳动教育特别重视培养的基本劳动情感态度。新时代情感态度教育既要强调热爱劳动、勤于劳动，又要强调热爱创造、善于劳动，因为热爱劳动、热爱创造是立业为人的根本，是实干兴邦的基石，更是富民强国的动力。加强劳动教育，就是要通过劳动榜样人物事迹宣传、劳动创造幸福教育、劳动创造美好生活体验等多样形式，让学生真切体验"中国人民具有的伟大劳动精神、伟大奋斗精神、伟大团结精神、伟大梦想精神"，领会"幸福是奋斗的"内涵与意义，继承中华民族勤俭节约、敬业奉献的优良传统，切实养成爱劳动、热爱创造的真挚情感和"勤俭、奋斗、创新、奉献"的劳动精神。

具体来说，小学低年级，要让学生在料理好个人生活起居的过程中，懂得人都要劳动的道理，感知劳动乐趣，爱惜劳动成果；中高年级，要让学生在参加校园劳动和家务劳动的过程中，体会劳动光荣的情感，尊重普通劳动者，逐步养成热爱劳动、热爱生活的态度。初中阶段，要兼顾家政学习、校内外生产劳动和服务性劳动，在开展职业启蒙教育的过程中，引导学生由衷认同劳动创造美好生活的道理，养成认真负责、吃苦耐劳的劳动品质，增强公共服务意识和精神。高中阶段，则要注重围绕丰富职业体验，开展服务性劳动和生产劳动，要学生理解劳动创造价值，接受锻炼、磨炼意志，培养劳动自立意识和主动服务意识，以及服务社会的情怀。职业院校劳动情感态度培育的重点是结合专业特点，增强职业荣誉感和责任感，培育积极向上的劳动精神和认真负责的劳动态度。普通高等学校的重点是围绕创新创业，结合学科专业开展生产劳动和服务性劳动，积累职业经验，培育诚实守信合法劳动的意识，培养到艰苦地区和行业工作的奋斗精神，强化公共服务意识和面对重大危机主动作为的奉献精神。

（三）在劳动品德方面：要在辛勤劳动、诚实劳动的基础上，强调创造性劳动、体面劳动

劳动品德体现了劳动的伦理要求，是指人们在劳动过程中所表现出来的对他人和社会的稳定的心理特征或倾向。辛勤劳动、诚实劳动、创造性劳动，是习近平对新时代劳动的基本要求。辛勤劳动、诚实劳动和创造性劳动是统一的。辛勤劳动是诚实劳动、创造性劳动的前提和基础。"一勤天下无难事"，"民生在勤，勤则不匮"，这些中国人自古秉承的劳动信念在新时代依然熠熠生辉。"坚持艰苦奋斗，不贪图安逸，不惧怕困难，不怨天尤人，依靠勤劳和汗水开辟人生和事业前程"依然是新时代需要发扬的劳动美德。诚实劳动是辛勤劳动的表现，也是创造性劳动的前提。习近平高度讴歌了诚实劳动的价值，强调："人世间的美好梦想，只有通过诚实劳动才能实现；发展中的各种难题，只有通过诚实劳动才能破解；生命里的一切辉煌，只有通过诚实劳动才能铸就。"创造性劳动是辛勤劳动、诚实劳动的发展，也是自由自觉的人类劳动的本质要求。它不仅是劳动者知识和技能水平的体现，更是劳动者争创一流、勇于创新、精益求精、追求卓越的劳动品德的体现。

新时代是创新发展的时代。加强新时代劳动教育，要引导青少年适应新一轮科技革命和产业变革的需要，密切关注行业、产业前沿知识和技术进展，勤学苦练、深入钻研。要完善现代职业教育制度，创新各层次各类型职业教育模式，为劳动者成长创造良好条件。要完善和落实技术工人培养、使用、评价、考核机制，提高技能人才待遇水平，畅通技能人才职业发展通道，完善技能人才激励政策，培养青年人成为技能型成才和大国工匠。要树立创新意识，培养创新思维，展示锐意创新、敢为人先的勇气，蓬勃向上的朝气。要推进产业工人队伍建设改革，落实产业工人思想引领、建功立业、素质提升、地位提高、队伍壮大等改革措施，造就一支有理想守信念、懂技术会创新、敢担当讲奉献的宏大产业工人队伍。

体面劳动影显了新时代劳动发展的人本趋向，也是社会主义社会劳动和劳动教育的本质追求。习近平总书记曾庄严承诺："让人民群众过上更加幸福的好日子是我们党始终不渝的奋斗目标，实现共同富裕是中国共产党领导和我国社会主义制度的本质要求。要坚持以人民为中心的发展思想，维护好工人阶级和广大劳动群众合法权益，解决好就业、教育、社保、医疗、住房、养老、食品安全、生产安全、生态环境、社会治安等问题，不断提升工人阶级和广大劳动群众的获得感、幸福感、安全感。"因此，加强劳动教育，要整个社会努力建构起"切实实现好、维护好、发展好劳动者合法权益"的制度体系；要在学校教育中加强职业生涯规划教育，引导学生充分考虑自己的个性、能力、禀赋和爱好，择业就业；要加强劳动法与社会保障法教育，帮助学生树立合法维权的意识；要强化劳动教育的人本理念，让学生学会分工合作，体会社会主义社会平等、和谐的新型劳动关系，引导学生为建立一个"排除阻碍劳动者参与发展、分享发展成果的障碍，努力让劳动者实现体面劳动、全面发展"的公平正义的社会而奋斗。

（四）在劳动习惯方面：要着力引导青少年养成良好的生产和生活劳动习惯、公益服务习惯和勤俭节约的消费习惯

劳动习惯是个体在长期劳动实践训练中形成的稳定的行为模式。新时代互联网技术的飞速发展、数字经济的到来、人工智能的崛起，在带给人类生活极大便利的同时，也在无形中滋长了一些年轻人企图不劳而获、渴望一夜暴富、追求一夜成名的不良心理，出现了不珍惜劳动成果、不想劳动、不会劳动的现象。为此，《大中小学劳动教育指导纲要（试行）》中，特别确立了"养成良好的劳动习惯和品质"的目标，要求学生能够自觉自愿、认真负责、安全规范、坚持不懈地参与劳动，形成诚实守信、吃苦耐劳的品质，珍惜劳动成果，养成良好的消费习惯，杜绝浪费。

具体来说，小学阶段要格外注重生活能力和良好卫生习惯的培养，养成自己的事情自己做的意识和习惯；初中阶段应在此基础上进一步强化安全劳动、规范劳动的意识和习惯，增强生活自理能力和勤俭节约意识，养成集体劳动习惯；高中阶段则要进一步加强公共服务和公益劳动意识和习惯的培养；职业院校则要在专业劳动中进一步强化产品质量意识，养成认真负责、吃苦耐劳、严谨细致、精益求精的工作习惯；普通高等学校则要让学生巩固良好的日常生活劳动习惯和消费习惯，养成良好的公益劳动习惯和在生产实践中创造性解决问题的意识与习惯。

（五）在劳动知识与技能方面：要用系统的科学知识与技能，为劳动素养的提升奠定坚实基础

劳动知识与技能是个体从事一定劳动所必须具备的知识、技术、技巧及综合运用这些知识、技术、技巧的能力，是个体劳动素养全面提升的必备基础。正如习近平所强调的那样："素质是立身之基，技能是立业之本。广大劳动群众要勤于学习，学文化、学科学、学技能、学各方面知识，不断提高综合素质，练就过硬本领。"《大中小学劳动教育指导纲要（试行）》也强调要通过劳动教育，让学生掌握基本的劳动知识和技能，正确使用常见劳动工具，增强体力、智力和创造力，具备完成一定劳动任务所需要的设计、操作能力及团队合作能力。具体来说，小学低年级阶段，要学会简单的手工制作，照顾身边的动植物；中高年级阶段，要初步体验种植、养殖等简单的生产劳动，初步学会与他人合作劳动。初中阶段要适当体验包括金工、木工、电工、陶艺、布艺等项目在内的劳动及传统工艺制作过程，尝试家用器具、家具、电器的简单修理，参与种植、养殖等生产活动，学习相关技术。高中阶段要统筹劳动教育与通用技术课程相关内容，从工业、农业、现代服务业以及中华优秀传统文化特色项目中，让学生自主选择一项生产劳动。经历完整的实践过程。职业院校要重点结合专业特点，依托实践提高职业劳动技能水平，提升创意物化能力。普通高等学校要让学生积极参加实习实训、专业服务和创新创业活动,重视新知识、新技术、新工艺、新方法的运用,提高在生产实践中发现问题和创造性解决问题的能力。

除结合学科专业开展劳动知识技能教育外,高校劳动教育还应增置劳动学的教学,引导学生学习运用劳动科学知识。人类在总结提炼、创新知识的过程中形成了劳动科学、劳动伦理学、劳动文化学、劳动社会学、劳动教育学等一系列"劳动+"学科。这些学科深化了人们对劳动问题的研究,提升了高等教育水平和劳动人才培养质量,同时,也提高了学生对劳动多学科多维度的认识,使学生获得分析解决劳动问题的本领,增强劳动观念、提升劳动技能。可结合大学生未来的劳动、工作、职业发展需要,通过开设专门的劳动教育课程,完善大学生职业生涯规划和就业指导教育,加强劳动人权、劳动伦理、劳动关系、劳动条件、社会保障、职工福利、职业安全与卫生、劳动法与社会保障法等相关知识与技能的学习。

【课后思考题】

1. 请联系实际谈谈新时代加强劳动教育的必要性。

2. 请联系实际谈谈大学生在劳动教育意识与能力方面存在的主要不足,并据此提出建议。

3. 请联系实际谈谈父母应如何在家庭教育中加强劳动教育。

【拓展阅读】

1. 中共中央、国务院:《关于全面加强新时代大中小学劳动教育的意见》(2020 年 3 月 20 日),中国政府网 2020 年 3 月 26 日。

2. 教育部:《大中小学劳动教育指导纲要(试行)》,中华人民共和国教育部网站 2020 年 7 月 7 日。

第三章　地方高校劳动教育

【本章导读】

　　劳动教育是我党教育事业的优良传统，在历史上对于人才的培养发挥了重要作用。随着时代的发展，人们对劳动教育的认识不断深化，其内涵与外延也有新的发展。新时代劳动教育已成为培养社会主义建设者和接班人的基本要求，是党的教育方针的重要内容。

　　现代社会的劳动具有两个新特点：分工的细化和智能化，这两个特点共同导致劳动有了新的形式，包含了更多的脑力劳动，尤其是伴随着经济领域新业态层出不穷，新兴劳动形态正不断涌现，高校劳动教育应密切关注劳动形态和业态的演变，与时俱进地开展劳动教育，让劳动教育彰显出应有的时代性和创新性。作为地方普通高校，劳动教育更应体现地方性、社会性和实用性。

第一节　劳动教育特征

一、劳动教育的特征

　　作为以提升学生劳动素养的方式促进学生全面发展的教育活动，劳动教育具有如下特征。

　　1. 具有普通教育的特征

　　劳动教育旨在落实全面发展的教育方针，具有普通教育的特征。从马克思主义经典作家开始，"教育与生产劳动相结合"等劳动教育命题的着眼点就在于培育在体力、脑力上均获得全面发展的人。劳动教育具有立德、益智、健体、育美等较为全面的教育功能。因此，虽然职业教育往往包含较多的劳动教育成分，但是劳动教育却是覆盖不同教育类型的教育形态，职业教育、普通教育、大中小幼不同学段的教育，都要开展劳动教育。而由于这一普通教育的属性，劳动教育在基础教育阶段具有更为重要的意义。

2. 具有价值教育的属性

劳动教育区别于当代社会以发展基础技术能力为核心目标的"通用技术教育"等概念。劳动教育所要培养的劳动素养，当然包括形成劳动习惯、有一定劳动知识与技能、有能力开展创造性劳动等，但劳动价值观才是劳动素养的核心。虽然劳动教育的开展离不开具体的劳动形式以及劳动技能的学习，但真正健康的劳动教育则应当特别注重核心目标的达成，即努力帮助学生确立正确的劳动观点、积极的劳动态度，努力帮助他们形成尊重、热爱劳动过程、劳动成果和劳动主体——劳动人民的价值态度。

3. 具有强烈的时代特征与社会属性

在人类历史发展过程之中，劳动形态也在不断变化，具体表现为脑力劳动的比重不断增加、新形态的劳动不断形成。所以劳动教育包括参加体力劳动，但又不能狭隘理解为简单的体力劳动锻炼。劳动教育应依据劳动形态的演进而与时俱进，创造条件让学生参加服务形态的劳动、创造性劳动等，形成当代劳动教育的新方向。

二、大学生劳动教育的意义

1. 引导大学生成长成才

劳动教育是大学生成长成才的需要。劳动教育能够使大学生获得正确的劳动观念、劳动习惯、劳动情感、劳动精神，了解和懂得生产技术知识，掌握生活和劳动技能。习近平总书记在讲话中将劳动教育与德智体美并列，既是对劳动教育本身的有效加强，也是对德智体美教育的有力支撑，劳动精神的培育是学校德育的重要内容，能够帮助大学生端正学习态度、认真学习专业知识，并在就业、创业过程中更加务实和理性。

2. 引导大学生树立正确的劳动观

随着社会的发展、科技的进步以及生活水平的提高，资本、知识、技术、信息在生产生活中的力量不断凸显，人们的劳动观念发生了很大变化。近年来，在一些青少年中出现了不珍惜劳动成果、不想劳动、不会劳动的现象，劳动的独特育人价值在一定程度上被忽视，劳动教育正被淡化、弱化。为了应对这些问题，应采取有效措施切实加强劳动教育，帮助大学生理解劳动是财富的源泉，认可"按劳分配"原则，摒弃好逸恶劳、不劳而获的不良思想，引导大学生树立正确劳动观念，从而尊重劳动、辛勤劳动。

3. 有利于形成诚实劳动的社会风气

诚实劳动是劳动者的内在道德要求。在中国传统文化中，"君子爱财，取之有道"，强调以"道"获"利"。步入新时代，在经济全球化、信息化、网络化的市场经济环境中，在物质主义与利己主义涌现的社会背景下，以"道"获"利"的伦理规范正在接受时代的挑战。在这个背景下，诚实劳动的理念和规范是新时代所必须倡导和落实的。正如习近平总书记强调的，人世间的美好梦想，只有通过诚实劳动才能实现；发展中的各种难题，只有通过诚实劳动才能破解。

而何为新时代的诚实劳动？在本质上，诚实劳动强调的是劳动者积极实干，而不是投机取巧。表现在社会关系上，即要求坚守公平正义，反对损公肥私、损人利己。在经济形态上，诚实劳动反对资本欺诈、违法乱纪。特别是在虚拟经济时代，反对网络诈骗。在人与自然的关系上，诚实劳动要求绿色发展，不以牺牲生态为代价换取经济发展。在社会文化培育上，诚实劳动意在实现"人人为我，我为人人"的文化形态，使每一个劳动者都具备劳动自觉和劳动获得感。形成诚实劳动的社会风气，是时代赋予劳动教育的重任。

具体而言，在劳动教育理念上，应帮助个体理解诚实劳动的重要性，引导其树立诚实劳动的道德理念；在劳动教育内容上，应着重深化大学生对"劳动与资本""劳动者的权益""劳动法"等内容的认识；在劳动教育方式上，重在创设劳动市场环境，使个体在实际参与中将劳动认知转化为具体的劳动行为体验。

4. 推动中华民族伟大复兴中国梦的实现

劳动教育是中国特色社会主义教育制度的重要内容。党的十八大以来，习近平总书记多次阐释劳动的时代意义，倡导人民要以辛勤劳动托起中国梦。这既传承了中华民族"功崇惟志，业广惟勤"的传统美德，也进一步彰显了新时代的马克思主义劳动观。中国特色社会主义迈进新时代，社会的主要矛盾已经由"人民日益增长的物质文化需要同落后的社会生产之间的矛盾"转变为"人民日益增长的美好生活需要和不平衡不充分的发展之间的矛盾"。无论是

"物质文化需要"还是"美好生活需要",都需要每一个劳动者以"辛勤劳动"来获取。通过劳动教育培养新时代大学生的劳动精神面貌、劳动价值取向和劳动技能水平,推动广大青年大学生接力奋斗,是实现中华民族伟大复兴的中国梦的基本途径。

第二节　新时代劳动教育特征

劳动教育是新时代中国教育现代化的重要表征。中国式现代化理论为劳动教育高质量发展提供了新视域。党的二十大报告指出,中国式现代化是中国共产党领导的社会主义现代化,既有各国现代化的共同特征,更有基于自己国情的中国特色。因此,新时代我国的劳动教育有如下特征。

1. 高等教育阶段性特征

如果说中小学劳动教育重点在于对学生的劳动情感、态度与价值观的培养及劳动知识的习得、劳动习惯的养成,且主要以体力劳动为主,那么高校劳动教育则注重培养大学生将来从事复杂劳动的能力,劳动教育有了更多脑力劳动的成分和对创造性劳动的关注。这也决定了劳动教育应针对不同学段学生、同一学段不同年级的特点,科学合理地安排课程和活动,使劳动教育逐级深化、迭代提升。这是对教育规律和人的成长规律的尊重与遵循。对于高校而言,除了要做好与中小学劳动教育的纵向衔接外,由于当代社会劳动形态包含了更多的脑力劳动,尤其是伴随着经济领域新业态层出不穷,新兴劳动形态正不断涌现,高校劳动教育应密切关注劳动形态和业态的演变,与时俱进地开展劳动教育,让劳动教育彰显出应有的时代性和创新性。否则,劳动教育就可能被学生认为是与他们的未来无关或关联不大的活动而难获认同,并可能会因这种劳动教育的时代性、创新性缺失而难以激发学生主动参与的兴趣。

2. 智能时代性特征

不论是过往还是今天,劳动教育都有一个基本的共同点,就是着眼于培养人。但在培养什么样的人、如何培养人、为谁培养人上则各个时代具有不同特征,这便意味着劳动教育作为一种优秀的教育传统,需要在新时代进行创造性转化和创新性发展,推动劳动教育高质量发展。尤其在当今智能时代,高校劳动教育必须面对劳动新形态、发挥新优势:一是适应新技术、新产业、新业态、新模式，劳动呈现出创造性劳动、智能性劳动等新形态，高校劳动教育从内容、形式到方法都要更关注创造性劳动和智能性劳动；二是劳动教育的过程性特征有助于弥补智能条件下因教育的过程性不足而不利于人的全面发展的缺陷，从而彰显劳动教育的独特优势。

3. 功能综合性特征

劳动教育不仅要培养学生热爱劳动、勤于劳动等劳动态度、劳动情感，而且要与学校立德树人这一根本任务联系起来，把立德树人融入劳动教育全过程之中。同时，劳动教育不仅要致力于提高学生的劳动技术技能，解决他们所学书本知识难以运用于实践、动手能力不足的问题，更要着眼于学生创新素质和创造力的培养。如果说过往我们更强调劳动教育在育德上的重要价值与功能，那么今天，就应更注重劳动教育的树德、增智、强体、育美的综合育人价值与功能。这是劳动教育的价值升华和功能拓展。

4. 系统性特征

推进教育高质量发展旨在建设高质量教育体系。比如，教育高质量发展有赖于德智体美劳全面、高质量发展，包括"五育"诸方面高质量发展和"五育"融合高质量发展，归根结底，"五育"融合高质量发展是教育高质量发展的重要表征，也是加快建设高质量教育体系必须坚持系统观念的要义所在。因此，论及劳动教育高质量发展不能脱离"五育"融合高质量发展，这也意味着仅有劳动教育的高质量发展是不够的，实际上这也难以称得上劳动教育真正意义上的高质量发展。值得指出的是，劳动教育不等于劳动教育课程，除了劳动教育必修课程外，其他课程和活动也需要结合学科、专业及活动特点，有机融入劳动教育内容。尤其要结合产业新业态、劳动新形态，选择新型服务性劳动、创造性劳动的内容。

以往有些高校在人才培养上仅注重学生理论知识的学习，或就业技能的训练，却对学生的创新思维、综合素质和实践能力的培养相对忽视。这与新时代对创新型、复合型、应用型的"三型"人才的迫切需求格格不入。劳动教育恰恰与"三型"人才的培养关系密切，尤其是人才培养适当融入劳动教育，有助于实现"创新思维与社会实践相统一"。它所着力解决的不仅仅是学生所学的理论知识应用于实践的问题，而是更注重劳动等社会实践活动对培养学生创新思维的重要功能。比如，作为人才培养重要方式的产教融合和科教融汇是高校实施劳动教育的重要途径之一，对培养"三型"人才起着关键作用。特别是针对劳动的新形态、新业态，通过建立各方有效相"融"机制，可以深化产教融合和科教融汇，进而切实转化和落实为协同育人机制。

高校劳动教育与实践性课程及活动关系密切。比如，着眼于创新人才培养的"双创"教育课程、"挑战杯"全国大学生课外学术科技作品竞赛、"互联网＋"创新创业大赛等活动都可以渗入劳动教育的元素，或成为劳动教育的有机组成部分。但不可否认的是，这些实践性课程和活动往往归口到高校不同的职能部门设计、组织和实施，而各职能部门的期许目标或价值取向又较为多样，因此，如何更好地促使这些实践性课程和活动在培养创新人才上的价值整合、功能互补和相互衔接，是一个非常必要且值得深入探讨的问题。

要坚守劳动教育的教育立场和手脑并用的教育原则，促使劳动的价值观与劳动教育的价值观高度统一，把对劳动价值的认知上升为对劳动教育的集体认同，着力寻求劳动与学生自身成长的一致性，最终使学生通过劳动教育获得全面发展。

第三节　地方高校劳动教育特征

一、地方高校本科教育的基本特点

地方高校作为隶属于地方政府的高等教育机构，是我国高等教育体系的重要组成部分，其本科教育具有如下特征。

1. 培养对象的地方性

应用型本科是地方本科院校的基本人才培养形式，地方本科院校隶属于当地政府管理。它立足于地方人才的需求，为地方社会经济发展服务。

2. 培养目标的应用性

应用型本科教育强调的应用性不同于高职教育，高职教育强调的是针对具体工作岗位的应用，是成熟的操作技能、操作方法、操作程序的应用。而应用型本科培养既有一定的专业理论知识，又有较强的实践能力，能综合运用所学的新理论、新知识分析新情况，解决新问题的高级应用型人才。

应用型本科教育培养的正是现代社会发展迫切需要的"应用型"人才，可以说，应用型本科人才的"应用性"不只是对现有工艺、技术、方法的传承，更是对新技术、新工艺、新方法的应用、拓展和创新。

3. 培养体系的社会性

地方高校作为地方人才培养、教育、研究基地，知识、技术创新高地，有着独特的优势。其培养体系应充分利用学校的学科、人才优势，坚持"走出去、请进来"的策略，全力加强与地方政府、企事业单位、社会团体的联系与合作，构建学校与地方社会资源共享、需求互动的办学机制，开放办学。

地方高校的人才培养应通过加强产学研结合，充分利用学校、企业的资源，把以课堂传授知识为主的教育环境，与直接培养学生动手能力的生产企业相结合，使学生在实际工作场景中获取知识，以提高学生的综合素质和创新能力。

4. 课程体系的实践性

在应用型本科教育人才培养方案中，课程体系是其核心组成部分，具有十分重要的作用。在人才培养方案中，课程体系展现了实现培养目标所必需的基本理论和基本技能，对应用型人才所需要的知识结构和能力素质要求，对为了实现这些要求所必需的实践环节进行了系统的阐述和规划。

在应用型人才培养方案的课程体系中，实践环节的教学是培养学生实践能力、创新精神和综合能力的基本途径，对培养目标的实现至关重要。它将学生课堂知识的学习与实际的生产场景联系在一起；将书本的理论知识与生产过程中的项目相结合；将学生的考核与分析和解决实际问题的能力相结合。

二、地方高校劳动教育特点

现代社会，随着生物工程、微电子和机器人等新技术科学的发展，企业和高等学校之间的合作日益加强，教学、科研、生产"三位一体"已成为高校办学的一种趋势。

劳动教育是作为我国现阶段高等学校教育的一项重要任务，地方高校的劳动教育则表现出如下新的特点。

1. 主体性

主体性是高等学校劳动教育的基本特点。与其他教育教学过程相比，学生在劳动教育中的主体地位尤为突出。劳动教育主要是学生参加，不是教师或其他人员所能替代的，必须将劳动变为学生主动的、自觉的行动，而不是被动地去接受"再教育"。只有这样才能使劳动教育名实相符，让学生在劳动教育中真正受到锻炼。我们强调劳动教育的主体性，但并不否认教师的指导作用，因为劳动教育同样属于学校的教育，同样具有教师和学生的双边性。

2. 直接性

在学校教学中，学生认识的对象和认识的方式都是以间接经验为主，学生的学习具有间接性。劳动教育明显的特点，则是其直接性。苏霍姆林斯基曾说："年轻人对劳动不能凭空产生热爱，只有通过劳动才能获得这个珍宝。"他认为，学生通过一定时间的劳动实践，直接体会到劳动成果的来之不易，才能养成爱护公物、艰苦朴素、尊敬劳动人民、热爱劳动的优良品质，提高社会责任感和学习积极性。在这个过程中，学生也能直接掌握一定的劳动技能和劳动的基本知识。

3. 计划性

劳动教育既然是高等学校教育的一项重要任务，是实现新时期教育目标的一项有力措施，高等学校就必须把它视作一项重要工作来抓，作为一门必修课，要规范纳入整个教学计划，在教学时间上要有一定的安排，并切实加以贯彻执行。

4. 多样性

由于在校大学生已掌握了一定的基础理论、基础知识和基本技能，他们已进入青年成熟期，具有较健康的体质，所以，高校的劳动教育可以是多样化的。从劳动内容看，大学生可以参加生产物质产品、物质财富的劳动，也可以参加生产精神产品、创造精神财富的劳动。从劳动形式看，大学生可以参加工厂、农村的生产劳动，也可以参加服务性的劳动，还可以参加管理性的劳动。从劳动的复杂程度看，既可以参加单纯性的体力劳动，又可以参加技术性较强的脑力劳动。从劳动的地点看，大学生既可以参加校内的劳动，也可以走出校门，参加校外的劳动。从劳动的计酬情况看，可以参加义务劳动，也可以参加计酬的劳动。总之，各高校可以根据实际情况，开展多渠道、多形式、多层次、多种多样的劳动教育。

5. 技术性

技术性是新时期高校劳动教育的一个重要特点。随着一般生产劳动的复杂化程度越来越高，对新时期高校劳动教育的技术和劳动基本知识的要求也越来越高。因此，在劳动教育过程中，要注意学生生产劳动技术的训练和劳动基本功的掌握。按照劳动技术性特点的要求，从高校学生已具备一定的专业理论、专业技能的实际出发，根据各专业特点，多组织一些有一定技术要求的复杂劳动，如电器修理、机器操作、制图、作物栽培等，进而培养学生实际操作能力，激发学生刻苦钻研的热情，增强学生的专业水平。

6. 教育性

教育性是高校劳动教育最重要、最鲜明的特点。教育性的特点要求教育者创设一定的教育情境，按照既定的教育目的，选择合适的劳动，并经过精心的设计组织和安排，促进学生达到预期的目的，寓教育于具体的劳动实践中，要防止为劳动而劳动的做法。增强学生的责任感，充分发挥自己的聪明才智，创造性地服务社会，为国家作出应有的贡献。

7. 实用性

劳动教育的实用性要求大学生在劳动中，充分利用校企合作、产教融合的平台，或是结合所处地域（包括生源地）特点，实现专业知识和综合应用能力的全面提升，一方面要达到相当的劳动量，取得一定的劳动成果；另一方面要讲究劳动效果，真正达到劳动实践的目的。

8. 服务性

地方高校是为地方经济建设培养高素质应用型人才，那么其劳动教育就必须突出服务地方的特点。依据人才培养目标，创新设计开发劳动实践课程与项目，除做好校内外劳动实习实训外，进一步丰富第二课堂内容，结合"三下乡""返家乡"等社会实践活动落实劳动教育方案。

第四节　地方高校劳动教育体系

一、劳动教育总体目标

2020 年 3 月，中共中央、国务院发布的《关于全面加强新时代大中小学劳动教育的意见》中，明确了劳动教育总体目标："通过劳动教育，使学生能够理解和形成马克思主义劳动观，牢固树立劳动最光荣、劳动最崇高、劳动最伟大、劳动最美丽的观念；体会劳动创造美好生活，体认劳动不分贵贱，热爱劳动，尊重普通劳动者，培养勤俭、奋斗、创新、奉献的劳动精神；具备满足生存发展需要的基本劳动能力，形成良好劳动习惯。"

准确把握社会主义建设者和接班人的劳动精神面貌、劳动价值取向和劳动技能水平的培养要求，全面提高学生劳动素养，使学生做到以下几点：

树立正确的劳动观念。正确理解劳动是人类发展和社会进步的根本力量，认识劳动创造人、劳动创造价值、创造财富、创造美好生活的道理，尊重劳动，尊重普通劳动者，牢固树立劳动最光荣、劳动最崇高、劳动最伟大、劳动最美丽的思想观念。

具有必备的劳动能力。掌握基本的劳动知识和技能，正确使用常见劳动工具，增强体力、智力和创造力，具备完成一定劳动任务所需要的设计、操作能力及团队合作能力。

培育积极的劳动精神。领会"幸福是奋斗出来的"内涵与意义，继承中华民族勤俭节约、敬业奉献的优良传统，弘扬开拓创新、砥砺奋进的时代精神。

养成良好的劳动习惯和品质。能够自觉自愿、认真负责、安全规范、坚持不懈地参与劳动，形成诚实守信、吃苦耐劳的品质。珍惜劳动成果，养成良好的消费习惯，杜绝浪费。

二、劳动教育主要内容

劳动教育的主要内容包括对日常生活劳动、生产劳动和服务性劳动中的知识、技能与价值观的培养。日常生活劳动教育立足个人生活事务处理，结合开展新时代校园爱国卫生运动，注重生活能力和良好卫生习惯培养，使学生树立自立自强意识。生产劳动教育要让学生在工农业生产过程中直接经历物质财富的创造过程，体验从简单劳动、原始劳动向复杂劳动、创造性劳动的发展过程，学会使用工具，掌握相关技术，感受劳动创造价值，增强产品质量意识，体会平凡劳动中的伟大。服务性劳动教育让学生利用知识、技能等为他人和社会提供服务，在服务性岗位上见习实习，树立服务意识，实践服务技能；在公益劳动、志愿服务中强化社会责任感。

三、劳动教育课程体系

加强劳动教育工作，既要强化显性劳动教育，传授与大学生就业和职业发展息息相关的劳动科学知识，又要深化隐性劳动教育，深入开展课程劳动教育、专业劳动教育、思政劳动教育和实践劳动教育，融合各类劳动教育资源，系统建构"四位一体"的多元化劳动教育课程体系。以正确劳动观的形成为目标，以学科专业为基础，以社会实践为载体，以创新创业为导向。

（一）课程结构

1. 强化马克思主义劳动观教育

以理论课程形式开展劳动教育，注重围绕创新创业、职业规划，依托"思想道德修养与法制""马克思主义基本原理"等公共通修课程，结合相关学科专业课程，强化马克思主义劳动观教育、劳动相关法律法规与政策教育，普及与学生职业发展密切相关的通用劳动科学知识，培育创造性劳动能力和诚实守信的合法劳动意识。

2. 灵活开展日常生活劳动教育

立足个人生活事务处理，结合开展新时代校园爱国卫生运动，注重生活能力和良好卫生习惯培养，树立自立自强意识。以"后勤服务育人"为载体，加强学生日常生活劳动教育，结合学生校园生活实际，可组织学生以班级或小分队等形式承接学校后勤的相关劳动任务，组织学生开展文明宿舍建设、校园环境卫生维护、绿化养护、勤工俭学等活动；根据专业特点，组织学生参加器材维修和废物再造兴趣小组，以及种植栽培农作物等劳动项目，使学生掌握日常生活劳动技能，形成良好行为习惯，增强自主劳动意识和能力。

学生教育管理部门会同大学生服务中心等有关部门，编列大学生生活中具体的劳动事项和时间，纳入学生日常管理工作。

3. 产教融合协同落实专业生产劳动实践

各院系围绕专业特点，结合专业实习，组织学生到行业企业参与生产实践活动，体验现代劳动实践新形态，增强职业认同感和劳动自豪感。积极打造"专业＋劳动实践""创新创业＋劳动实践"等品牌活动。同时与"互联网＋""青年红色筑梦之旅""创青春"等创新创业赛事深度融合，提升就业创业能力，提高在生产实践中发现问题和创造性解决问题的能力。

4. 搭建平台多途径推进服务性劳动实践

以校院两级学团组织为主体，积极搭建志愿服务平台，开展系列志愿劳动服务活动，让学生利用知识、技能等为他人和社会提供服务，树立服务意识，提高服务技能，增强社会责任感。借助社会实践活动，组织学生深入城乡、社区、福利院、敬老院等公共场所，利用所学专业知识，开展志愿服务，参加公益劳动，引导学生扎根基层建功立业，服务社会、奉献社会；强化公共服务意识和面对重大危机主动作为的奉献精神；培育学生社会公德，厚植爱国爱民的情怀。

（二）课程设置

整体优化学校课程设置，将劳动教育纳入人才培养方案，建设具有综合性、实践性、开放性、针对性的劳动教育课程体系。

1. 劳动教育理论必修课

劳动教育理论必修课共 32 学时，列入人才培养方案。结合各年级学生的实际情况，梯度推进，学段差异化开展。授课形式为线上线下相结合、讲授与讨论相结合；统一编制教学大纲，课程内容为教材内容与专题讲座相结合、劳动教育课程与依托课程相结合。

2. 劳动教育依托课程

不断完善劳动教育实施载体，在公共必修课中，要进一步强化马克思主义劳动观教育、劳动相关法律法规与政策教育。在大学生思想道德与法治课中，增加相关劳动教育模块，通过专题主要在人生观、价值观部分强化马克思主义劳动观教育，科学认识社会主义劳动关系，树立正确劳动价值取向，在道德教育部分强化职业道德教育，在法律部分强化劳动相关法律法规与政策教育；在马克思主义基本原理课中，强化"劳动创造了人本身""劳动创造世界"等历史唯物主义基本理论教育；在职业生涯规划和创新创业课中，增加劳动教育模块，重点强化学生择业观教育。探索劳动教育与创新创业教育、课程思政教育、学科专业教育有机融合的课程教学模式。

四、劳动教育实践体系

实践部分以日常生活劳动、生产劳动和服务性劳动为主，分类实施，作为劳动教育必修课程的补充。根据学科特点和专业服务面向领域，开展形式多样的劳动实践，可依托实习实训课，探索开发"劳动＋专业"双向互动、系列化内容，逐步形成劳动实践体系。

1. 设立劳动教育实践周

每学年开设一周进行劳动教育实践，结合专业能力素质要求、职业发展需要和教学计划安排。可将劳动教育实践周与创新创业活动周统筹安排，或者根据专业特点有计划地分散进行。

各院系有计划地组织学生在本单位分担区内参加校园绿化、环境卫生、教室（实验室）环境维护等公益性劳动实践；有条件的可根据校区相关学院的需求，开展必要的农业生产劳动；开展专题讲座、主题演讲比赛、劳动技能比赛、劳动作品展示等；举办"劳模大讲堂""工匠进校园""优秀毕业生报告会"等劳动榜样人物进校园等活动，让师生近距离接触劳动模范，聆听劳模故事，观摩精湛技艺，感受并领悟勤勉敬业的劳动精神，争做新时代的奋斗者。

2. 开展社会公益性服务型劳动实践

结合社会实践等活动，可在学年内或寒暑假安排，兼顾校内外，采用集体劳动与分散劳动相结合的方式，开展形式多样的服务性社会劳动实践。

3. 开展社团形式的劳动实践

鼓励学生结合所学专业和兴趣专长，成立相关劳动实践社团，依规注册，组织开展学生创新型劳动实践。

4. 探索专业劳动项目实践

依托校区专业实践资源，开展专业劳动项目实践。具有实验基地和实验中心的院系，依托校内实践平台资源，开发面向非本专业学生的专业劳动项目，学生通过公选课的方式参加劳动项目实践。成绩合格计入公选学分。

五、劳动教育教材体系

1. 组织开发优质教材资源

组织马克思主义理论、社会学、教育学和相关院系学科教学专家，开发学校劳动教育必修课教材。

2. 组织编印学校优秀劳动者案例读本

结合学校实际，收集整理反映师生和校友先进劳动人物事迹和精神的影视资料，将典型案例、劳动模范事迹等辑录，刊印成册，用身边的劳动典型教育学生。

鼓励院系组织研发展示劳动过程、劳动安全要求的数字资源，梳理遴选来自教学一线的典型案例和鲜活经验，形成分专题的劳动教育课程资源包，促进优质资源的共享与使用。鼓励有条件的院系编写劳动精神、劳模精神、工匠精神的专题读本。

3. 开发专业劳动实践指导手册

系统梳理归纳学校劳动教育理论教学与实践的具体要求，与第二课堂相结合，学生处、团委明确日常生活劳动、服务型劳动的具体项目、建立劳动项目库，提出考核评价要求；院系编发专业劳动实践指导，明确生产劳动实践的

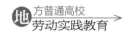

具体项目、学习要求、考核方式、成绩记载等。

六、劳动教育考评体系

加强过程性评价，将参与劳动教育课程学习和实践情况纳入学生综合素质档案，将劳动素养纳入学生综合素质评价体系。

1. 平时表现评价

院系要在平时劳动教育实践活动中及时进行评价。覆盖各类型劳动教育活动，明确学年劳动实践类型、次数、时间等考核要求。关注学生在劳动教育活动中的实际表现，以自我评价为主，辅以教师、同伴、服务对象、用人单位等他评方式，指导学生进行反思改进。要指导学生如实记录劳动教育活动情况，收集整理相关制品、作品等，选择代表性的写实记录，纳入第二课堂成绩单，作为学生学年评优评先的重要参考。

2. 学段综合评价

依据学校劳动教育目标和内容，结合第二课堂成绩单，兼顾必修课学习和课外劳动实践，对劳动观念、劳动能力、劳动精神、劳动习惯和品质等劳动素养发展状况进行综合评定。开展志愿者星级认证。劳动教育考核结果作为毕业依据之一。

七、劳动教育保障体系

1. 加强师资队伍建设

采取多种措施，建立专兼职相结合的劳动教育师资队伍。配齐劳动教育必修课教师，保持教师队伍的相对稳定性。按照每个学院不少于 1 名的要求，配备劳动教育理论必修课专任教师。同时，根据劳动教育需要，配备劳动教育课兼职教师，必要时可选拔学校优秀后勤人员担任劳动实践指导教师，保障劳动教育课的有效开出。此外，聘请当地相关行业企业劳动模范、工匠人才、技术能手等担任劳动教育特聘导师。

有条件的院系课设立劳模工作室、技能大师工作室、荣誉教师岗位等，聘请相关行业专业人士担任劳动实践指导教师。

要明确劳动课教师管理要求，保障劳动课教师在绩效考核、职称评聘、评先评优、专业发展等方面与其他专任教师享受同等待遇。

把劳动教育纳入教育教学管理干部、教师、辅导员培训内容，开展全员培训，强化劳动意识、劳动观念，提升劳动教育的自觉性。对承担劳动教育课程的教师进行专项培训，提高劳动育人意识和专业化水平。

2. 拓展实践场所

通过优化整合校内资源、完善校外实践基地建设、合理开发社会场所等多种途径，拓展劳动实践场所。充分利用校内学习、生活场所，逐步建好配齐劳动技术实践教室、实训基地，丰富劳动教育资源。结合专业见习、实习、创新创业实践等教学活动，深化产教融合、校企合作，建立相对稳定的劳动实践基地，充分发挥实践教育基地的劳动育人功能，满足学生多样化劳动实践需求，增强学生对劳动精神的体验感悟和认知理解。

3. 保障经费投入

多种形式筹措资金，完善校内劳动教育场所和校外劳动教育实践基地建设。加强校内劳动教育设施建设，建立劳动教育器材、耗材补充机制。统筹安排公用经费开展劳动教育，有条件的院系可吸引社会力量提供劳动教育服务。

4. 加强质量监控

把劳动教育质量监控纳入教学督导体系。一是对劳动教育开课率、学生劳动实践组织的有序性，教学指导的针对性，保障措施的有效性等进行督查和指导。二是定期组织开展学生劳动素养状况调查，注重学生劳动观念、劳动能力、劳动精神、劳动习惯和品质等的监测。三是以劳动教育目标、内容要求为依据，将过程性评价和结果性评价结合起来，健全和完善学生劳动素养评价标准、程序和方法，发挥评价的育人导向和反馈改进功能。

5. 建立健全配套制度

建立劳动教育管理和评价相关制度，健全校外师资聘任和考评制度，积极推进现代学徒制人才培养模式改革，深化校企合作、产教融合，建立劳动教育协同工作机制，保障劳动教育有效开展。

6. 开展教改专项研究

把劳动教育纳入学校教育教学研究与改革管理序列，组织开展劳动教育专题教学研讨活动，开展"劳动教育"教学研究专项课题，坚持问题导向，边探索边研究，以研促改，推进劳动教育体系的持续性建设，进一步提升劳动教育水平和质量。

【课后思考题】

1. 谈谈你对大学生劳动教育意义的理解。
2. 你如何看待大学生的日常劳动？
3. 结合自己的专业谈谈劳动教育观。

【拓展阅读】

1. 北京市总工会：《劳动文化研究》，北京出版社 2013 年版。
2. 伊夫·R.西蒙：《劳动、社会与文化》，周国文译，中国经济出版社 2009 年版。

第四章 劳动安全与权益

【本章导读】

确保劳动安全，维护劳动权益

安全是人类社会得以生存和发展的首要前提。在生产过程中，人是最宝贵的、在生产力诸要素中起决定作用的因素。消除生产中的不安全和不卫生因素，可以减少和避免各类事故的发生；创造舒适的劳动环境，可以激发劳动者工作热情，充分调动和发挥人的积极性，进而有利于提高劳动生产率，提高经济效益。在安全从事劳动的前提下，劳动者要学会维护自身的合法权益。保护劳动者的合法权利和利益，是法律赋予的责任，是促进社会公平正义，构建和谐社会的基础。

第一节 劳动安全与劳动保护概述

一、劳动安全和劳动保护

（一）劳动安全的基本内容

劳动安全是指劳动者在生产劳动过程中的安全和健康没有受到威胁，不存在危险、危害的隐患，是免除了不可接受的损害风险的状态。全面完整地理解劳动安全的含义，不仅需要从保障劳动安全的多重主体立场去理解，还要了解劳动安全问题产生的原因。从不同主体来看，劳动安全保护是劳动者依法获得的基本劳动权利之一，在生产劳动过程中，劳动者有权要求用人单位提供安全卫生的劳动条件，以保护自身的生命和健康；加强劳动保护，实现安全生产，保护劳动者生命和身体健康是用人单位应尽的法律义务；国家可以通过制定一系列劳动保护的法律和法规制度，督促用人单位履行法律责任，保障劳动者的劳动安全。

在实际的生产劳动过程中，劳动安全问题的产生往往是多种因素综合作用的结果，需要综合治理。从造成劳动安全问题的原因看，既有人为因素，如由于劳动者个人缺乏安全知识和安全意识，操作失误而造成的安全事故；也有物的因素，如因生产环境和安全条件存在安全漏洞而出现的生产事故；还有人为因素和物的因素共同造成的事故。我们还可以将可能发生的劳动安全问题，按生产劳动岗位性质的不同，区分为以下几类：矿井作业中的瓦斯爆炸、火灾、水灾等；机械加工过程中可能发生的绞碾、电击伤；建筑施工过程中可能发生的高空坠落、物体打击；交通运输过程中可能发生的车辆伤害事故；在有毒有害工作场所中可能发生的职业病害等。

除了上述因生产劳动的直接因素导致的劳动安全问题，广义的劳动安全问题还包括由间接因素导致的安全问题，如劳动者工作时间太长会造成过度疲劳、积劳成疾；女工从事过于繁重或有害妇女生理卫生的劳动也会对女性劳动者身体造成危害。由此可见，保障劳动安全不仅指在生产劳动过程中要防止中毒、车祸、触电、塌陷、爆炸、火灾、坠落、机械外伤等危及劳动者人身安全的事故发生，还要防止由于不当的工作时间和工作强度造成的健康问题的产生。因此，为保障劳动者的劳动安全与卫生，不仅需要国家制定相关劳动保护的法律、法规，对企业用人单位的生产安全进行严格管理，还需要劳动者个人掌握必要的劳动安全知识，自觉遵守生产劳动安全规范，养成劳动安全意识，做好个人安全保护。

（二）劳动保护的基本内容

劳动安全与卫生保护，又称劳动保护，是指以保障劳动者在生产劳动过程中的安全与健康为目的的工作领域及在法律、技术、设备、组织制度和教育等方面所采取的相应措施。为保护劳动者在生产劳动过程中的安全和健康，消除不安全、不卫生因素所采取的各种组织和技术的措施，都属于劳动保护范畴，统称为劳动保护。简而言之，劳动保护就是保护劳动者在劳动生产过程中的安全与健康，以及国家为保护劳动者在生产过程中的安全和健康而制定的各种法规，包括安全技术规程、劳动卫生规程、对女工和未成年工特殊保护以及各种劳动保护管理制度等。劳动保护的受保护者是劳动者,保护者是用人单位;保护的对象是劳动者的安全和健康;保护的范围仅限于劳动的过程。

具体而言,劳动保护的内容主要包括安全技术、劳动卫生与劳动条件、工作时间与休假、女职工和未成年工特殊保护四个方面。

1. 安全技术保护是指为消除工作中的伤害事故,保证生产过程中的人身、设备和生产安全所采取的各种措施,如针对矿山、建筑、冶金、机械制造、化工、交通运输、防火防爆等行业的安全技术规定与标准。

2. 劳动卫生与条件保护是指为保障劳动者的身体健康,防止职业危害,预防职业病所采取的一系列标准、规定和措施,主要包括预防各种粉尘、有毒物、物理环境危害、致病生物危害,以及威胁劳动者身心健康的因素。

3. 工作时间与休假保护是指根据法律法规的规定,用人单位有权合理组织劳动者的工作时间、休息休假,有义务按规定发放给劳动者应有的报酬,劳动者有义务遵守企业劳动纪律等规章制度。

4. 女职工和未成年工特殊保护是指根据法律法规规定,用人单位应考虑女职工生理特点及哺育下一代的责任,未成年工生长发育中的特殊性,依法采取各种措施对他们开展特殊保护。

二、劳动保护管理

要做好劳动保护工作,就要有专门的组织、专门的人员去实施;就要有相关的法律、法规和执行标准作为实施依据;就要对实施过程和实施效果进行监督和控制,这些都属于劳动保护管理的范畴。因此,劳动保护管理的工作内容可以概括为:设立劳动保护组织机构、建立劳动保护法规体系、开展劳动保护教育、实施劳动保护监察、完善劳动保护制度五个方面。

(一)设立劳动保护组织机构

开展劳动保护工作,要有专门的组织机构去实施,要有专门的人员进行管理。劳动保护组织包括政府组织和企业组织两部分。政府劳动保护组织主要负责劳动保护立法、劳动保护监察、劳动争议仲裁和劳动安全保险等工作。企业劳动保护组织主要负责组织劳动安全教育、制定劳动安全措施、管理劳动保护用品等工作。

我国政府劳动保护组织主要有劳动和社会保障组织、劳动监察组织、安全生产组织、劳动争议仲裁组织、妇联组织、工会组织、法院组织等。企业劳动保护组织主要有企业劳动安全生产办公室、企业工会组织、企业妇联组织、企业劳动卫生办公室等。

（二）建立劳动保护法规体系

劳动保护立法，是国家用法律的形式制定和认可，并由国家强制保证执行的一系列保护职工在生产劳动过程中的安全与健康的法律规范。它的职能就是通过法律形式，调整人们在生产、建设和经济活动过程中相互之间的劳动关系，规定人们在生产过程中的行为准则。

我国劳动保护法律体系主要包括劳动保护法律、劳动保护法规、劳动保护国家标准三个方面。

1. 劳动保护法律

劳动保护法律由全国人民代表大会审议通过，由国家主席签署发布并实施，如《宪法》《劳动法》《矿山安全法》《安全生产法》《海上交通安全法》《建筑法》《消防法》《公路法》《煤炭法》《铁路法》等。

2. 劳动保护法规

劳动保护法规由国务院常务会议审议通过，由国务院总理签署发布并实施，如《危险化学品安全管理条例》《民用爆炸物品管理条例》《工伤保险条例》《特种作业人员安全技术培训考核管理办法》《使用有毒物品作业场所劳动保护条例》《尘肺病防治条例》《放射性同位素与射线装置放射防护条例》《职业健康监护管理办法》《职业病诊断与鉴定管理办法》等。

3. 劳动保护国家标准

劳动保护国家标准由国家标准化管理委员会制定并组织实施，如五项规定、三大规程、施工现场临时用电安全技术规范、职业安全标准等。

通过劳动保护立法，使劳动保护工作纳入法制化轨道。劳动保护组织及其职责、劳动保护内容、劳动保护要求、劳动保护权利与义务，所有这些都在相关的法律、法规或劳动标准中得到明确规定。

（三）开展劳动保护教育

1. 安全教育的目的

安全教育是安全管理工作中的一个重要组成部分。广大劳动者接受安全生产教育，可以树立安全生产意识，增强事故防范能力，防止或减少事故发生，保证安全生产。

当前，我国安全生产状况虽然总体向好，但仍处于事故的多发期、易发期，重特大事故多发势头尚未得到有效遏制。全社会的安全素质虽然明显提升，但安全发展观念和安全红线意识树立得还不够牢，安全知识和技能水平总体偏低，违章指挥、违规作业、违反劳动纪律的问题时有发生，由人的不安全行为酿成的事故占事故总量的 90% 左右。可见，控制人的不安全行为对减少伤亡事故极为重要。安全教育是控制人的不安全行为最有效的一种方法，因此，安全教育对减少伤亡事故来说，是一种最直接、最有效的措施。深入加强全社会安全生产宣传教育工作，对于凝聚全社会安全发展共识，提升全民安全文明水平，有效防范遏制重（特）大事故、继续减少事故总量、增强群众安全感具有重要意义。

2. 安全教育的内容

安全教育的内容主要包括三个方面，即安全生产方针、安全法规教育，新工人入厂"三级"安全教育，特殊作业人员安全教育。

（1）安全生产方针、安全法规教育，即学习"安全第一，预防为主，综合治理"的安全生产方针，全面认识安全生产的重要性，树立良好的安全意识；学习安全法律、法规条款内容，在工作中自觉遵守国家安全生产规定，采取必要措施防止安全事故的发生。

（2）新工人入厂进行"三级"安全教育，即新进厂的人员在上岗之前，要分别在工厂、车间和班组三级接受安全教育。厂级安全教育内容一般包括学习国家安全生产方针、政策、法律、法规；了解工厂概况、安全生产情况、各项规章制度；掌握安全技术知识和预防事故的基本知识。车间安全教育内容一般包括车间的生产性质、任务、工艺流程和主要设备情况，车间各项规章制度、安全生产规程和劳动纪律，车间的危险部位、尘毒危害情况以及安全生产的注意事项。班组安全教育内容一般包括班组的生产性质、任务及其在车间、工厂中的地位，班组安全生产情况及有关注意事项，将要使用的设备和工具的性能、操作方法及有关注意事项，本工种的安全操作规程，生产岗位的职责范围，工作纪律和制度，各种防护设施的性能和作用，以及个人劳动防护用品的使用方法等告知新入厂工人。

（3）特殊作业人员安全教育，即对特种作业人员，如电工作业、锅炉司炉、压力容器操作、起重机械作业、爆破作业、金属焊接作业、煤矿井下瓦斯检验、机动车辆驾驶、机动船舶驾驶和轮机操作、建筑登高架设作业等人员，进行专门安全教育。属于特种作业的工种，在安全程度上与其他工种有很大差别。从事该工种的人员在工作中接触的不安全因素较多，危险性较大，很容易发生事故。一旦发生事故，不仅对本人，而且会对周围的人和设施造成很大的危害。

因此对从事特种作业的人员必须进行定期的安全教育和安全技术培训。培训工作采取企业自行培训、劳动保障部门或其指定部门培训相结合的办法。培训内容一般按照《特种作业人员安全技术培训考核大纲》而定，主要以本工种的专业知识和安全技术，以及灾害、事故的案例和预防措施为主。除机动车辆驾驶人员、机动船舶驾驶人员和轮机操作人员需按有关部门的规定执行培训以外，其他特种作业人员应每两年进行一次培训，每次培训结束后都要进行考核，考核合格者，发给特种作业人员操作证。获得操作证的人员，应持证上岗作业。

（四）实施劳动保护监察

劳动保护监察，即对国家劳动保护法律、法规的贯彻落实情况进行监督、检查，督促企业做好劳动保护工作，切实保护劳动者人身安全，避免或减少各种职业危害。

为做好劳动保护监察工作，我国在中央和地方都设立了专门的组织机构，如国家和地方安全生产监督管理部门、劳动监察大队等。此外，国家还建立了劳动保护监察方面的法律、法规体系，如《特种设备安全监察条例》《矿山安全法》《安全生产法》《劳动保障监察条例》等。劳动者在劳动过程中，如遇到企业不为劳动者提供劳动保护用品，不消除安全隐患就让工人作业等违反劳动保护规定的行为，可以向劳动保护监察组织反映，通过劳动保护监察组织督促企业采取劳动保护措施，切实保护劳动者生命安全和身体健康。

（五）完善劳动保护制度

劳动保护制度是法律所规定或确认的国家和用人单位为保护劳动者在生产劳动过程中的安全和健康而采取的各种管理措施的统称。当前主要的劳动保护管理制度包括一般劳动安全卫生管理制度、安全生产管理制度和职业病防治管理制度。

三、劳动保护用品

（一）劳动保护用品的含义

劳动保护用品一般是指为保护劳动者在生产过程中的人身安全和健康所必备的各种防御性装备（也称个人劳动防护用品）。从某种意义上讲，劳动保护用品是劳动者防止职业伤害和劳动伤害的最后一项有效保护措施。尤其在劳动条件差、危害程度高或集体防护措施起不到防护作用的情况下（如抢修或检修设备、野外露天作业、处理事故或隐患等情况），劳动保护用品往往成为劳动保护的主要措施。劳动保护用品在生产劳动过程中是必不可少的生产性装备，企业应按照国家有关规定按时足额发放，不得任意削减；广大职工也要十分爱惜，认真管好、用好各种劳动保护用品。

（二）劳动保护用品的发放管理

发放职工劳动保护用品是保护劳动者安全健康的一种预防性措施，不是生活福利待遇，企业应当根据安全生产、防止职业性伤害的需要，根据不同工种、不同劳动条件来发放劳动保护用品。

（三）劳动保护用品的分类及使用方法

劳动保护用品对于预防事故伤害和减少职业危害具有重要意义。为了提高劳动者安全意识，不仅要让他们了解劳动岗位需要什么样的劳动保护用品，还要了解个人防护用品的正确佩戴和使用方法。

我国实行以人体防护部位为依据的分类标准，将个人防护用品分成 9 类。

（1）头部防护用品。该类防护用品包括安全帽、防寒帽、矿工帽、女工防护帽等。其作用是为了防御头部受外来物体打击，安全帽要有合格的帽子、帽带，戴帽时必须系好帽带；帽内缓冲衬垫的带子要结实，人的头顶与帽内顶部间隔不能小于 32 毫米；每次使用前应认真检查安全帽，若发现有破损情况，要立即更换。进入施工现场，必须戴好安全帽。

（2）呼吸器官防护用品。该类防护用品包括防毒面罩、防毒面具、防尘口罩、氧气呼吸器等。其作用是防护有害气体从呼吸道进入人体，或直接向使用者供氧及提供新鲜空气。其中，防尘口罩和防尘面罩可有效防止粉尘的吸入，而防毒面具则可防止有毒气体、蒸汽、毒烟等的吸入。使用防毒面具要注意正确选择防毒滤料。

（3）眼面部防护用品。该类防护用品包括防护眼镜、焊接护目镜及面罩等。其作用是预防烟、尘、火花、飞屑、化学品飞溅等伤害眼睛或面部。

（4）听觉器官防护用品。该类防护用品包括耳塞和防噪声头盔等。其作用是预防噪声对人体的不良伤害。

（5）手部防护用品。该类防护用品包括防酸碱手套、防寒手套、绝缘手套等。其作用是在不适合以手直接接触机械、机具、液体以及可能导致手部受伤的情况下，戴合适的手套来减少或避免对手部造成的伤害。手套要与手型相符合，防止手套因过长而被卷入机器。操作各类机床或在有被压挤危险的地方作业时，严禁戴手套。

（6）足部防护用品。该类防护用品包括防水鞋、防寒鞋、防油鞋及防酸碱鞋等。其作用是防止劳动中有害物质或外逸能量损伤劳动者的足部。

（7）防护服。该类防护用品包括防寒服、防水服等。其主要作用是保护劳动者免受生产环境中的物理、化学、生物等因素的伤害。

（8）护肤用品。该类防护用品能够防止皮肤外露部分（面、手）受到化学物理等因素的危害。其主要作用是防晒、防射线、防油、防酸、防碱等。

（9）防坠落用品。该类防护用品包括安全帽、安全带及安全绳等。其主要作用是防止作业人员从高处坠落。

（四）劳动保护用品使用的注意事项

劳动保护用品使用的注意事项包括以下几方面。

（1）要根据作业场所的危害因素及其危害程度，正确选用防护用品。

（2）要通过教育培训，做到"三会"，即会检查防护用品的安全可靠性，会正确使用防护用品，会维护保养防护用品。

（3）严禁故意或无故弃用防护用品，确保个人防护用品状况良好，如有损坏，应立即向管理人员报告，及时更换。

（4）用于急救的呼吸器要定期检查，确保有效。同时，应将其妥善存放在可能发生事故的邻近处，以便取用。

四、安全色与安全标志

安全色和安全标志是在特定工作环境中，为了提醒劳动者做好防护而设置的。每一种安全色、每一个安全标志都具有特定的含义，需要正确识别。

（一）安全色

按照我国安全色标准规定，安全色有红色、蓝色、黄色、绿色四种。红色表示禁止、停止，用于禁止标志，如机器设备上的紧急停止手柄或按及禁止触动的部位都使用红色。蓝色表示指令，必须遵守，如必须佩戴个人防护用具或道路上指引车辆和行人行驶方向的命令都使用蓝色。黄色表示警告和注意，如厂内危险机器和警戒线、行车道中线、安全帽等都使用黄色。绿色表示安全状态或可以通行，如车间内的安全通道，行人和车辆通行标志，消防设备和其他安全防护设备的位置都使用绿色。

（二）安全标志

安全标志一般是由安全色、几何图形和图形符号构成。其目的是要引起人们对不安全因素的注意，预防安全事故的发生。因此，要求安全标志必须含义简明、清晰易辨、引人注目，同时要尽量避免过多的文字说明，甚至不用文字说明，也能使人们一看就知道其所表达的含义。

安全标志分为禁止标志、指令标志、警告标志和提示标志四类。

（1）禁止标志。用于禁止人们的不安全行为。其基本形式为带斜杠的圆形框，圆环和斜杠为红色，图形符号为黑色，衬底为白色。

禁止标志

（2）指令标志。用于强制人们必须做出某种动作或采用防范措施。其基本形式是圆形边框，图形符号为白色，衬底为蓝色。

指令标志

（3）警告标志。用于警告人们注意可能发生的各种危险。其基本形式为三角形边框，图形符号为黑色，衬底为黄色。

警告标志

（4）提示标志。用于向人们提供某种信息（指示目标方向、标明安全设施或场所等）。其基本图形是方形边框，图形符号为白色，衬底为绿色。

提示标志

第二节　掌握必要的劳动法规常识

一、劳动法与劳动关系

（一）劳动法

我国劳动法学界认为，劳动法是调整劳动关系以及与劳动关系密切联系的一切社会关系的法律。这里的劳动关系既包括个别劳动关系，也包括集体劳动关系。从属性上来看，劳动法属于公法和私法之外的社会法。我国最高立法机关将社会法视为调整劳动关系、社会保障、社会福利和特殊群体权益保障方面的法律规范的总和，是中国特色社会主义法律体系中一个独立门类，包括劳动法、社会保障法、特殊群体权益保障法等。

我国劳动法的基本原则包括劳动权平等原则、劳动自由原则和倾斜保护劳动者合法权益原则。

（二）劳动关系

从劳动要素出发来界定劳动法的调整对象，劳动关系可以认为是劳动力的所有者与使用者，即"劳动者"与"雇主或用人单位"之间，为实现劳动过程而发生的一方有偿提供劳动力，由另一方用于同其生产资料相结合的关系。也可以简单地理解为是劳动者与用人单位之间在劳动过程中发生的社会和经济关系，但从本质上来说，劳动关系体现的是劳资之间的利益关系。

（三）劳动法律关系

劳动法律关系是《中华人民共和国劳动法》（以下简称《劳动法》）调整劳动关系所形成的权利和义务关系。劳动关系是劳动法律关系的现实基础，劳动法律关系是劳动关系的法律形式，但并非所有的劳动关系都表现为劳动法律关系。《劳动法》中的法律关系包括两类：一类是劳动法调整劳动关系所形成的法律关系，一般称为劳动法律关系；另一类是劳动法调整与劳动关系密切联系的其他社会关系所形成的法律关系，一般称为附随法律关系，主要是劳动行政法律关系和劳动服务法律关系。

（四）劳动法形式与体系

1. 劳动法形式

法的形式也称为法的渊源，是指法律规范的具体表现形式，表明具体的法律规范以什么形式存在于法律体系中。在我国，劳动法的形式包括规范性文件和准规范性文件两种。

规范性文件主要包括宪法、法律、行政法规、地方性法规和经济特区法规、部门规章、地区规章、国际法律文件。准规范性文件包括劳动政策、劳动领域技术标准、抽象劳动行政行为、工会规章、规范性劳动法规解释、集体合同。

2. 劳动法体系

当前我国基本上已经形成了比较健全的劳动法体系，包括促进就业制度、劳动合同和集体合同制度、工作时间和休息休假制度、工资制度、劳动安全卫生制度、女职工和未成年工特殊保护制度、职业培训制度、社会保险和福利制度、劳动争议制度、监督检查制度和法律责任等。

二、劳动者的法律界定

（一）劳动者

作为一个法律概念，劳动者在不同法律中界定的内涵和外延并不一致，甚至在劳动法体系的不同制度中也不尽相同。作为劳动法协调的对象，劳动者这一概念在《劳动法》中，一般意义上是指劳动力市场上的劳动者，如就业劳动者和未就业劳动者；劳动关系中的劳动者，如劳动合同中的劳动者，通常称为职工。而公民要成为劳动者，还必须具备劳动权利能力和劳动行为能力这两个劳动者资格前提。劳动权利能力是指公民依法能够享有劳动权利和承担劳动义务的资格。我国公民的劳动权利能力具有平等性，但会因公民个体的户籍、所受制裁、竞业限制、特殊身份以及工龄的不同而受到限制。

《劳动法》依据公民的劳动能力水平对劳动行为能力作出规定，但劳动行为能力并非指劳动能力，而是指公民依法能够以自身行为行使劳动权利和履行劳动义务的资格。依据《劳动法》规定，我国公民的劳动行为能力受制于以下几点。

1. 年龄

《劳动法》第十五条规定了劳动者应当达到的法定就业年龄："禁止用人单位招用未满十六周岁的未成年人。文艺、体育和特种工艺单位招用未满十六周岁的未成年人，必须依照国家有关规定，履行审批手续，并保障其接受义务教育。"

2. 健康状况

健康状况既包括身体健康也包括精神健康状况。这一限制主要是基于对劳动能力被限制者（包括疾病、残疾以及妇女生理限制）的保护，并非歧视。如我国《就业服务与就业管理规定》第十八条规定："用人单位招用人员，不得歧视残疾人。"残疾人并非完全没有劳动能力，虽然其劳动能力受到一定限制，但可以从事其身体状况允许的劳动。

3. 智力

《劳动法》要求劳动者必备的智力因素，包括精神健全（精神病患者被规定为无劳动行为能力人）、文化水平与技术水平。我国禁止用人单位招用应当接受义务教育的适龄儿童，招聘对象必须具备初中以上文化水平。对于某些职业技术岗位，还对岗位所需要运用的特定知识与技术水平有严格要求。

4. 行为自由

具有支配自身劳动能力所必要的行为自由才能开展劳动。如在校生由于行为自由受到限制，一般不得成为招工对象，仅在寒暑假的非学业时间可被招为临时工。

（二）学生劳动者

作为劳动者资格的特殊形式，学生劳动者（仅限于高等学校、中等专科学校或职业学校学生）的实习、勤工俭学、自发受雇劳动，都涉及劳动法适用的问题。

1. 实习

学生参加实习主要有三种情况：第一，学校统一安排的教育教学实习，这是教学环节的一部分；第二，大学生在校读书期间在校外的兼职实习；第三，在校学生为获取工作经验自行申请的实习工作，为毕业后就业积累经验。在第一种作为学校教学环节的实习中，实习是教学的延伸，此种情况下的实习学生不应被看作劳动者，和实习单位之间也不存在与用人单位建立劳动关系的情况。《中华人民共和国劳动合同法》《集体合同规定》《工伤保险条例》均不适用于实习生。

2. 勤工俭学

勤工俭学，也称勤工助学，分为狭义和广义两种。狭义的勤工俭学仅指以改善学习和生活条件为目的，由学校组织学生利用课余时间在校内外参加劳动实践，并取得合法报酬。广义的勤工俭学还包括自发的勤工助学，即学生未经学校组织，自行在校外从事有报酬的劳动。教育部、财政部印发的《高等学校勤工助学管理办法（2018 年修订）》中，规定的勤工助学仅限于狭义勤工助学。其中，第六条要求："勤工助学活动由学校统一组织和管理。学生私自在校外兼职的行为，不在本法规定之列。"可见，勤工助学中存在劳动力使用关系，而无教学关系。并且，第二十五条至第二十七条还指出，校内勤工助学报酬原则上不低于当地政府或有关部门制定的最低工资标准或居民最低生活保障标准，校外勤工助学酬金标准不应低于学校当地政府或有关部门规定的最低工资标准。可见，学生在学校或校外用人单位设置的岗位中从事劳动，属于从属性劳动。这里的劳动力使用关系具有劳动关系的属性，应作为劳动关系的一种特殊形态看待。

3. 自发性受雇劳动

在校学生外出打工兼职，有些虽然被称为实习或勤工俭学，但其目的在于获取劳动报酬，双方也就劳动报酬达成了协议，则可作为特殊的劳动关系看待。《中华人民共和国劳动合同法》第五章第三节也规定了非全日制用工形式，大学生由于有学习任务在身，通常会采取被法律认可的非全日制工作方式进行兼职工作。在这种情况下，在校学生可以被定位为特殊的劳动者。但是，也存在另外一种情况，类似于实习的第三种。学生为获取工作经验，自发性选择受雇于某单位进行实习，尽管非学校统一安排，但这种受雇劳动没有劳动报酬，这种情况下，一般要视双方约定而具体判断，通常不视为具有劳动关系。

三、部分劳动法规简介

（一）《中华人民共和国劳动法》

《中华人民共和国劳动法》是国家为保护劳动者的合法权益，调整劳动关系，建立和维护适应社会主义市场经济的劳动制度，促进经济发展和社会进步，根据宪法而制定分布的法律。并于 1994 年 7 月 5 日第八届全国人民代表大会常务委员会第八次会议通过。根据 2009 年 8 月 27 日第十一届全国人民代表大会常务委员会第十次会议《关于修改部分法律的决定》第一次修正。根据 2018 年 12 月 29 日第十三届全国人民代表大会常务委员会第七次会议《关于修改〈中华人民共和国劳动法〉等七部法律的决定》第二次修正。

该法共 13 章 107 条，主要内容有：总则、促进就业、劳动合同和集体合同、工作时间和休息休假、工资、劳动安全卫生、女职工和未成年工特殊保护、职业培训、社会保险和福利、劳动争议、监督检查、法律责任、附则。

（二）《中华人民共和国劳动合同法》

《中华人民共和国劳动合同法》是为了完善劳动合同制度，明确劳动合同双方当事人的权利和义务，保护劳动者的合法权益，构建和发展和谐稳定的劳动关系制定的法律。由第十届全国人民代表大会常务委员会第二十八次会议于2007年6月29日修订通过，自2008年1月1日起施行。根据2012年12月28日第十一届全国人民代表大会常务委员会第三十次会议《关于修改〈中华人民共和国劳动合同法〉的决定》进行修正。

该法共8章98条，主要内容有：总则、劳动合同的订立、劳动合同的履行和变更、劳动合同的解除和终止、特别规定、监督检查、法律责任、附则。

（三）《中华人民共和国劳动争议调解仲裁法》

为了公正及时解决劳动争议，保护当事人合法权益，促进劳动关系和谐稳定，第十届全国人民代表大会常务委员会第三十一次会议于2007年12月29日通过制定《中华人民共和国劳动争议调解仲裁法》，该法自2008年5月1日起施行。

该法共4章54条，主要内容有：总则、调解、仲裁和附则。

（四）《中华人民共和国妇女权益保障法》

《中华人民共和国妇女权益保障法》是为了保障妇女的合法权益，促进男女平等，充分发挥妇女在社会主义现代化建设中的作用，根据宪法和我国的实际情况而制定的法律。由1992年4月3日第七届全国人民代表大会第五次会议通过，自1992年10月1日起施行。根据2005年8月28日第十届全国人民代表大会常务委员会第十七次会议《关于修改〈中华人民共和国妇女权益保障法〉的决定》第一次修正。根据2018年10月26日第十三届全国人民代表大会常务委员会第六次会议《关于修改〈中华人民共和国野生动物保护法〉等十五部法律的决定》第二次修正。

该法共9章61条，主要内容有：总则、政治权利、文化教育权益、劳动和社会保障权益、财产权益、人身权利、婚姻家庭权益、法律责任、附则。

第三节 劳动者的劳动保护权利与义务

我国法律规定，劳动者在劳动过程中享有合法劳动保护权利，如劳动安全教育培训权利、劳动安全卫生权利、劳动保险权利、劳动休息权利、休假权利等。作为一名劳动者，在走上工作岗位之前，应当了解国家法律、法规赋予自己的合法权利,从而珍惜这些权利,自觉地争取和维护这些权利。

同时,劳动者也应承担相应的劳动保护义务,如自觉接受安全培训,树立安全意识,严格遵守操作规程和安全管理制度,按规定要求佩戴并正确使用劳动保护用品,发现安全隐患立即上报并采取有效的防护措施。只有劳动者积极参与企业的安全管理工作,主动采取有效防护措施,自觉执行企业安全规定,安全事故才可以预防,劳动保护工作才可以做好,个人劳动保护权利才可以得到全面维护。

一、劳动者享有的合法劳动保护权利

(一)劳动休息与休假的权利

我国劳动法规定,劳动者每日工作时间不超过 8 小时,每周工作时间不超过 40 小时,劳动者要有足够的休息时间,以防劳累过度,引起职业疾病。

企业不能随意延长劳动者的工作时间。如需延长工作时间,必须具备一定的条件,并经过一定的手续。国家法律规定,企业由于生产经营需要,确实需要延长工作时间,应事先与工会和劳动者协商,并征得他们的同意。但在遇到自然灾害、发生事故等需要抢险、抢修的特殊情形时,可不经过协商,由用人单位决定劳动时间。对延长劳动时间的长短,法律也有相关规定。一般每日延长工作时间不得超过 1 小时,因特殊原因需要延长工作时间超过 1 小时的,在保障劳动者身体健康的条件下,每日延长时间最多不得超过 3 小时,每月延长时间最多不得超过 36 小时。用人单位延长工作时间,必须支付相应的劳动报酬。根据法律规定,劳动者加班应获得不低于工资的 150% 的工资报酬,休息日加班的工资报酬不低于工资的 200%,法定节假日加班的工资报酬不低于工资的 300%。

我国劳动法规定,劳动者享有法定节假日的休假权利。我国法律还规定女职工生育子女时,享受产假待遇。女职工产假应不少于 90 天。如发生难产,还要增加 15 天的产假。生育多胞胎时,每多生育一个婴儿增加 15 天产假。产假期间,工资由用人单位支付。

此外,法律还规定劳动者连续工作一年以上的,可以享受带薪年休假。

(二)劳动保护教育培训的权利

劳动者刚刚进入企业,对企业安全生产情况不够了解,对劳动卫生状况也不熟悉,需要接受劳动保护培训,以了解企业安全生产情况,掌握安全生产技术，熟练运用劳动保护用品。这样才可以使自己树立安全意识，在劳动过程中采取合适的安全技术措施，有效保护自己的生命安全和身体健康。

劳动保护教育培训，主要通过企业组织的"三级"安全教育来实施。即新入厂的人员先接受工厂组织的劳动保护教育培训，学习劳动保护方针，学习劳动保护法律、法规，了解工厂安全生产情况，工厂总体分布，工厂管理组织、职责及规章制度等。经考试合格后，再分配到车间或分厂，接受车间或分厂组织的劳动保护教育培训，进一步了解车间生产工艺情况、车间生产布局、车间安全生产注意事项、车间规章制度。最后才到所在的班组，由班组长组织与工作相关的安全技术教育培训，了解设备安全生产情况、生产工艺特点及安全注意事项，以及劳动保护用品的使用保管知识和职业疾病的防护措施。

企业不能为了省事，减少培训开支，省去对新入厂人员的安全教育培训，这是对劳动者的不负责，是对劳动者劳动保护权利的侵害。劳动者如不接受劳动保护教育培训，缺乏相应的保护知识和技能，在劳动生产过程中将可能出现更多的劳动安全事故，将会引起更多的职业疾病发生，最终增加对劳动者的职业危害或安全伤害。

（三）社会保险的权利

社会保险是指国家通过颁布法律、制定法规，规定当劳动者遇到生、老、病、死、残、失业等情况时，给予一定的物质或经济帮助，以保证其基本生活需要的一种社会保障制度。我国现行社会保险主要有养老保险、医疗保险、失业保险、工伤保险和生育保险五种。

法律规定，用人单位应当为劳动者购买相应社会保险，按时、足额缴纳社会保险费。有些用人单位，为减少劳动力成本，不给劳动者购买社会保险，或只给部分人员购买社会保险，是违法的，是侵犯劳动者社会保险权利的行为。劳动者有权要求企业购买社会保险，有权向劳动保障组织举报，劳动保障组织有权给予经济处罚。

（四）提请劳动争议处理的权利

提请劳动争议处理是劳动者维护自己合法劳动权益的有效途径和保障措施。劳动者在劳动过程中，难免会与企业之间发生一些利益冲突，形成劳动争议。发生劳动争议，就意味着劳动者的权益可能受到侵犯。在发生劳动争议时，劳动者有权提请劳动争议调解委员会进行调解，也有权提请劳动争议仲裁委员会进行仲裁。必要时，还可以向当地人民法院起诉，通过法院判决来维护自己的合法权利。劳动者在提请调解、仲裁甚至上诉到人民法院时，应当了解劳动争议处理的法律规定，这样在自己的权益受到侵犯时，才能更好地采取保护措施，利用法律武器来保护自己的合法权益。

（五）获得劳动安全卫生保护的权利

劳动安全卫生权是指劳动者在劳动生产过程中，其生命安全和身心健康能得到有效保护的权利。我国法律规定，用人单位必须建立健全劳动安全卫生制度，严格执行国家劳动安全卫生规程和标准，对劳动者进行劳动安全卫生教育，防止劳动过程中的事故，减少职业危害。用人单位必须为劳动者提供符合国家规定的劳动安全卫生条件和必要的劳动防护用品，对从事有职业危害作业的劳动者要定期进行健康检查。

劳动安全卫生权，是劳动者应当享有的一项最为重要的权利，它直接关系到劳动者的生命安全。人的生命安全高于一切，劳动者应当知晓自己的劳动安全卫生权利内容，有效维护自己的合法权益。

（六）决定是否从事存在不安全因素的工作的权利

劳动者在了解作业场所和工作岗位存在的危险因素，了解企业为此采取的防范措施及事故应急措施后，有权决定是否从事存在不安全因素的工作。例如，劳动者进矿工作，有权了解工作条件的安全性和工作环境的卫生情况，这样才能决定是否接受该工作。矿山的生产每时每刻都处在变动之中，采矿、掘进、凿岩、爆破等均随着生产的推进而不断变化，加上地质条件的变化莫测，风险难以控制，经常造成重大伤亡事故，如大面积坍塌、冒顶、片帮、透水等事故。作为企业职工，有权了解矿山作业场所和所在工作岗位存在的危险因素和有害因素，知道自己应当怎样做才能保障安全。必要时，劳动者可以拒绝那些存在安全隐患而劳动保护措施不力的工作。

（七）对本单位的安全生产工作提出建议、批评、检举、控告的权利

作为企业的员工，除了拥有了解企业场所和工作岗位存在的危险因素、企业采取的防范措施等权利，还有对企业的安全生产工作提出建议的权利。劳动者可以针对安全隐患提出防范措施以及事故应急措施的意见，协同企业做好劳动安全工作，减少事故的发生，保障劳动者人身安全。

劳动者有权对本单位安全生产存在的问题进行监督。如果发现有危害安全生产的问题存在，劳动者可以向本单位管理人员提出批评、建议；如果有关管理人员不接受意见、不进行改进，劳动者还可以向上级主管部门检举，直至上诉控告。这不仅是对劳动者自身身体健康、生命安全的自觉保护，也是对企业长远发展与长远利益的最好保护。

（八）拒绝违章指挥和强令冒险作业的权利

劳动者拒绝违章指挥和强令冒险作业，可以避免安全事故造成的人员伤亡，可以更好地保护自己的人身安全，有效地维持正常的生产秩序，切实防止事故发生。

一些企业领导法治观念薄弱，安全卫生制度不健全，有的甚至连基本的劳动保护设施都没有，但为了获得经济利益，强令工人冒险作业的现象经常发生。对此我们应当知道，法律是站在劳动者一边的。如果遇到违章指挥，强令冒险作业，我们应当坚持"安全第一"的原则，敢于拒绝各种不安全作业。

（九）紧急时刻停止作业或撤离作业场所的权利

发生直接危及人身安全的紧急情况时，如不能及时撤离作业场所，常会酿成重大的人身伤亡事故。如煤矿瓦斯爆炸、煤尘爆炸、火灾、透水等事故。一旦发生，将会造成重大人身伤亡和重大财产损失。法律赋予劳动者这一权利，使劳动者在事故发生初期及时撤离现场，可以有效地保护劳动者的人身安全。例如，劳动者在吊装劳动过程中，发现起吊铜缆出现裂纹，并有异常响声，钢缆随时可能断裂，起吊的货物掉下将危及周围作业人员的人身安全。这时，周围作业人员可以采取及时撤离的措施，防止发生事故，造成人员伤害。待安全隐患消除后，才可以继续起吊作业。

（十）要求用人单位提供必要的防护设施和防护用品的权利

用人单位应积极采取措施，改善作业场所的作业条件，避免由于化学、物理和生物的有毒有害物质危害劳动者的健康，预防职业病的发生，并提供防治职业病的防护用品。如加强车间通风，降低有毒有害气体的浓度；采取密闭、湿式作业措施，防止粉尘危害；采取吸声、消声、隔音等措施，减少噪声危害；为从事有毒有害作业的人员提供防护服、防护眼镜、防护面罩和防护手套等防护用品。

二、女职工及未成年工享有的特殊劳动保护权利

（一）女职工享有的特殊劳动保护权利

女职工由于自身生理及心理特点，在劳动过程中往往会遇到一些特殊困难。同时，她们还担负着繁衍、哺育后代的任务。如果在劳动中对女职工不加以保护，不仅会影响她们自身的安全和健康，还会影响下一代的安全和健康。我国劳动法和妇女权益保障法规定了女职工享有特殊劳动保护权利，这对于保

护女性身体健康，保障人类的健康繁衍，具有十分重要的作用和意义。

我国法律规定，不允许女职工从事禁忌性劳动。如矿山井下作业、森林业伐木及流放作业、建筑业脚手架的组装和拆除作业、电力电信行业的高处架线作业、连续负重每次超过 20 千克的作业、间断负重每次超过 25 千克的作业以及特别重的体力劳动（如第四级体力劳动强度作业）。

我国法律还规定，妇女在生理"四期"（月经期、怀孕期、产褥期、哺乳期）忌从事某些劳动。如女职工在经期不得从事高空、低温、冷水作业和国家规定第三级体力劳动强度的作业；怀孕女职工不能从事伴有强烈振动的作业和工作需要频繁弯腰、攀高、下蹲的作业；怀孕或哺乳期女职工不能从事铅、汞等有害物质浓度超过国家卫生标准的作业，企业不得延长工作时间或安排她们从事夜班劳动。

（二）未成年工享有的特殊劳动保护权利

未成年工指年满 16 周岁，不足 18 周岁的劳动者。由于未成年工身体还处于发育阶段，需要在劳动过程中给予特殊的保护。

我国劳动法规定，不得安排未成年工在粉尘、有毒的作业环境中工作，尽量限制高处、冷水、高温、低温作业，不得安排未成年工从事第四级体力劳动强度作业以及重体力劳动作业，不得安排未成年工在危险环境或易发生事故的环境中作业。例如，不安排未成年工在矿山井下作业，不安排未成年工在有易燃易爆、化学性烧伤和热灼伤等危险性大的环境作业，不安排未成年工使用凿岩机、气镐、电锤等工具进行作业等。

法律还要求，用人单位应对未成年工进行定期健康检查，根据检查结果安排适合的工作；应对未成年工进行岗前教育、安全培训和职业技能教育培训。法律规定任何单位和个人禁止使用童工。童工指未满 16 周岁，与用人单位发生劳动关系，从事有经济收入劳动的少年儿童。

三、劳动者应尽的劳动保护义务

要做好劳动保护工作，除了要求企业建立劳动保护规章制度、采取劳动保护措施、提供劳动保护用品以外，还要求劳动者要尽到相应的劳动保护义务，如树立安全生产意识、遵守安全规定和操作规程、佩戴安全器具等。没有劳动者的参与，再好的制度和措施也难以实施。

（一）劳动者应当树立安全生产意识，遵守安全生产规章制度和操作规程，服从本单位安全人员的管理

安全生产规章制度和操作规程是企业为了保护劳动者在劳动过程中的安全和身体健康，防止和消除职工伤亡事故和职业病而制定的。这些规章制度和操作规程都来自科学实验和生产实践，是多次安全事故教训的总结，反映了安全生产的客观规律。劳动者应当树立安全意识，自觉执行这些规章制度和操作规程，避免或减少安全事故的发生。如果劳动者不讲科学，违反安全规章制度，违反操作规程，就有可能引发事故，造成严重的后果。

（二）劳动者应当正确佩戴和使用劳动保护用品

劳动保护用品是保护劳动者在生产过程中的人身安全与身体健康所必备的防御性装备，正确佩戴和使用这些装备，对于预防事故和减少职业危害起着十分重要的作用。劳动保护用品分为安全帽类、呼吸护具类、眼防护具类、听力护具类、防护鞋类、防护手套类、防护服类、防坠落护具类、护肤用品类共9大类，企业根据生产环境存在的不安全因素和职业危害因素，针对不同工种、不同劳动条件的劳动者，发放给劳动者不同的劳动保护用品。如职工从事高处作业时应使用安全带，从事有毒气体危害作业时应使用防毒口罩、防护眼镜和防毒面具等。劳动者应知道自己所从事的工作岗位存在的不安全因素或职业危害因素，知道需要佩戴和使用什么样的劳动保护用品。这样，在没有得到有效保护时，可以向企业提出佩戴劳动保护用品的要求。如企业不给予解决，劳动者还可以向劳动监察部门投诉，可以提请劳动争议仲裁委员会仲裁解决。同时，劳动者还应了解劳动保护用品的使用方法，只有正确佩戴和使用劳动保护用品，才能起到劳动保护作用。

（三）劳动者应当接受安全生产教育培训，掌握本职工作所需的安全生产知识，提高安全生产技能，增强事故预防和应急处理能力

企业的安全生产教育培训，是提高职工安全素质，防止伤亡事故，减少职业危害的重要手段，既是企业的职责，也是职工的义务，是劳动者执行劳动安全卫生规定的基础和保障。劳动者不接受此项教育，不懂得劳动安全卫生知识，不掌握安全生产技能，就不能自觉遵守劳动安全规章制度，进行安全生产。在事故发生时也很难具备应急处理能力，把事故危害控制在最小限度。

（四）发现事故隐患或其他不安全因素，劳动者应当立即向现场安全生产管理人员或本单位负责人报告，接到报告的人员应当及时予以处理

小的隐患常常可能造成大的事故。作业场所、设备以及设施的不安全状态，人的不安全行为和管理上的缺陷都可能成为事故隐患。及时发现事故隐患或不安全因素，就可以及早采取措施，把事故消灭在萌芽状态。

第四节　劳动保护的维权途径

当劳动者的劳动保护权利受到侵害时，劳动者可以通过与用人单位签订的劳动合同来维护自己的权利。此外，劳动者还可以通过工会组织、劳动争议调解委员会、劳动争议仲裁委员会来维护自己的劳动保护权利。如通过这些途径都不能解决问题，劳动者还可以通过人民法院的判决来维护自己的合法权利。

一、通过签订劳动合同维护劳动者劳动保护权利

（一）劳动者应当与用人单位订立劳动合同

劳动合同是劳动者与用人单位确立劳动关系、明确双方权利和义务的协议。它是双方维护各自合法利益的法律保障，是处理劳动争议的直接证据和依据。因此，劳动者在上岗之前，应与用人单位签订劳动合同，明确双方的责任、权利、利益，通过签字盖章，形成具有法律效力的文件。订立劳动合同要遵循平等自愿、协商一致的原则，不能违反法律、法规的规定，否则合同就成为无效合同，这是保护劳动者自身合法权益非常重要的一件事。如果用人单位拖延时间，不订立劳动合同，劳动者可以向劳动监察大队举报，由劳动监察大队责令用人单位及时与劳动者订立劳动合同。

（二）劳动合同条款应当完整、准确

《劳动法》第十九条规定："劳动合同应当以书面形式订立，并具备以下条款：（一）劳动合同期限；（二）工作内容；（三）劳动保护和劳动条件；（四）劳动报酬；（五）劳动纪律；（六）劳动合同终止条件；（七）违反劳动合同的责任。"《劳动合同法》第十七条对劳动合同的内容做了进一步的规定："劳动合同应具备以下条款：（一）用人单位的名称、住所和法定代表人或者主要负责人；（二）劳动者的姓名、住址和居民身份证或者其他有效身份证件号码；（三）劳动合同期限；（四）工作内容和工作地点；（五）工作时间和休息休假；（六）劳动报酬；（七）社会保险；（八）劳动保护、劳动条件和职业危

害防护；法律、法规规定应当纳入劳动合同的其他事项。"劳动合同除前款规定的必备条款外，用人单位与劳动者可以约定试用期、培训、保守秘密、补充保险和福利待遇等其他事项。

合同条款表达的意思应当清晰，没有任何歧义，双方在理解上是完全一致的，这样的合同可以减少劳动争议，更好地维护双方的利益，约束双方的行为。

（三）注意劳动保护和劳动条件的条款内容

在劳动合同中，应有专门的条款规定用人单位为劳动者提供的劳动条件，采取的劳动保护措施。尤其对那些存在不安全因素和职业危害的劳动岗位，用工单位应将工作过程中可能产生的职业病危害及其后果、防护措施和待遇等如实告知劳动者，并在劳动合同中注明。劳动者更应当注意劳动合同中劳动保护和劳动条件的条款内容。通过这些条款，保护自己的权益，维护自己的健康。如在粉尘危害较大的岗位工作，劳动保护和劳动条件条款应要求企业采取各种防尘措施，降低作业场所粉尘浓度，为劳动者发放个人防护用品。

（四）拒绝签订有"工伤概不负责"之类条款的不合法、不合理的劳动合同

在合同中有"工伤概不负责""伤残由个人负责"等条款的所谓生死合同，不符合法律规定，也违背社会公德，这种合同应视为无效合同。劳动者要拒绝签订有这类条款的合同。如已经签订合同，劳动者可以向当地劳动仲裁委员会提请仲裁，确认合同无效。

二、通过劳动争议处理维护劳动者劳动保护权利

（一）劳动争议概念

劳动争议是指劳动者与用人单位在生产活动过程中，因行使劳动权利、履行劳动义务而发生的劳动纠纷。如因企业开除职工或职工辞职发生的争议，因企业提供的工资、保险、福利、培训发生的争议，因履行劳动合同发生的争议等。劳动争议中，需要特别引起重视的是劳动安全和职业卫生方面的争议，即劳动保护争议。例如：因劳动场所劳动条件不符合规定，企业不为职工提供劳动保护设施、不发放劳动保护用品等发生的争议；因工伤认定、工作时间和休息休假发生的争议；在女职工和未成年工特殊劳动保护方面发生的争议；劳动者拒绝违章操作或冒险作业被扣工资或奖金甚至解除劳动合同的争议等。

一些企业管理人员法治观念淡薄，企业安全卫生制度不健全，在劳动者已提出生产中存在不安全因素时，不但不认真听取、及时改正，还强令职工冒险作业。更恶劣的是，在职工抵制时，企业采取错误的行政手段对待职工，如扣发奖金甚至解除劳动合同，这是极为错误的，也是违法的行为。

（二）劳动争议处理

当用人单位与劳动者发生劳动争议时，当事人可以通过双方协商、劳动争议调解委员会调解、劳动争议仲裁委员会仲裁、向人民法院提起诉讼等形式进行劳动争议处理。

1. 双方协商处理

当劳动者和用人单位发生意见分歧甚至利益冲突时，首先采取的处理办法就是协商。劳动者应当明确双方的意见分歧或利益冲突违背了国家法律、法规的哪些规定以及双方签订的劳动合同条款要求。劳动者可以选派代表与用人单位劳动人事部门的相关人员沟通，反映自己的意见和要求，提出希望达成的目标。通过双方协商解决问题，以此保障劳动者合法权益。

2. 企业劳动争议调解委员会调解

如双方不愿协商，或通过协商仍达不成一致意见，劳动者可以向本企业劳动争议调解委员会申请调解。对于有争议的事项，劳动争议调解委员会根据法律、法规的规定及合同条款规定，提出解决问题的合理办法，并与劳动者及用工单位协商沟通，达成一致意见，以此保障双方权益。

申请调解可以采取口头形式，也可以采取书面形式。调解委员会在收到调解申请后4日内作出受理或不受理的决定。对不予受理的调解申请，调解委员会应向申请人说明理由，并提出处理的其他办法或意见。

3. 劳动争议仲裁委员会仲裁

劳动争议仲裁委员会一般设在当地劳动和社会保障局（所），是政府设立的劳动就业管理行政组织，专门负责处理不愿接受调解的劳动争议。并不是所有劳动争议都可以申请劳动争议仲裁。可申请仲裁的劳动争议主要限于：企业辞退职工或职工要求辞职方面的争议、工资福利及社会保险方面的争议、教育培训方面的争议、劳动安全与劳动卫生方面的争议。

劳动者申请劳动争议仲裁，要注意申请时限。如果超出时限，相关部门就不会受理。根据规定，当事人从知道自己的权利被侵害之日起60日内，要以书面形式向仲裁委员会申请仲裁。仲裁委员会应当自收到申诉书之日起7日内做出受理或不予受理的决定。仲裁庭处理劳动争议应当自组成仲裁庭之日起

60 日内结束。案情复杂需要延期的劳动争议，经报仲裁委员会批准，可以适当延期，但延长的期限不得超过 30 日。

申请仲裁要提交书面申请，书面申请要写明：（1）职工当事人姓名、职业、住址和工作单位；（2）企业名称、地址和法定代表人姓名及职务；（3）仲裁请求和所根据的事实或理由；（4）证据、证人的姓名和住址。提交申诉书时还要按照被诉人数提交副本。

4. 人民法院判决

发生劳动争议，当事人如对仲裁裁决不服，可以向人民法院起诉，请求人民法院审判，以此维护劳动者合法权益。

向人民法院起诉，要写起诉书。一份完整的起诉书应当写明下列事项：（1）当事人姓名、性别、年龄、民族、职业、工作单位，企业法人名称、地址，法定代表人姓名、职务；（2）诉讼请求所根据的事实与理由；（3）证据和证词来源，证人姓名、住所。

起诉也要注意时限，必须在收到仲裁裁决书之日起 15 日内提起诉讼。人民法院民事审判庭受理或审理劳动争议案件，其审理期限为 6 个月。有特殊情况需要延长的，经院长批准可以延长。当事人对一审判决不服，还可以提起上诉，由更高一级人民法院进行审理。二审判决是生效的终审判决，当事人必须执行，不得上诉。劳动争议不能直接向人民法院起诉，只有经仲裁裁决或仲裁委员会不予受理的案件，才可以向人民法院起诉。

三、通过劳动保障监察机构维护劳动者劳动保护权利

劳动保障监察是劳动保障行政机关依法对用人单位遵守劳动保障法律、法规的情况进行监督检查，发现和纠正违法行为，对违法行为依法进行行政处理或行政处罚的行政执法活动。实施劳动保障监察对于促进劳动保障法律、法规贯彻实施，监控劳动力市场秩序，维护劳动关系双方当事人合法权益以及推动劳动保障部门依法行政都具有十分重要的意义。

劳动保障监察的内容主要是国家法定的劳动标准和事项，以及社会保险的执行情况。如用人单位遵守录用和招聘职工规定的情况、遵守有关劳动合同规定的情况、遵守女职工和未成年工特殊劳动保护的情况、遵守工资支付规定的情况、遵守社会保险规定的情况、用人单位制定的劳动规章制度是否合法等。如果劳动者发现或认为用人单位侵犯了自己的合法权益，可以向劳动保障

监察机构举报，通过劳动保障监察机构的处理来维护自己的劳动合法权利。

（一）通过劳动保障监察人员的监督检查维护劳动者劳动保护权利

劳动保障监察部门通过组织人员对用人单位进行定期检查和不定期的抽查，及时发现用人单位在劳动保护中的问题，督促企业采取整改措施，切实保护劳动者的权利。

劳动保障监督检查的方式主要有以下几点。

（1）日常巡逻监督检查，即劳动保障监察人员在一定的时期巡视用人单位及劳动场所，及时发现违法行为，依法处理违法事件。

（2）采取举报专查，即劳动保障监察部门接到劳动者举报，及时组织监察人员对用人单位进行专项检查，核实反映的情况，纠正并查处用人单位的违法行为。

（3）采取劳动保障年检，即劳动保障监察部门对用人单位进行年度全面劳动检查，查验用人单位是否全面落实劳动保护法律、法规，是否有违反法律、法规的行为，是否有劳动者举报。

（二）通过劳动者的检举维护劳动保护权利

劳动者可以在遇到以下情况时，向劳动保障监察机构检举，要求劳动保障监察部门作出处理。

（1）用人单位有违反录用和招聘职工规定的行为，如招用童工、收取风险抵押金、扣押身份证等。

（2）用人单位有违反有关劳动合同规定的行为，如拒不签订劳动合同、违法解除劳动合同、解除劳动合同后不按国家规定支付经济补偿金、国有企业终止劳动合同后不按规定支付生活补助费等。

（3）用人单位违反女职工和未成年工特殊劳动保护规定，如安排女职工和未成年工从事国家规定的禁忌劳动、未对未成年工进行身体健康检查等。

（4）用人单位违反工作时间和休息休假规定，如超时加班加点、强迫加班加点、不依法安排劳动者休息等。

（5）用人单位违反工资支付规定，如克扣或无故拖欠工资、拒不支付加班加点工资、拒不遵守最低工资保障制度规定等。

（6）用人单位制定的劳动规章制度违反法律、法规，如用人单位规章制度规定劳动者不参加社会保险、工伤责任自负等。

【课后思考题】

1. 劳动保护的维权途径有哪些？
2. 你如何认识劳动安全的意义。

【拓展阅读】

公司拖欠工资，劳动者如何维权？

近年来，劳动者与用人单位之间的纠纷越来越多，国家在劳动保护方面的制度也越来越健全。劳动者面对拖欠工资、交纳社会保险等引发的劳动争议，应如何解决？

单位与职工争议不大，人民调解快捷又方便。

【案例一】

蔡女士在某餐饮公司工作，因公司经营不善经常拖欠工资，为维护自身利益，蔡女士向公司提出离职和补发工资的申请。公司同意其离职，但是工资可能得延迟一段时间。于是双方到当地人民调解委员会签订了调解协议，约定了补发工资的时间和方式，同时在法院确认了调解协议的效力。蔡女士也在约定的时间拿到了工资。

【释法】

劳动者和用人单位之间在自愿、平等的基础上可以申请调解。达成调解协议。调解协议达成后，可向主持调解的人民调解委员会所在地基层人民法院申请确认调解协议的效力，具有与判决同样的法律效力，在对方不履行调解协议内容时可申请执行。这是最快速、最有效解决争议的方式，双方可就金额、支付时间和方式等进行商议，具有很强的灵活性和变通性。但是这种方式的前提在于各方均无争议或争议不大，所以现实中通过这种方式解决的争议还是少数。申请支付令有风险，需双方对支付数额明确无异议。

【案例二】

肖某自 2016 年 1 月 20 日至 2017 年 3 月 6 日，在某科技公司工作。2017 年 3 月 6 日，肖某离职，公司拖欠肖某工资共计 25 727 元，经双方协商，公司承诺于 2017 年 6 月前结清所欠的工资，并给肖某出具欠条一张。2017 年 8 月 2 日，公司仅付给肖某 5 000 元，尚欠 20 727 元。肖某向当地法院申请支付令，要求公司支付拖欠的工资 20 727 元。法院发出支付令后，被申请人未在法定期限内提出书面异议，支付令发生法律效力。

【案例三】

申请人王某向法院申请支付令，要求被申请人杜某支付材料费、工时费共计 22 000 元。后来，被申请人在法定期限内提出书面异议，法院裁定终结本案的督促程序，且案件受理费由申请人王某负担。王某若想要回这笔钱，必须另行起诉。

【释法】

《劳动法》第三十条规定："用人单位拖欠或者未足额支付劳动报酬的，劳动者可以依法向当地人民法院申请支付令，人民法院应当依法发出支付令。"申请支付令具有非诉讼性和简易、灵活的特点，但是申请支付令时要求申请人和被申请人之间的债权和债务明确（所以利息或者赔偿金这部分不在支付令的申请范围之内），并且没有其他债权和债务的纠纷。以案例三为例，一旦对方在法定期限内提出书面异议，支付令立即失效，申请人需要另行起诉，这当然会增加申请人的时间成本和诉讼费用，所以需要慎重选择。"仲裁—起诉"最普遍，关键时效切莫忘。

【案例四】

李先生自 2015 年 11 月到某汽修公司工作，2016 年 10 月在工作中将右手食指弄伤，11 月，经理告知其回家并拒绝赔偿李先生的损失，工资发放到 2016 年 9 月份，在此期间双方一直未签订书面劳动合同。后李先生向劳动争议仲裁委员会申请仲裁，要求确认双方之间存在劳动关系，并支付最低工资差额及未签订书面劳动合同两倍工资差额，共计 9 180 元。仲裁裁决驳回了李先生的仲裁请求。李先生不服裁决决定，起诉至法院。经审理，法院最终确认双方存在劳动关系，该汽修公司支付李先生最低工资差额和未签订劳动合同两倍工资差额共计 8 990 元。

【释法】

最高人民法院《关于审理劳动争议案件适用法律若干问题的解释》规定："劳动者与用人单位之间发生的属于《劳动法》第二条规定的劳动争议，当事人不服劳动争议仲裁委员会作出的裁决，依法向人民法院起诉的，人民法院应当受理。"大多数关于劳动争议的案件都是采取先仲裁后起诉的方式，在以这种方式进行诉讼的时候，要注意提起诉讼的时间必须是在收到仲裁裁决 15 日之内，同时注意保留工资支付凭证或记录，交纳各项社会保险费的记录，工作证等身份证明文件等证据材料。

以上三种方式都可有效解决劳动者和用人单位之间发生的劳动争议纠纷，当事人可以综合考虑己方和对方的条件选择最适合自己的方式，切实维护自身合法权益。

（资料来源：《经济参考报》，2018 年 5 月 2 日）

第二篇

劳动精神传承

三百六十行，行行出状元。不管是农民，还是工人，都不是低人一等的劳动者，而是靠双手创造幸福生活的奋斗者，值得所有人尊敬。作为新时代的大学生，应该以他们为榜样，提高职业技能水平，培养精益求精的工匠精神和爱岗敬业的劳动态度，为日后就业打下坚实基础。

学习目标

知识目标：

了解劳模精神、工匠精神、奋斗精神的内涵，争做新时代热爱劳动的大学生。

了解中国农耕文化、熟悉农村的地理样貌和民俗。

了解中国工业文明、熟悉我国传统工艺。

素质目标：

在生活中学习农民和工人的优秀品质。

体恤、尊重农民和工人，珍惜他们的劳动成果。

自觉向劳模、工匠看齐，学习劳模精神、工匠精神，传承百折不挠的奋斗精神。

05 第五章 永不过时的 劳模精神

【本章导读】

《忠诚：共和国劳模画传》

这本画传，收录了马万水、马恒昌、王崇伦、邓稼先、戎冠秀、吴运铎、张秉贵、时传祥、孟泰、赵梦桃、倪志福、王进喜等12位开国劳模的故事，记述在那个年代他们的初心、理想以及对党的忠诚，他们的一生都在践行自己的诺言。

通过展现12位开国劳模的动人事迹，传递中国声音、讲述中国故事，让全体人民以及广大青少年懂得并践行劳动最光荣、劳动者最伟大的真理。

第一节　劳模精神的基本内涵

劳动的形态在更新，劳模的标准在"进阶"，但"爱岗敬业、争创一流、艰苦奋斗、勇于创新、淡泊名利、甘于奉献"依旧是新时代劳模精神的集中体现。

一、爱岗敬业

爱岗敬业是爱岗与敬业的总称。爱岗，就是热爱自己的工作岗位，热爱自己的本职工作。敬业，就是以极其负责的态度对待自己的工作。爱岗是敬业的基石，敬业是爱岗的升华。爱岗和敬业，互为前提，相辅相成。一个人一旦爱上了自己的职业，就会全身心投入工作岗位中，在平凡的岗位上做出不平凡的事业。从事各行各业、各个岗位的每一个人，都要热爱自己的本职工作。三百六十行，行行都需要有人去干。通过政府的政策、市场的人力资源配置和个人自主创业，都可以把人员安排到各个工作岗位上去。也许有的人起初对自己所从事的工作不太感兴趣，但本着对工作岗位负责任的态度，必须努力培养自己对所在工作岗位的兴趣，干一行爱一行，同时还要尊重自己的岗位职责，要像螺丝钉一样，牢牢地"拧"在那里，全身心投入职业中，守住那个岗位，做好那份工作。

敬业是现代人的必备素质之一。与以往的时代相比，现代社会的分工更加精细，一个产品从设计到生产、销售再到消费，中间要经过无数道工序和环节，任何一个工序或环节出错都会造成难以弥补的损失。设计不当，会影响产品的使用；生产不当，会出现次品、废品，凝结在其中的财力和物力就会被浪费掉；销售中保存不当，会影响产品质量的稳定性。尽管任何一个环节只对最终产品付出了部分劳动，但它们都对产品的整体质量产生了影响。所以，每一道环节都要求人们具有良好的敬业精神，从而保证产品的顺利生产和流通。

二、争创一流

争创一流是一种积极奋发的精神风貌，是一种凝心聚力的目标追求，可以内化为每个人的工作动力之源。劳模都是各行、各业、各单位争创一流的典范，我们要学习劳模，积极参加技术革新、技术协作、发明创造、合理化建议等活动，充分激发创新潜能和创造活力，创造一流的工艺、一流的质量、一流的管理、一流的服务，推动我国社会生产力水平实现整体跃升。

争创一流就要立高标准。争创一流是事业发展的上游目标、内在动力，是提高工作水平的基本前提和条件。如果工作标准低，一出手就是二流、三流的，工作的质量就得不到提升，遇到的困难就得不到克服，碰到的难题就得不到解决，久而久之就会形成思维上的惰性，以至于因循守旧、思想僵化、行动滞后、徘徊不前。争创一流，就是在高起点上继续求高，在新起点上继续求新。争创一流，从表面上看，是行动的飞跃；从根本上讲，是思维的飞跃。

争创一流就要拓宽视野。创造一流的工作业绩，就要具备宽广的发展视野。眼光前瞻，视野开阔，瞄准前沿，着眼未来。一是不能局限于本单位、本系统的范围，必须跳出本单位、本系统去追求一流水平。二是不能局限于自己的原有状态,不能只是用现在的自己跟过去的自己比,满足于小小的个人进步。三是要勇于走在前列,要具有长远的眼光和开放的思维,在更大范围、更高层次上找座次、定坐标。在工作中要有争创一流的魄力,只为成功想办法,不为失败找借口。无论做什么工作,都要拿出争上游、创一流的劲头,不干则已,干就干好,干出成效,干出新亮点。比如,在技术方面要瞄准国际先进水平,用国际先进标准来衡量和要求自己,顺应当代世界科技潮流,不断激发动力、活力和勇气,敢于走在前列,竞领风骚。劳模身上总是有着争创一流的干劲。学习劳模,就要牢固树立强烈的忧患意识、机遇意识、进取意识和责任意识,坚决破除瞻前顾后的畏难情绪和畏缩不前的消极思想,激发敢为人先的超人胆识,提高攻坚克难的过硬能力,勇于探索、尝试,真正干出一流的业绩。

争创一流就要追求最优。每个人的人生定位不同,工作和生活态度自然就不同。“取法乎上,仅得其中;取法乎中,仅得其下。”雄鹰不甘字下,骏马难守圈栏,一个志存高远的人,必定将追求最优作为自己的人生目标,从而不断增强争创一流的意识,并将其落实到实际工作中。追求最优是一个漫长的过程,它可以有明确的起点,但没有固定的终点。只要不断地追求,每一个阶段性的成果都会成为一个新的起点。追求最优,离不开客观条件,但不能过分依赖客观条件。“环境创造人,同样,人也创造环境。”追求最优,就是你与别人相比,爱心多一点,责任强一点,勇于付出和奉献。有时候,只是一点点差距,就能产生截然不同的结果。

三、艰苦奋斗

艰苦奋斗是指为实现伟大的或既定的目标而攻坚克难、顽强奋斗、百折不挠、自强不息、居安思危、戒奢以俭的精神和行动。艰苦奋斗精神的内在核心是不怕困难、自强不息,不屈服于艰难困苦,不懈怠于富足安逸,不满足于已有的成绩,不避讳于自己的差距,始终奋发向上、谦虚谨慎,保持一种不断进取的精神状态。艰苦奋斗的内涵和表现有两个层面。一是物质层面。物质层面的艰苦奋斗要求人们的消费水平要节制在合理的限度内,这个合理限度的衡量标准要与时代的社会生产力水平相适应。它提倡的是勤俭节约,珍惜劳动创造的物质财富,自觉克服贪图安逸、追求享受的思想。二是精神层面。精神层面的艰苦奋斗是指不畏艰难困苦、锐意进取、坚忍不拔、奋发有为的精神状态和为人民利益乐于奉献的行为品质。这种精神状态和行为品质的本质是一种积极进取、奋发有为的世界观、人生观和价值观。艰苦奋斗作为一种精神品格，既有恒定的价值内核，也有着突出的时代价值。新时代赋予了艰苦奋斗新的内涵，要求我们在思想上要锐意进取，在学习上要永不满足，在工作上要不断创新，在生活上要朴实无华。有的人错误地认为艰苦奋斗是贫困年代、困难时期提倡的一种精神，现在经济发展了，生活条件好了，没有必要再提倡艰苦奋斗；有的人甚至把坚持艰苦奋斗、勤俭节约看成是"古板迂腐""不开窍"的思想和行为，把讲排场、比阔气、耍派头当作时髦、荣耀、潇洒。实际上，无论时代如何发展都需要弘扬艰苦奋斗的优良传统，不能以时代变迁作为追求名利的借口，不能只盯着眼前的利益，只要人类改造自然和社会的活动不止息，艰苦奋斗精神就永不过时，并且始终值得提倡。

四、勇于创新

劳模勇于创新的精神是各行各业创新精神的总结，也是对各行各业劳动者的要求，更是值得永远传承的精神财富。

创新是以新思维、新发明和新描述为特征的一种概念化过程，主要有三层含义：更新、创造新的东西、改变。创新是人类特有的认识能力和实践能力，是人类主观能动性的高级表现形式，是推动民族进步和社会发展的不竭动力。一个民族要想走在时代前列，就不能没有理论思维，也不能停止理论创新。创新，就是要敢于突破老规矩，敢于打破旧框框，敢于接受新事物，创造性地建立新机制、制定新思路、采取新方法、取得新成绩。通俗地讲，创新就是独特、超越、与众不同。比别人提前一步是创新，比别人多想个角度是创新，比别人多干几件实事也是创新。

创新的内涵相当广泛，包括了一切可供资源配置的创新活动。这些活动可能与技术直接相关（如技术创新、产品创新），也可能与技术不直接相关（如观念创新、思路创新、制度创新、管理创新、能力创新）。技术创新是企业发展的必要手段，产品创新是企业发展的落脚点，市场创新是企业创新的归宿。技术创新是产品创新的核心前提，产品创新是技术创新的具体表现。一切创新方式最终都要以产品创新为载体进入市场，而创新的效果必须由市场这把唯一的标尺来检验。因此，我们要善于抓住瞬息万变的市场信息，掌握市场创新的基本方法和手段，真正实现创新。

五、淡泊名利

淡泊名利是中华民族的传统美德，是做人的崇高境界。淡泊名利不是力不能及的无奈，也不是心满意足的自赏，更非碌碌无为的哀叹，而是以超脱世俗、豁达客观的态度看待一切。劳模的业绩与淡泊名利的崇高精神密不可分，许多劳模几年、十几年，甚至几十年如一日，像螺丝钉一样把自己"拧"在平凡的工作岗位上，默默耕耘、奋斗不息，并且能做到清心寡欲、淡泊名利，脚踏实地地实现自己的人生理想和生命价值，成为人们尊敬的先进人物。

劳模之所以能做到淡泊名利，是因为他们对正向欲望有着清晰的定位，始终牢记最初的目标，合理控制自己的欲望。合理的欲望是事业发展、人类进步的力量之源。人们因欲望的满足而快乐，因欲望的不满而痛苦。人的需求和欲望要合理适度，必须按照道德和法律的标尺来规范和约束。凡事总要有尺度，欲望过多、过大，必然欲壑难填，终至纵欲成灾。降低欲望的高度，就是提高了幸福的程度。要做到淡泊名利，就要"修剪"杂念私欲，把欲望"去粗存精"，让积极健康、奋发向上的欲望，推动自己脚踏实地、气定神闲地迈向奋斗目标。现代社会充满竞争，也充满诱惑和浮躁，人们的价值观呈现多元化。学习劳模，就是要学习他们淡泊以明志、宁静以致远的优秀品格，把为理想而奋斗当作人生快乐的源泉，用高尚的理想和情操充实自己的精神世界，努力实现人生价值。

六、甘于奉献

奉献原指恭敬地交付、呈献，现在则指满怀感情地为他人服务，作出自我贡献，是不计回报的无偿服务。奉献的内涵很丰富，包括不怕困难、勇挑重担的精神，见义勇为、助人为乐的精神，不计报酬、不为私利的精神，勤勤恳恳、忘我工作的精神。奉献既需要在国家和人民需要的关键时刻挺身而出、慷慨赴义，也需要融汇和渗透在人们日常的工作和生活中。无私奉献精神是一个国家、一个民族、一个企业的精神精华，是推动经济社会发展进步的原动力。无论是体力型劳模，还是智力型劳模；无论是生产者，还是创业者；无论是比表现，还是比贡献，劳模的核心价值始终是不变的——为他人、为社会、为国家多作奉献的道德感、责任感和荣誉感。劳模在平凡中追求不止、奋斗不止，用无私的奉献精神编织出美丽的事业蓝图。我们要学习劳模的奉献精神，把奉

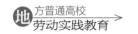
献作为自己人生价值观的重要坐标，从而规范自己的思想和行为。

第二节　中国历史上的劳模

劳模的产生是人类劳动活动和工作实践的结晶，是劳动群众的优秀代表。自中华人民共和国成立以来，我国各个工作岗位上涌现出了成千上万的先进模范人物。每一个时代的劳模都各有特点，他们以自己的模范行为，激励着一代又一代劳动者，为祖国的繁荣富强而拼搏。

一、新中国成立前的劳模

"劳动模范"这一称号，可追溯到延安时期，《南泥湾》这首脍炙人口的老歌里就有"鲜花送模范"的歌词，那时的大生产运动产生了许多劳动模范。这一时期的劳模主要包括生产好的劳动英雄和工作好的模范工作者两大类，他们来自农村、工厂、军队、机关、合作社、学校等，分布在农业、工业、商业、纺织、运输、合作、财政金融贸易、卫生保育、行政、保安、司法等多个领域，涵盖经济、军事、政治、文化等各项建设事业。延安时期的劳模运动经历了从个人到集体、从生产领域到各个方面、从上级指定到群众评选、从数量增多到质量提高、从提倡号召到按规定标准予以推广、从革命竞赛到全面的群众运动的发展过程，体现了"服务战争、支援军事"的指导思想和"为革命献身、革命加拼命、苦干加巧干、经验加创新"的劳模精神，呈现出革命型劳模的特征。

二、20 世纪 50 年代的劳模

新中国成立后，工人阶级和广大农民实现了政治和经济上的"翻身"，获得了主人翁和当家做主的地位，心中充满了感恩和报效国家的劳动热情。20世纪50年代的中国百废待兴，为恢复发展国民经济，进行社会主义建设，党和政府坚持沿用了革命战争时期的经验做法，依托社会主义劳动竞赛和生产运动开展了形式多样的劳模运动，评选出了成千上万的劳模和先进生产者。

这些劳模广泛分布在工业、农业、部队、交通运输、基本建设、财贸、教育、文化、卫生、体育、新闻等国民经济和社会建设的多个方面，既有生产能手、岗位标兵、技术人员、科学工作者，又有先进工作者、优秀组织者和管理者。他们勤勤恳恳、任劳任怨、勤俭节约、艰苦奋斗的"老黄牛"精神，带动了整整一代人为共和国奠基。以时传祥、郝建秀、向秀丽、王崇伦、赵梦桃、张秉贵为代表的一大批普通劳动者，在他们平凡的工作岗位上以不平凡的主人翁责任感和艰苦创业精神，以及高尚忘我的劳动热情和无私奉献精神赢得了社会的尊重，成为激励全国人民的楷模，体现了工人阶级的力量和意志。

以黄继光、邱少云、杨根思、罗盛教、王海为代表的一大批战斗英雄，不怕牺牲、舍身为国、浴血奋斗在朝鲜战场，使中国人民第一次将世界头号强国逼到了谈判桌前，第一次体会到了在帝国主义列强面前扬眉吐气的感觉，极大地激发了中国人民的爱国主义精神，将爱新中国与爱伟大的共产党联系在了一起。

这一时期的劳模主要来源于基层，一线产业工人是主流，"一不怕苦、二不怕死"的硬骨头精神和"老黄牛"形象是他们的真实写照；提高操作技能和熟练程度，提升技术水平和生产能力，提出合理化建议和总结推广先进经验，从生产型向技术革新型转变是他们的典型特征。这些劳模通过发明创造，突破了重大的技术难关，使生产得到了飞跃发展。

【典型人物】

一人脏，换来万家净

时传祥出生贫苦，受生活所迫当了淘粪工。新中国成立后，他的职业逐渐受到人们的尊重，他对党充满了感激。他用一颗朴实的心记住了一个通俗的道理：淘粪也是社会主义建设事业的一部分。他把淘粪当成十分光荣的劳动，以身作则、以苦为乐、不分内外、任劳任怨、满腔热情、全心全意地为人民服务。时传祥被工友选为崇文区（今东城区）"粪业工人工会"委员。1952年，他加入了北京市崇文区清洁队，继续从事城市清洁工作。此时，北京市人民政府为了体现对清

时传祥

洁工人劳动的尊重，不仅规定他们的工资高于别的行业，而且想办法减轻淘粪工人的劳动强度，把过去送粪的轱辘车全部换成汽车。运输工具改善之后，时传祥合理计算工时，挖掘潜力，把过去 7 个人一班的大班，改为 5 个人一班的小班。他带领全班由过去每人每班背 50 桶增加到 80 桶，他自己则每班背 90 桶，最多每班淘粪、背粪达 5 吨。管区内居民享受到了清洁优美的环境，而他背粪的右肩却被磨出了一层厚厚的老茧，时传祥赢得了人们的普遍尊敬，也赢得了很多荣誉。他以主人翁的姿态，以"搞好环境卫生，美化人民首都"为己任，肩背粪桶，走家串户，利用公休日为居民、机关和学校义务清理粪便，整修厕所。1955 年，他被评为"清洁工人先进生产者"；1956 年当选为崇文区人大代表，同年 6 月加入中国共产党；1958 年被邀请担任北京市政协委员；1959 年被选为全国劳动模范。

（资料来源：王海磬，《光明日报》，2011 年 5 月 17 日 04 版）

三、20 世纪 60、70 年代的劳模

1958 年，中国兴起"总路线、大跃进、人民公社"等"三面红旗"施政口号，紧跟着出现了三年严重困难，经济面临着严重困难。在这个背景下，出现了只求奉献、不求索取的劳模，他们面对天灾人祸，以自力更生、奋发图强的精神为全国人民树立了榜样。

从 1960 年 7 月至 1977 年 3 月，由于"文化大革命"等因素的影响，除偶有部分地区、单位、企业评出少量劳模外，全国性的劳模评选活动停滞了 17 年，已有的劳模队伍出现了年龄老化、待遇下降，甚至部分人员遭受孤立、讽刺、打击等问题。随着"文化大革命"的结束和经济社会领域"拨乱反正"的推进，在党和政府的关心下，劳模工作得到了恢复发展，劳模队伍迎来了新中国成立后的第二次发展高潮。

20 世纪 70 年代，"知识分子成为工人阶级的一部分"的理论扩大了劳模队伍的外延，极大地鼓舞了知识分子和脑力劳动者的工作热情。中国科技界涌现了一大批知识精英，体现了"淡泊名利，献身科学"的劳模精神。正是这批震撼中外科学界的优秀人物的事迹，唤起了几代人的科学梦和强国梦，激励了数以千万计的知识分子，在科学技术界迅速引发了攀登科学高峰的热潮，中国的科学事业获得了飞速的发展。

【典型人物】

自力更生，奋发图强

王进喜

王进喜身上体现出来的"铁人精神"，激励了一代又一代的石油工人争做为国家分忧解难、为民族争光争气、顶天立地的民族英雄。面对国家建设石油短缺的紧迫形势，1960 年冬天，王进喜带领着 1205 钻井队，来到天寒地冻的东北松嫩平原，靠着人拉、肩扛，硬是把生产所需要的钻机、煤炭卸到了工地，为新油田的早日开工立下了汗马功劳。当发生井喷时，王进喜奋不顾身地跳入泥浆池，以身体搅拌泥浆，制止了井喷，保住了钻井机台。

王进喜和他代表的中国石油工人在恶劣的环境里、在简陋的条件下，以"为国分忧、为民族争气"的爱国主义精神，以"宁可少活 20 年，拼命也要拿下大油田"的忘我拼搏精神，以"一不怕苦，二不怕死""有条件要上，没有条件创造条件也要上"的艰苦奋斗精神，以"干工作要经得起子孙万代检查""为革命练一身硬功夫、真本事"的科学求实精神，以"甘愿为党和人民当一辈子老黄牛"埋头苦干的奉献精神，打出了一口口油井，成为中国工人阶级的光辉榜样。

（资料来源：向德荣，《劳模精神职工读本》，中国工人出版社，2016 年版）

四、20 世纪 80、90 年代的劳模

20 世纪 80 年代，中国吹响了改革开放的号角，提出要"实现四个现代化"。那时的劳动者充满理想，劳模更富激情。1988 年，邓小平强调"科学技术是第一生产力"，一批科技文化教育工作者劳模走进了人们的视野。新一代劳模发扬"当代愚公"和"两弹一星"精神，带领广大职工群众勇攀科学技术高峰，在推动改革、促进发展、维护稳定中再立新功。以数学家陈景润、"两弹元勋"邓稼先、优秀光学专家蒋筑英、微电子研究专家罗健夫等为代表的一大批科学家劳模，将毕生精力献给了祖国的科技事业，通过自己的模范行为取

得了骄人业绩，为当时的经济发展和社会进步作出了不可磨灭的贡献。

20 世纪 90 年代，中国社会发展迎来了剧烈变化，飞速发展的经济让世界刮目相看。那时涌现的一大批先进模范人物，以当代社会所需要的"求真务实，拼搏进取"的时代精神和主流价值观，唱响了时代的最强音。其中的劳模代表有：为了西藏的发展而以身殉职，实现了"青山处处埋忠骨，一腔热血洒高原"誓言的孔繁森；被人们誉为"盲人的眼睛、病人的护士、外地人的向导、乘客的贴心人"的服务楷模李素丽；在平凡的工作中折射出耀眼时代光芒，激励着人们崇尚先进、敬业爱岗，被誉为"90 年代活雷锋"的水电工徐虎。

【典型人物】

两弹元勋邓稼先

邓稼先是中国核武器研制与发展的主要组织者、领导者，邓稼先始终在中国武器制造的第一线，领导许多学者和技术人员，成功地设计出中国的原子弹和氢弹，把中国国防自卫武器引领到了世界先进水平。

1982 年获国家自然科学奖一等奖，1985 年获两项国家科技进步奖特等奖，1986 年获全国劳动模范称号，1987 年和 1989 年各获一项国家科技进步奖特等奖。1999 年被追授"两弹一星功勋奖章"。由于他对中国核科学事业作出了伟大贡献，被称为"两弹元勋"。

邓稼先

邓稼先在一次实验中，受到核辐射，身患直肠癌，于 1986 年 7 月 29 日在北京逝世，终年 62 岁。他临终前留下的话仍是如何在尖端武器方面努力，并叮咛："不要让人家把我们落得太远……"

（资料来源：央视网，课本里的共产党员，2021 年 6 月 23 日）

邓稼先是中国知识分子的优秀代表，为了祖国的强盛，为了中国国防科研事业的发展，他甘当无名英雄，默默无闻地奋斗了数十年。他常常在关键时刻，不顾个人安危，出现在最危险的岗位上，充分体现了他崇高的无私奉献精神。他在中国核武器的研制方面作出了卓越的贡献，却鲜为人知，直到他死后，人们才知道了他的事迹。邓稼先敏锐的眼光使中国的核武器发展继续快步推进了十年，终于赶在全面禁止核试验之前，达到了实验室模拟水平。

五、21 世纪的劳模

21 世纪是一个开拓未来、创造历史的时代，是一个成就英雄、成就梦想的时代。在新的历史起点上，加快经济发展方式转变，全面建成小康社会，发展中国特色社会主义事业，实现中华民族伟大复兴，是时代给予我们中华民族的光荣与梦想、责任与使命。

时代在变化，劳模的评判标准和人员构成也在不断变化，但是劳模"奉献"的本质没有变。在生产一线成长起来，多次成功冲击世界纺织难题，为黑牡丹股份有限公司跻身中国 500 强和 131 家重点高新技术企业立下了汗马功劳的电气工程专家邓建军，党的好干部、人民的贴心人、优秀少数民族干部牛玉儒，被公安部追授为全国公安系统一级英雄模范的任长霞，被国家人事部、民政部追授"为民模范"荣誉称号的基层民政干部周国知，国内外激光领域知名学者马祖光院士……这些来自不同行业的劳模身上都反映了中华民族的民族志气和当代文明。

随着改革的深化和劳动竞赛形式的不断创新，涌现了一大批具有时代特色的知识型、专家型、复合型的劳动模范和先进人物。当前，劳模所涵盖的范围非常广泛，包括：有在推动经济发展方式转变、优化经济结构、提高自主创新能力、实现国有资产保值增值、促进经济平稳较快发展方面作出突出贡献的，有在国家和省、市、区重点工程建设或重大科研项目研制中作出突出贡献的，有在科技、教育、文化、卫生、体育等社会事业中作出突出贡献的，有在改善民生、维护社会稳定、增进民族团结、促进社会和谐中作出突出贡献的，有在保卫国家和人民生命财产安全、推进社会主义民主法治建设方面作出突出贡献的，有在节能减排、保护环境、安全生产、推动科学发展中作出突出贡献的，有在抗击重特大自然灾害、应对国际金融危机冲击等重大事件中作出突出贡献的，还有在推动国防和军队现代化建设方面作出突出贡献的。

高速发展和高度开放的时代是这些劳模产生的土壤。劳模的结构不断变化、队伍不断壮大，体现了劳动内涵的不断拓展、劳动理念的日益革新。劳模构成的多样化既昭示了时代的变化，也反映了历史的必然。随着知识、信息时代的到来，劳模的群体特征发生了变化，除了默默活跃在基础生产劳动和生活实践中以外，思想道德素质和科学文化素质也在不断提高。他们开始不断地用科学知识武装自己，坚定地信奉着"教育可以改变命运，知识可以增值资本"的理念，实干、知识、创新的复合成为了当代劳模的典型特征。

【典型人物】

二十大代表风采 | "大国工匠"邓建军

"知识型产业工人""全国劳模""大国工匠"……围绕邓建军的光环有很多。从基层电气维修工，到创新工作室带头人，再到企业管理层，邓建军一路践行新技术、新成果的研发转化，也一路见证新模式、新业态的涌现与成熟。

"党的十八大以来的十年，我

邓建军（左一）指导技术人员

与企业共成长，也与产业共升级。我深刻地感觉到，这是创新真正成为'引领发展的第一动力'的十年，也是常州拥抱产业变革、重振产业雄风的十年，更是我们产业工人全面发展、技术报国、收获更多尊重的十年。"黑牡丹（集团）股份有限公司党委委员、技术总监、职工董事邓建军回顾往昔，倍感振奋。

技术创新 攻坚克难

"我们不能满足于永远做'手'和'脚'，正在长出自己的'大脑'。"对于创新，邓建军有着独到的体会。1988年，邓建军技校毕业进入黑牡丹工作时，是名负责染色设备维护的技术工人。染浆联合机在染色时需要更换经轴，换一次经轴必须停一次车，每停一次车就会产生300多米染色不均的废纱。有着一股子钻研劲的邓建军想要改变这一现状。他花了整整一年时间，经过无数次试验和调试，通过电气控制技术，把染浆联合机改造成了"永动机"，实现了连续生产。1991年，他又开始琢磨对染浆联合机进行升级改造，提高生产效率……就这样，一件接着一件，一环套着一环，邓建军步履不停地走上了技术创新改造、攻克世界难题之路。"但一个人的力量是有限的，思路也是局限的，集体创新更能迸发出智慧的火花。"1999年，邓建军科研组成立；2009年，"邓建军劳模创新工作室"成立；2012年，"邓建军国家级技能大师工作室"揭牌，邓建军从个人努力逐步走向集体创新。为了解决牛仔布缩水率高的行业难题，邓建军带领团队顶着车间 40℃的高温，经过上千次调试，通过电子技术与气动技术的完美结合，使牛仔布的预缩率稳定控制在 2.5%以内，优于 3%的国际标准。之后，团队又向染色自动化精准控制这一国际纺织业技术空白领域发起挑战，经过 3 年多的试验，创造出一套拥有自主知识产权的"染色机染液组分在线检测和控制系统"。数十年埋首研发应用，让邓建军深刻感受到，掌握核心技术、拥有自主研发能力，是企业立于不败之地的"金钥匙"，也是城市发展勃发生机的"最强引擎"。

"版图"拓展 双轮驱动

已经有 80 多年历史的黑牡丹集团由纺织业起家。因为其劳动密集型产业特性，许多人都说这是一个"夕阳"产业，但邓建军不以为然："没有'夕阳'的产业，只有'夕阳'的企业。"在他看来，全球几十亿人都要穿衣，纺织业拥有无穷的发展前景，但如果不积极拥抱转型升级，纺织企业也极易在竞争中被淘汰。

早在 2002 年，黑牡丹纺织就走上了"智能化改造、数字化转型"之路。"在改造过程中，我们把设备的数字化作为第一步，使工作从定性变为定量，从而实现相应的控制，让得出的数据更加精准、质量更加可靠。"邓建军说，在黑牡丹，通过计算机控制完成集中化料，可以消除粉尘污染，改善操作环境，每天可节约染料 50 公斤，在减排的同时年节约染料成本上百万元；与此同时，原来由 9 个人进行的化料操作，改造后只需 2 个人，大大降低了劳动强度和用人成本，也降低了人为引起误差的概率。同时，黑牡丹不断拓展业务"版图"，从牛仔面料和服装业务，到包含城市基础设施建设、房地产项目开发、园区建设运营等的新型城镇化业务，再到收购深圳艾特网能布局新基建产业，如今的黑牡丹已经实现了"三轮驱动"。截至 2021 年，集团新基建行业营收占比已经达到 14.09%，超过了纺织行业。十年间，常州高新区围绕"两特三新一智能"特色产业集群，新能源、新型碳材料产业集群进入"国家队"，一批产业集群抓住风口乘风而起、踏浪前行。"当我们一步步突破困难与关卡，不停地升级之后，转型的成功必将带来生产效益的巨大升级。"邓建军信心满满。

人才孵化 工匠摇篮

走上工作岗位的 30 多年来，邓建军从未停止过学习。他通过自学，先后获得了大专文凭、本科学历，还攻读了电气工程硕士学位。在 2013 年召开的全国劳模代表座谈会上，习近平总书记在讲话中称其为"知识工人"。

"千工易遇，一匠难求"，这是当前产业与企业发展共同的痛点。"一枝独秀不是春，百花齐放才是春满园。"邓建军一心希望他的创新能力和学习精神得到传承。从最初的 3 人攻关小组，到如今的 24 人创新集体，30 多年来，邓建军领衔的科研组、工作室培养孵化出一批又一批高技能人才，为企业实现转型升级提供技术支撑。"让技高者得高薪。"黑牡丹集团积极实施"创新合同"制度，让职工技术创新成果不断转化带来的企业生产效率及核心竞争力提高，转化为职工"看得见、摸得着"的显性待遇，形成良性循环，以鼓励工人立足岗位思考探索、进行技术创新。同时，在邓建军的大力倡导下，企业还为技能人才提供了优厚的技术岗位津贴、技师津贴，并为各个岗位上的工人提供管理、工程、技能、操作四条职业上升通道。"工人沿着每条通道发展，到达一定级别后，四条通道就可实现互联互通、待遇相同，我们希望通过此举，能让每位工人发挥最大的价值、并得到与之相匹配的待遇。"

从默默无闻到"大国工匠"，邓建军花了 20 多年。他介绍，他的工作室在常州工业职业技术学院定制开设"邓建军班"，"让学生走出校门就能到企业上岗"。此外，集团还与东华大学、苏州大学、江南大学、常州大学等高校开展科研合作，进一步促进产教融合、工学结合、知行合一。

"我记得参加全国劳模代表座谈会时，习近平总书记指出当时全国的技能人才占比不足 4%，经过多年的努力，常州在这方面走在了前列。"邓建军对此倍感欣慰。据统计，截至 2021 年底，全市技能人才总量达到 131.2 万人，其中高技能人才 38.44 万人，每万名劳动者中高技能人才数达 1270 人，连续八年位居全省首位。

（资料来源：《常州国家高新区报》，2022 年 10 月 17 日）

第三节　河北科技师范学院的劳动教育历史

河北科技师范学院是一所具有硕士学位授予权的省属普通高等学校，坐落于滨海旅游城市——秦皇岛市。学校前身是昌黎农业职业学校，创建于 1941 年，1975 年开始举办高等教育，1977 年开始招收本科生，1985 年 1 月成立了河北农业技术师范学院，成为我国第一所专门培养具有学士学位水平的农业职教师资和高级专门技术人才的本科院校。1998 年 7 月经教育部批准更名为"河北职业技术师范学院"，2000 年与原秦皇岛煤炭工业管理学校合并，2003 年更名为"河北科技师范学院"，2006年获得硕士学位授予权。学校是教育部首批全国重点建设职教师资培养培训基地、科技部国家级科技特派员创业培训基地、农业部现代农业技术培训基地、中国科协首批全国科普教育基地，是河北省首批转型发展试点院校、河北省创新创业教育示范高校、河北省首批劳动教育试点学校。

学校坚持以立德树人，培育高素质应用型人才为核心，秉承"立足河北、服务地方、服务三农、服务职教"的办学定位，大力开展科教兴农、科教兴冀活动，通过搭建有利于培养学生创新精神和实践能力的平台，满足经济社会发展对高层次、高素质应用型人才的需求，人才培养注入了德智体美劳"五育"并举的时代内涵，突显了应用型、地方性、特色性。

一、学校劳动教育的历史基础

1.秦皇岛煤炭工业管理学校

如同煤炭一样，虽不起眼，却蕴含着火热的能量。这所学校的师生也秉持着煤炭的精神，教师以燃烧自我的奉献精神恪尽师职，学生以追求光明的渴求精神奋发学习。历经岁月更迭，这所普通、简朴的学校为中国煤炭事业培养了成千上万的栋梁之才。

这所学校在校史上因冠以秦皇岛之名时间最长，后来人们常俗称为"秦皇岛煤校"，而在她的校史上却还有着两次被冠以"中国"之名的荣耀：中国煤矿工人学校、中国煤矿工人速成中学。

1950年12月9日，"中国煤矿工人学校"正式开学，燃料工业部部长陈郁兼任名誉校长，中国煤矿总工会主席金直夫兼校长。"中国煤矿工人学校"虽不是全国第一所"煤矿工人学校"，却是全国第一所"国家级"煤矿工人学校，"生源"来自全国各地煤矿，老、中、青都有，都是从全国各矿区推荐的劳动模范、积极分子、优秀工人。学校开设普通班、中级班和高级班，分别相当于初小、高小和初中。1952年，学校更名为"中国煤矿工人速成中学"；1955年，又更名为"秦皇岛煤矿工人学校"，仍以培养全国煤矿企业干部为主；1959年，煤炭部将学校改为中等专业学校，开始面向社会招生，校名也改为"河北秦皇岛煤矿学校"；1960年又更名为"秦皇岛煤炭财经学校"；1964年改名为"秦皇岛煤矿企业管理学校"；1984年，学校更名为"秦皇岛煤炭工业管理学校"；2002年并入河北职业技术师范学院；2003年更名为"河北科技师范学院"。

昔日的秦皇岛煤校

2. 昌黎师范学校

清宣统三年（1911 年），昌黎县劝学所所长张芝兰在县城东关蚂蚁山创办教员传习所，招收一些愿为教育事业作贡献的文人。在此基础上建立的昌黎县女子师范学校，成立于 1942 年 12 月。1956 年改为"河北省昌黎师范学校"。2002 年，河北省昌黎师范学校与秦皇岛市教育学院合并，河北省昌黎师范学校原址成为秦皇岛市教育学院昌黎校区。2008 年，秦皇岛市教育学院并入河北科技师范学院。

昔日的昌黎师范学校

3. 昌黎农业职业学校

学校的前身是唐山初级农业学校，始建于 1941 年 7 月，校址在原唐山中学，首任校长是谭廷英。1943 年 7 月，唐山初级农业学校改为"冀东特别区农业职业学校"，学校迁到了唐山第一中学旧址。1945 年 10 月，迁到唐山丰滦中学院内，校长由丰滦中学校长王德兼任，教师大部分是丰滦中学教师；1946 年 4 月设立高中班。1946 年 7 月，国民党河北省政府教育厅，任命徐宝汶为校长，学校搬迁到昌黎，改名为"河北省立昌黎农业职业学校"。1948 年 11 月，改名为"河北省立昌黎高级农业职业学校"。1984 年成为河北农业大学唐山分校后更名为"河北农业大学昌黎分校"，1985 升格为"河北农业技术师范学院"，1998 更名为"河北职业技术师范学院"，2003 年更名为"河北科技师范学院"。

4. 在科技扶贫中结合劳动教育，培养学生爱农劳动精神

学校从 1984 年开始，以"九龙进山"农科教统筹活动为标志，开启了燕山科技开发扶贫的历程；2001 年启动了"进燕山，下基层"行动；2015 年实施了"基地示范、科技引领"工程，聚焦全产业链，产教融合，精准扶贫，谱写了燕山科技开发、精准扶贫的新篇章。在助力精准扶贫中，学生出力流汗，接受锻炼、磨炼意志，形成了正确劳动价值观和良好劳动品质，增强了社会责任感。

科技扶贫活动与劳动教育相结合

二、学校培养出的劳模

学校建校 80 余年来，面向社会经济主战场，培养了数万计扎根基层和生产一线的毕业生。

1. 马六孩

1953 年，马六孩在秦皇岛煤矿工人速成中学（秦皇岛煤炭工业管理学校前身）学习。马六孩生前系原大同煤矿同家梁矿掘进组组长，1951 年，他率领快速掘进组创造全国掘进最高纪录，先后创造了"马六孩循环作业""马六孩多孔道循环掘进工作法"等先进操作技术。并当选党的八大代表，第一、二届全国人大代表，第五、六届全国政协委员，荣获全国劳动模范称号。

马六孩

马六孩是中华人民共和国煤矿工人的骄傲，是共和

国煤矿生产战线上的一面不倒的"红旗"。2009年，被授予全国60位"新中国成立以来最具影响力的劳动模范"之一，2019年，被评为全国278位"最美奋斗者"之一。他在劳动中务实、踏实、扎实的实干精神，以及敢于创新创造的精神，是应该永远传承下去的。

2. 施玉海

施玉海

施玉海1948年加入中国共产党，曾在中国煤矿工人速成中学学习，是第一届全国人大代表。1950年，获全国劳动模范称号，被特邀参加国庆盛典，列席全国政协第一届第三次会议，受到党和国家领导人接见。1953年，领导采煤组向全国煤矿工人发起安全友谊竞赛，时称"施玉海运动"。施玉海采煤组，先后受到中央人民政府、煤炭工业部、全国煤矿工会等多次表彰和奖励。

3. 李彦生

1982年3月毕业于河北农大唐山分校，留校后从事作物栽培的教学与研究工作，退休前任农学与生物科技学院党委书记。担任中层干部多年，期间由于工作需要多次调整岗位，无论是在教学、科研岗位，还是在党政管理岗位上，他都以党员标准严格要求自己，牢记入党时的誓言，不折不扣地执行党组织的决定。他认真教学，潜心科研，关心同志，关爱学生，以任劳任怨、踏实肯干的人格魅力激励了师生，感动了校园，展示了一名共产党员的真实本色。他享受河北省中青年骨干教师津贴，荣获河北省优秀教师、秦皇岛市"劳动模范"、优秀知识分子、"三育人"先进个人、先进工作者等多项称号。

李彦生指导学生

平凡中的坚守

他，没有慷慨激昂的豪言，也没有轰轰烈烈的壮举，有的只是平凡岗位上的感人故事。他就是李彦生，河北科技师范学院的一位普通中层干部、一位普通的教授学者。从教30年来，他敬业、乐业，在平凡的工作岗位上努力践行着一名共产党人的光荣使命。

信念，他坚守了誓言

李彦生担任中层干部多年，期间由于工作需要多次调整岗位。2009年，原农学系撤销，合并组建生命科技学院，被校党委任命为生命科技学院党委书记；2011年改任理化学院党委书记；2012年任理化学院党委书记兼院长。在"保位子""争利益"的多次考验面前，李彦生没有患得患失、畏难退缩，而是以大局为重，坚定地执行了党组织的决定，体现了一名党员干部应有的政治觉悟和组织意识。

作为基层党委书记，他善于抓班子建设，注重调动和发挥班子每一位成员的工作热情和积极性，营造了团结协作、和谐共事的工作氛围。他善于抓师生的思想教育工作，始终能够和师生"打成一片"，融为一体，既没有"官架子"，也没有"专家范"，赢得了师生群众的普遍认可和尊敬。

为师，他坚守了师道

在采访过程中，2011级农学专业本科生王岩告诉我们："李彦生老师是我的科研指导老师。我对李老师最深刻的印象就是亲切、随和，平时同学们有什么不懂的问题，李老师总是耐心细致地解答，一直到学生听懂为止。"

"在李彦生老师的课堂上，他总是要求得特别严格，不允许学生迟到，要求所有学生尽量坐到教室的前几排，集中精力听课"，"讲课过程中，李老师十分注重知识点的延伸，从不拘泥于书本，能充分调动学生的学习热情，全班同学都喜欢上他的课"。王岩同学这样描述李彦生的课堂教学。

李彦生指导的学生不仅要进行理论学习，还要进行生产实践研究。王岩同学告诉笔者："十月一种小麦，我和李彦生老师一组，开沟，必须直，深浅标准。李老师开沟，我撒种，李老师开沟开得特快，自己播种也就快了。小苗长出来以后，发现我们种的小麦苗长得最齐，最匀"。"自大二以来，小麦播种，打药，除草，定苗确定行距、株距，小麦开花后每隔5天取一次样，送往实验室冰冻，用作试验的样品，这一套工作李彦生老师总是亲身参与、亲自指导"。"李彦生老师一直要求我们，对待科研学术，一定要认真、诚实，必须按照老师的要求去做，遇到问题一定要找到根源，及时向老师汇报科研活动进展情况。"他要求每一位学生按试验计划，把实验中的表格数据报给他，他会一一审核把关。这样，既有效地提高了学生的实践能力，也带动了学生们从事科学研究的热情。

担任教学工作多年，李彦生老师一直从事作物栽培学课程的教学。为拓宽学生的知识面，开设了"特用经济作物栽培"和"作物高产生理"两门课；为培养学生的实践能力，开设了"农事操作""高效益农田"两门实践课；并且还主讲"农科教材教法""耕作学"等课程；自主开设了师范专业学生的"教师技能训练"课程。在学生试讲过程中，他不但在课上给学生讲评，还用自己的DV机给学生录像，课后用电脑给学生重播，耐心细致地对着录像指导学生，纠正学生在讲课中存在的不足。在教学的同时，他还编写了大学、中学教材和专著15部。

为学，他坚守了严谨

李彦生在承担繁重的教学任务之余，积极开展科研实践活动，取得了显著成绩。"李彦生老师最大的特点就是能把课题组每位成员凝聚到一起搞攻关，发挥每个人的最大作用。"从原农学系时就和李彦生搭班子共事并同在一个课题组的乔亚科教授这样评价李彦生。当年从事农学研究实验，要深入到试验场、实验区，像农民一样辛苦劳作。在遵化实验区，李彦生带领课题组成员早出晚归，摸爬滚打在田间地头。他们一行人背着装满实验器材的布袋子一路走来，被人们形象地描述为"远看像要饭的，近看像逃难的，仔细一看是搞农学实验的"。1989年以来，李彦生主持或主研的科研课题项目开始陆续获得省、厅级奖励。多年来，他公开发表论文50多篇；取得农业等方面的科研成果22项，其中获河北省科技进步（山区创业）奖5项，获市（厅）级奖励16项，获省级教学成果奖一、二、三等奖各一项。作为主持或主研人参加河北省遵化试验区攻关工作，为冀东区域农业生产的发展作出了贡献。1995年，"燕山山麓两平积温不足生态区机械化高产高效种植模式研究"获省科技进步三等奖；1996年，"燕山山麓高产粮区农业高产高效途径与综合配套技术"获省科技进步三等奖；1997年，"农艺教育专业教学改革与实践"获河北省普通高等学校教学成果一等奖；2001年，"燕山山麓平原区以粮为主的高效农业持续发展综合配套技术研究"获省科技进步三等奖，唐山市科技进步一等奖……

2005年暑期，经医院检查，李彦生被正式确诊为脑血栓。住院期间，国家粮食丰产科技工程项目总负责人河北农业大学马峙英校长和几位专家到玉田项目区检查工作，李彦生暂停治疗，坚持到现场接受专家指导，工作结束后才到医院输液。长期以来，李彦生老师以丰硕的科研成果，忘我的科研精神感动了师生。

在自己潜心科研的同时，李彦生老师还非常关心学院年轻教师的成长，鼓励学院年轻教师积极参与科研活动。"以前化学工程学院年轻老师很少专注科研。李彦生老师来学院后，鼓励青年教师多搞研究，他帮着争取，找门路，出主意，找专家指导"。化学工程学院副院长艾顺来说："李彦生老师在组织科研上费了不少心思，以前老师们很少报项目，李彦生老师来之后，去年报了五项科研课题，而且全部立项。"

为人，他坚守了爱心

热爱学生，关心学生的成长，是李彦生30年的座右铭。就读农学专业的学生大多来自农村，家境普遍不宽裕。对于特殊困难的学生，李彦生一直都竭尽所能帮助他们。1995年，他得知动物科学系学生李向红父母都有病，经济困难，有时捡别人吃剩下的馒头，但学习非常努力的情况后，就通过校团委转给她20元钱，并附上几句贴心话："李向红同学：得知你在家庭经济条件非常困难的情况下，还能努力学习，并且取得了优异成绩，给你微不足道的20元钱，以表达我们教师的一片心意，望你努力学习，将来成为国家建设的栋梁之材。"落款是：一位教师。农学系1999级的特困生田振程是一位孤儿，交不起学费。李彦生闻讯后资助他学费1 400元。农学9742班孙国香在篮球训练时不慎摔到了后脑，昏倒抽搐，李彦生从家中拿了2 000元钱赶到了医院，使学生得到了及时救治。农学9640班王广恩在踢足球时把眼角膜踢坏，需要做手术，又是他带头捐了款。2009级化学专业学生文小东，在实验室做毕业论文实验时，因操作不规范造成意外闪燃爆炸事故，导致双耳膜穿孔，听力神经受损。李彦生主动从家里拿出5 000元钱，及时将其送往医院就医。因治疗及时，学生未受到严重伤害……给学生捐款、捐物，为困难学生及时提供帮助，这样的事情每年都有，他总是默默付出，从不求回报。对待学生，很多人都说：李老师在学校做了许多家长该做的工作。

作为学院的党委书记，李彦生在处理干群关系时始终秉承一条原则：工作上支持，生活上关心。自从李彦生来到化学工程学院后，积极鼓励和支持青年教师参加学校组织的"青年教师基本功大赛""专职辅导员技能大赛""青年教师说课比赛"等各项教师技能竞赛，锻炼他们的业务素质。在去年的第二届青年教师说课比赛中，刘璐老师荣获三等奖，突破了学院从未在此类比赛中获过奖的局面。李彦生对同事们的生活也非常关心，同事家中有什么婚丧嫁娶的事情或为难之处，李彦生老师总是带领班子成员去看望。

李彦生老师对学生无私的爱心，对教职工真情的关怀，温暖了师生的心。

为官，他坚守了责任

对待工作，李彦生老师从来都是任劳任怨，总是超负荷、高质量地完成学校党委交付的各项工作。2000年，校党委安排李彦生担任农学系党总支书记兼系主任。当时，农学系新班子只有他一人，其他成员没有到位。在全校上下处在迎接本科办学水平评估的繁重任务和紧张氛围中，他一人担起党务、行政、学生管理等各项工作，加上日常的教学和科研工作，承担了很大压力。但他团结全系教师，攻坚克难，较好地完成了各项工作任务。2005年学校申请硕士点时，农学系负责申硕的副主任因身体原因不能履职，李彦生老师毫不犹豫地承担起作物遗传育种学科的申硕任务，经常加班加点，有时到凌晨两三点钟。在他的感召下，在申硕团队的共同努力下，该学科硕士学位授予权成功获得。2011年，校党委安排李彦生到理化学院担任党委书记并兼任昌黎校区办公室主任。他愉快地接受了组织安排，克服了理化学院两地办学的困难，团结带领班子成员，踏实工作，使理化学院的面貌有了很大改观。

长期的超负荷工作，使他付出了健康的代价。2001年6月就发现的轻度脑血栓被一再耽搁治疗，病情有所发展，甚至走路的姿态已经受到影响。十几年来，他就是这样抱病忘我工作，无条件服从组织安排，欣然接受每一份工作任务，从没有向组织提任何条件。

李彦生老师经常说的一句话是："该咋干咋干，该咱们干的都干好。"这种实干的态度和务实作风也带动了班子其他同志。学院副院长彭友舜说："李彦生老师来以后，学院的大事小情，主动跟班子成员沟通，早上从学校通勤车下来，班子成员总是先聚到一起，有事没事常沟通，不等到周四例会，有事从不耽误。虽然李彦生老师并不是本专业的，但工作起来善于调动班子其他成员的积极性，使班子成员心气旺、干劲足。""以前，学院考试监考很少有人查。李彦生老师来以后，要求班子成员每场考试必到考场巡考，抓学风考风。不仅检查本学院考场，还检查本学院老师在其他学院的考场监考情况。为保证化学实验课的安全，他带头执行领导带班检查实验课制度，有的实验课安排在晚上，他也从没落下过。"

在采访中，艾顺来副院长这样说："在利益上，李彦生老师从不计较个人得失，在津贴分配上，他一分都不多拿，每次甚至还都吃点亏，但是对待年轻教师，却很是关心、照顾。""李彦生老师平时给人的印象总是很亲切、随和，在工作上，原则性很强。在每年学院评优评先工作中，他有一条不成文

李彦生教授和学生在一起

的规定，教学评价后 10% 的老师在年度考核中不允许评优秀。有的老师找李彦生理论，他说：'只要我当书记，后 10% 的永远不能当优秀。'"

李彦生除了在学习、生活上关心帮助学生外，还非常支持学生开展课外活动。他认为"学生不能死学书本，还需要搞一些课外的活动及体育锻炼，这样能培养学生表达、组织、应用等多种能力。"艾顺来副院长说："以前学院不看重学生的活动，2011 年、2012 年在学校运动会上化学工程学院的成绩总是全校区垫底，李彦生老师来以后，对于学生活动，只要提出经费要求，总是非常支持。"去年经过学院师生共同努力，最终在运动会上夺得第四名。对于如此大的进步，体育老师们赞不绝口。

无论是从事学校管理工作的干部还是从事教学和科研工作的教师，我们都能从李彦生身上找到可敬、可学的闪光点。他两次被评为省级优秀教师，被评为秦皇岛市优秀知识分子、秦皇岛市优秀党务工作者、秦皇岛市职工劳动模范，享受河北省中青年骨干教师津贴人员……

也许，这些坚守就是平凡。正是这 30 年的平凡坚守成就了不平凡。在党的群众路线教育实践活动中，我们越来越清晰地意识到，平凡中的坚守，弥足珍贵，历久弥新。

（资料来源：赵建平、孙艳敏、朱洪亮，河北科技师范学院校园网新闻中心，2014 年 7 月 5 日）

4. 史秋梅

史秋梅为河北科技师范学院二级教授，吉林大学博士，硕士生导师，九三学社社员，现任河北省预防兽医学重点实验室副主任，长期从事畜禽传染病防治研究工作，国务院政府特殊津贴专家、河北省高端人才、河北省巨人计划领军人才、河北省优秀省管专家、河北省肉牛产业技术体系创新团队疫病防控岗位专家。先后荣获全国五一劳动奖章、河北省五一劳动奖章、河北省杰出专业技术人才、河北省优秀科技工作者、河北省先进工作者、河北省最美科技工作者等称号。史秋梅从教 30 余年，建立劳模和工匠人才创新工作室，发挥"传帮带"作用，为更多青年人搭建发展平台；先后主持、主研科技项目 50 余项，主持的成果荣获河北省科技奖励 9 项，取得国家发明专利 34 项，打造了河北科技师范学院一流的科研平台和科研队伍。2016 年，团队主研完成的成果获"河北省科学技术进步一等奖"。作为秦皇岛市、河北省、国家科技特派员，史秋梅与新养殖户对接签订协议，定期帮扶指导，为他们解决疫病防控难题。近年来，她主讲的各类养殖技术及疫病防治培训班有 1 000 余场，真正做到了"情系百姓，服务'三农'，培育新时代'新农人'"。

史秋梅荣获河北省五一劳动奖章

2024 年 4 月 28 日，庆祝五一国际劳动节暨全国五一劳动奖和全国工人先锋号表彰大会在北京人民大会堂举行。大会公布了《中华全国总工会关于表彰 2024 年全国五一劳动奖和全国工人先锋号的决定》，河北科技师范学院动物科技学院的史秋梅教授获"全国五一劳动奖章"。

全国五一劳动奖章是中华全国总工会授予在中国特色社会主义建设中作出突出贡献的劳动者的光荣称号，是中国工人阶级最高奖项之一。

（资料来源：孙艳敏、王荣加，河北科技师范学院校园网新闻中心，2024 年 4 月 30 日）

兢兢业业做学问　勤勤恳恳为百姓

"在校当个好老师，在外做个好兽医。"说起自己的职业，史秋梅常常这样形容自己。

史秋梅是河北科技师范学院教授，河北省五一劳动奖章获得者，硕士研究生导师，主讲"动物传染病学""兽医公共卫生学"等课程。其中，"动物传染病学"为河北省精品课程，多次年终考核优秀。自 1987 年参加工作以来，她先后主持、主研国家及省级科技项目 30 余项，以第一完成人获省级科技奖励 6 项，其中，"毛皮动物主要病毒病安全高效防控关键技术研究与应用"获省科技进步一等奖，取得国家发明专利 30 余项，是名副其实的学术带头人。

史秋梅团队采集样本

"做好学术研究的同时，更要注重实践，注重解决实际问题，不能眼看着大批的畜禽死亡，却拿不出解决之策、应对之道。"史秋梅常常告诫自己的学生，她把这样的理念融入教学中的同时，也融入为养殖户服务当中。

30 多年来，在圆满完成教学任务的同时，史秋梅发挥自己的专业特长，不遗余力地奋战在畜牧兽医工作第一线，坚持用现代科技指导农民养殖，成了百姓信赖的"好兽医"。

乐亭县毛庄小雷肉牛养殖场是 2018 年新建立的肉牛养殖场。去年 4 月，由于缺乏技术，养殖场刚购进的 50 头肉牛患上了运输应激综合征，致死 10 头，算上用药每头牛的成本已经达到了 1 万元，也就是说，小雷肉牛养殖场一下子就损失了 10 万元。

欲哭无泪的养殖场场长找到了史秋梅。史秋梅立刻带领团队队员采集了病死牛血液等样品共 50 余份，通过对样品进行科学分析后，给小雷肉牛养殖场量身定制了一套防治措施，很快控制了病情，且这批购入肉牛群至今再无疫病发生。去年 9 月，小雷肉牛养殖场再次购进 50 头肉牛，采用了此项技术预防，也没有发生任何疫病。

根据史秋梅采集的数据，省相关部门对周围各村养牛户每批买进的肉牛都采取了预防措施，均收到较好效果。目前，该技术已在唐山、廊坊、藁城和秦皇岛市等肉牛场得到推广应用。

"动物疫病具有传染性强、涉及范围广、传播速度快等特点，一旦出现疫病，往往就会给养殖场造成致命性打击。"史秋梅说。

为了做好肉牛场科学合理设计、规范免疫检测、提高重大疫病科技攻关能力、加强疫病防控等工作，自 2018 年 3 月起，史秋梅带领团队奔赴石家庄、唐山、廊坊、承德、沧州等多个地市，短短几个月，史秋梅团队走访千余里，深入肉牛场百余家，采集了肉牛鼻腔拭子、肛拭子、腹泻粪便、血液等项目样品 1 200 余份，初步摸清了疫病发病规律，为相关部门提供了疫病预警信息。

史秋梅还不定期深入养殖户，进行现场指导，解决实际问题。此外，她还为帮扶户免费提供治疗效果好的中草药、牛舍专用消毒药等先进产品，助力精准扶贫、促进养殖户科技增收致富。

作为河北省第三批创新创业团队及领军人才、河北省五一劳动奖章获得者，史秋梅既感荣幸又感责任重大，她说："我会带领我的团队多出成果，造福广大养殖户。"

（资料来源：《秦皇岛日报》，2019年4月24日）

5. 张京政

张京政 2002 年毕业于华中农业大学果树学专业，河北省板栗产业协同创新中心副主任，河北省板栗产业技术研究院副院长，河北省板栗产业技术创新战略联盟副秘书长，青龙满族自治县板栗产业总顾问，九三学社社员。先后获得"河北省首批青年拔尖人才""秦皇岛市第七届道德模范"等荣誉称号，被称为扶贫教授。

张京政

扶贫教授张京政：扎根荒山野岭 谱写生命华章

一身蓝色的工装，被山风吹得黑红的脸膛，板栗园中的张京政颠覆了人们对大学教授的固有印象。作为国家、省、市、县、校五级科技特派员，从 2016年春天开始，张京政的扶贫之路由青龙满族自治县这个国家级贫困县开启。

找准脱贫致富的"敲门砖"

42 岁的张京政是山东省沂水县人，2002 年华中农业大学毕业后，执教于河北科技师范学院，自 2012 年开始，专注于板栗新品种和新技术的研究和开发。2016 年春，张京政积极响应党和国家精准扶贫的号召，到青龙满族自治县开展精准扶贫。送科技下乡，张京政十万火急。不到半年时间，张京政便跑遍大半个青龙。经精准普查，青龙的大山大岭之间，至少有 100 万亩板栗树。

2016 年秋，在充分实地调查的基础上，张京政向县委、县政府提交了《关于大力发展板栗产业，促进果农脱贫致富的建议》，得到县委、县政府的高度重视，被予以采纳，并聘请他为"青龙满族自治县板栗产业发展总顾问"。该县把板栗产业作为重要支柱产业进行发展，并于 2017 年确立了创建"全国板栗第一县"的目标。

经过近 5 年的艰苦努力，张京政在青龙各乡镇建立了 25 个板栗示范基地，举办 100 多次板栗高效管理技术培训班，1.2 万人次参加培训学习，免费发放燕龙、燕丽、燕紫、燕秋、燕宝等新品种接穗 13 万支。全县共 396 个行政村，张京政直接服务过的，超过 200 个。

硬核技术搭建"连心桥"

张京政认为，降低成本，增加产量，这才是科技扶贫的关键。我国有 3 000 万亩的板栗树，板栗树树身高大，生长之地多崎岖不平，每年栗农摔伤、摔残、眼睛被扎瞎，甚至摔死的事件屡有发生，这是张京政多年的心头之痛。靠天吃饭的农业生产利润微薄，加之青壮年劳力向城市转移，栗农多为留守老人和妇女，劳动力很弱。

发现问题 现场教学

张京政为栗农讲授修剪技术

针对这个现状，张京政在科技扶贫的过程中，研发出了高度简化的板栗修剪技术，并命名为"抓大放小"。所谓"抓大放小"技术，简言之就是抓住主要矛盾，放弃次要矛盾。在给栗树剪枝时，不结果的大高枝狠狠地剪，结果的小枝多多地留，如此一来，不但大大放低了树身，安全省力，还提高了产量。这项技术，栗农们 5 分钟就能学会，实际操作性很强。

2017 年冬至 2018 年春，安全、省工、优质、高产的"抓大放小"技术在青龙被广泛应用。如今，栗农立地就能剪枝，栗树伤人的事件很少发生，老人和妇女就能轻松管理成百上千的板栗树。

青龙肖营子镇上打虎店村的董文利承包了 200 亩的板栗园，多年来板栗园品种混杂，技术落后，板栗生产始终处于低产低效的状态。2018 年冬天，张京政到董文利的板栗园，示范"抓大放小"修剪技术。通过实践运用，仅一年时间，董文利的板栗园大幅度增产，引起了轰动。周边板栗生产县（区）抚宁、迁西、迁安、遵化、宽城、兴隆等地栗农，纷纷前来参观学习。

2017 年、2018 年、2019 年连续三年严重干旱，而且 2019 年春冬季低温，造成青龙满族自治县及周边板栗产区板栗大面积减产，在这种情况下，新技术仍然表现出丰产的特性，获得了广大栗农的高度赞赏。在张京政的培训和指导下，参加学习并付诸行动的栗农，亩均增产 25 至 50 公斤板栗，亩均增收 400

至 800 元。"抓大放小"修剪技术在河北、北京、天津、山东、河南、安徽、湖北、湖南、福建、广东、广西、云南等板栗主产区被广泛采用，引领、推动了我国板栗产业的快速发展。

"互联网＋精准扶贫"打开一片天

为了让更多的农民受益，张京政在传播模式上动了脑筋。2016 年 12 月，张京政在青龙果园讲课，精心拍摄、制作了一个讲课视频，上传到网上。一个果农后来见到他时说："张老师，你的讲课视频我看了 7 遍，我原来什么也不会，现在我会了。"果农的话给了张京政很大的启发。互联网时代到了，这对于普及农业知识，正是天赐良机。张京政开始制作大量的技术视频，通过电视台、互联网、微信群、微信公众号、朋友圈等进行传播，并及时发布重大病虫害预警及防治方案、灾害性天气应急预案等，大大减少了板栗生产损失。

张京政指导农户种植技术

为了将新的管理技术及时传递给更多农民，他创建了"青龙板栗提质增效"QQ 群，这些群最初只对青龙满族自治县，后来面向全国，演变成了联系沟通更为方便的微信群。到任何一个村庄讲课，他都会把自己的手机号告诉听课的农民，让他们加他的微信，就这样，他在全国先后创建了 18 个板栗提质增效微信群，6 000 多人在群中学习，实现了专家与栗农的直接交流。

2019 年 5 月 15 日，青龙满族自治县部分地区发生雹灾，张京政在群里看到消息，马上写了《板栗树遭受严重冰雹之后的急救措施》发到群里，这篇原创文章的点击量，不到两天就达到 1.8 万。几年来，防治病虫害、预防倒春寒、防涝抗旱，"及时雨"一样的抗灾救灾文章，张京政在群里发布了 192 篇，点击学习的人达 36.6 万人次，惠及全国。

七道河乡西蚂蚁村是个贫困村，说起张京政，村民王建国特别佩服："自从认识了张教授，我们既学到了技术，栗子也增产了不少。教授一点儿架子也没有。遇到不懂的问题私聊他，他也不厌其烦。"

如同管理一个企业、一个学校一样，他把学习变成了可复制、可传播的事物。渐渐的，他的群成员越来越多，技术普及也越来越宽广。他制作的"板栗高效栽培技术"等 21 个技术视频，有 34.6 万人次学习。免费发放技术视频（光盘或视频链接）1.3 万次。制作的小视频，在快手、火山、今日头条等平台发布。网络之便将他的板栗新品种、新技术迅速推广至全国，张京政头上又多了顶"网红教授"的桂冠。

扶贫路上的"拼命三郎"

走在扶贫路上的张京政是个"拼命三郎"，他几乎每个双休日都去青龙给栗农传授新技术，不管严寒酷暑，不管冰天雪地，最多一周往返 3 次。早上五六点出发是标配，晚上九十点到家是常态。吃饭更是简单，路边小店有什么吃什么。为了给栗农培训，还时常借宿老乡家，有时一住就是两个星期。

张京政的科技扶贫课堂在山坡上、田野里、沟壑间，2017 年 12 月 5 日，张京政给双山子镇的栗农做培训，由于长期过度疲劳，竟然晕倒在栗园。大家叫来救护车，把他抬下山，直接送往医院。身体情况让他不得不休息了半个多月。恢复健康后的张京政，下乡扶贫工作马上恢复如初。

2018 年 12 月 2 日，一夜大雪让天地间一片银装素裹，三星口乡土台子村的栗农们怎么也没想到，张京政竟准时出现在栗园中为他们指导冬剪，汽车走在大雪覆盖的山路上，该是多么危险！2018 年冬天，张京政带学生们到五指山村指导冬季剪枝，尽管穿上了最厚的防寒服和羊毛棉裤，还是冻得脸都紫了，感冒了一个多月。2019 年 3 月 6 日，张京政正在草碾乡蚂蚁滩村为大家授课，忽然下起了雨，但他硬是打着雨伞在阴冷的山里坚持将两个小时的课程授完。

线下的张京政不厌其烦地指导栗农，线上的张京政也是随时和栗农沟通。群里的栗农们经常看到，到了晚上十一二点钟，张京政还在回复大家的疑问和网上求救。即便在 2017 年冬天晕倒后的养病期间，不能下乡去田间地头的张京政，依然和广大栗农们在一起——通过微信群、微信公众号，他时刻为栗农们指导剪枝、田间管理、抗灾、抗病虫害。

为什么我的眼里常含泪水？因为我对这土地爱得深沉——张京政说："我是农民的儿子，从小生长在农村，知道农民的苦。如果能够倾尽所学贡献于农业农村、奉献于扶贫事业、让农民改变自身的命运，是我人生中最幸福的事。"

（资料来源：《秦皇岛日报》，2020 年 7 月 23 日）

第四节　传承劳模精神

一、弘扬劳模精神

弘扬劳模精神,是时代的呼唤,是历史的必然。弘扬劳模精神,就是要在全社会广泛宣传劳动模范和先进工作者的先进事迹、优秀品质、高尚精神,给他们以应有的荣耀和社会地位,推动全社会进一步尊重劳模、关心劳模、学习劳模,让劳模成为更多人的精神偶像,让劳模精神随着时代的发展而发展,始终成为引领时代的价值取向。

弘扬劳模精神,就是要学习劳模优良的品质、科学的态度、奉献的精神、务实的作风、过硬的本领,全面提升思想道德素质和科学文化素质,爱岗敬业,拼搏奉献,充分展示工人阶级在改革开放和社会主义现代化建设中的主人翁风采,以伟大的劳模精神推进我们的伟大事业。

弘扬劳模精神,就是要在全社会树立通过诚实劳动创造美好生活的风气,尊重和保护一切有益于人民和社会的劳动,让这些劳动都能获得平等的权利和公正的对待,让这些领域的劳动者得到同样的社会尊重和人格尊严,让各行各业都纳入多样化职业爱好和选择的视野之内,表明一个以人为本的社会对所有劳动者的共同敬意。

二、践行劳模精神

劳模精神生长于工人阶级和劳动群众普遍具有的优秀品质之中,是一种起于平凡的不平凡精神,并不是高不可攀的。对我们来说,践行劳模精神更多的是发现劳动的乐趣、激发对职业的热情,并不需要有惊天动地的业绩。只要尽心尽力做好每一件事情,只要有水滴石穿的坚忍精神,终将放射出耀眼的光彩。

1.要找差距

劳模就是一面旗帜,劳模的言行所折射出来的责任感、使命感,能引领人们抛弃私心杂念,向着共同的目标奋进。有了劳模这面镜子,就能对照着找出自身的不足;有了劳模精神的感召,就有了标尺,就能形成良好的崇尚责任、牢记责任、时刻不忘履行自己职责的意识。

与劳模的先进事迹相比,大多数普通劳动者确实存在一定甚至很大的差距。践行劳模精神，就要以劳模为榜样，主动找出差距，学习领会劳模先进事迹的精神实质，学习劳模坚定理想、忠诚事业的精神，努力创造一流业绩；学习劳模勤奋好学、刻苦钻研的精神，增强解决生产和管理难题的本领；学习劳模艰苦奋斗、埋头苦干的精神，不折不扣地把各项工作落到实处。

2. 要有平和心态

心态是指个人的心理状态，包括对人、对事、对己的态度。心态好，则身体好、精神振、干劲足，易出业绩。人是社会的细胞、和谐的主体，只有心境和谐，才能行为和谐，才能在挫折面前不沉沦，诱惑面前不迷失，紧急关头沉得住气，关键时刻宠辱不惊。我们应当有这种大度和定力，既要能任劳，还要能任怨；既要能吃苦，还要能吃亏。凡事"看得穿，想得透，忍得住，放得下"，学会在得失之间保持淡定心态、平和心境，善于在浮华之中韬光养晦，方能达到"宠辱不惊，坐看庭前花开花落；去留无意，闲望天空云卷云舒"的超然境界。

学习劳模的平和心态，就是要学会放下。比如，放下自卑。不是每个人都可以成为伟人，但每个人都可以成为内心强大的人，只要找准自己的位置，就可以拥有一个有价值的人生。再比如，放下抱怨。心平气和地接受失败，从中吸取教训再奋斗，才是一种进取的姿态。还比如，放下犹豫。认准了的事，不要优柔寡断，选准了方向，就奋力前进。

3. 要养成良好习惯

习惯是人们在后天所养成的一种思维定式，是一种自觉、主动、持久、稳定的行为方式。习惯是需要长期培养的，而一旦形成，就不容易改变。习惯一旦养成之后，便用不着借助记忆，很容易很自然地就能发生作用了。人们90%的日常活动源自习惯，有些习惯是积极的，可以带来益处，有些习惯是消极的，会带来负面影响。践行劳模精神，就是要以劳模为榜样，把优秀变成一种习惯，变成第二天性，并且要落实到行动上。在日常学习和生活中强化好的行为，使之成为习惯，进而形成学无止境、精益求精的信念，追求更高的目标。

4. 要舍得付出

生命的意义常常体现于人与人之间的互相付出、互相帮助、互相关爱。践行劳模精神，就是要学习付出，舍得钻研、舍得吃苦、舍得奉献，用一种忘我的工作精神解决工作中的难题。付出才有收获，不付出永远不会有收获。在获得成果之前，要先学会付出。

劳模们身处不同岗位，奋斗历程各异，但都是在伟大的社会实践中一步一个脚印成长起来的，他们思想先进，品格伟大，贡献突出。从劳模的身上，我们可以领悟专业的工作精神和做人做事的"道法术"。劳模精神体现着大爱、大勇、大智慧、大胸怀和大局观念，劳模身上体现着鲜活、生动的真善美，他们起于平凡但执着追求，创造了一个个令国人为之骄傲的成就。他们报效祖国、服务人民的奉献精神，他们立足本职、爱岗敬业的职业精神，他们勇于攀登、敢为人先的创新精神，他们互帮互学、团结协作的团队精神是生动、真实、亲近、有效的，对人们具有巨大的教育与激励价值。我们应该认识到，劳模们站在领奖台上那一刻的光鲜，是他们在年复一年的岁月里用辛勤劳动换来的，他们在勤奋工作、帮助别人、献身社会的时候，是在诚实地劳动着，凭着自己的良心做事，绝不是为了以后能炫耀自己的成绩，他们学习和工作的终点不是只为了做劳模，而是为了能为社会作贡献。

践行劳模精神，就要在思想上、行动上向劳模看齐，但绝不是盲目照抄照搬。不能因为某劳模是钢铁公司的炉前工，就改行当炉前工；不能因为某劳模是企业家，就想下海经商。我们要细细体会劳模精神的实质，在自己的行业里争当劳模，做好自己的本职工作，克服不足、努力提升。滴滴细流，汇成江河。只要我们每一个人都努力地做好本职工作，就为社会的发展贡献了一份力量，全社会的各行各业就会蓬勃发展。

【课后思考题】

1. 通过自己的了解谈一下劳模精神。
2. 你如何看待身边的劳模，他（她）对你有什么影响？

【拓展阅读】

1. 中国工人：《忠诚——共和国劳模画传》，中国工人出版社 2020 年版。
2. 陈必华、淦爱品：《劳模精神导论》，上海交通大学出版社 2020 年版。

第六章 追求卓越的工匠精神

【本章导读】

精益求精 追求卓越

从工匠精神的图谱来看，不管是中国传统社会的工匠精神还是西方社会的工匠精神，精益求精始终都是工匠精神的最根本的特征，社会主义制度下的工匠精神也具有这项基本属性。精益求精、追求卓越，内含着敬业乐业、专注专一的品质，主要是指工匠在制造产品时的一种追求完美的态度和责任心，通过不断打磨细节，使之更加完美。

新中国成立后，随着工匠身份和劳动方式的转变，这种精神又有了新的表现形式，它不仅通过工匠造物的方式表现出来，更通过技术型工匠的技术生产表现出来；它不仅要求打造出精美物品，更要求技术臻于完美。

第一节 工匠精神的基本内涵

在《现代汉语词典》中，工匠的解释是"手艺工人"。传统意义上的工匠可理解为"手艺人"，即具有专门技艺特长的手工业劳动者。《韩非子·定法》说："夫匠者，手巧也……"可见手工精巧是工匠的基本特征之一。现在对工匠的理解除了手艺人之外，还包括技术工人和普通熟练工人。

所谓"工匠精神"，其核心是：不仅仅是把工作当作赚钱的工具，而且要把其树立成一种对工作执着、对所做的事情和生产的产品精益求精、精雕细琢的精神。在众多的日本企业中，工匠精神使企业领导人与员工之间形成了一种文化与思想上的共同价值观，并由此培育出企业的内生动力。

所以，从本质上讲，工匠精神是一种职业精神，它是职业道德、职业能力、职业品质的体现，是从业者的一种职业价值取向和行为表现。工匠精神的基本内涵包括：专注专业、一丝不苟、严谨求实、坚守执着、追求极致、精益求精等。

一、专注专业

专注是工匠最宝贵的品格之一，也是现代人最缺乏的品质之一。荀子认为，"无冥冥之志者，无昭昭之明；无惛惛之事者，无赫赫之功"。这句话的大意是：人要能静下心来保持精神专注，这样才能做到头脑清晰、思虑明澈，从而正确地为人处事，进而建立功勋。不能保持专注是工匠精神的大忌，也是降低效率的头号杀手。于纷乱喧嚣中保持浑然忘我的状态，把所有的智慧与心力聚焦于手头的工作，是工匠最令人肃然起敬的地方。专注就是集中精力、全神贯注、专心致志。专注不是三天打鱼，两天晒网。专注不是一分一秒，专注有时需要一年、十年、二十年、五十年，多年如一日地把一件事情做好，把一件产品做完美。专注是集中了时间、集中了精力、集中了资源、集合了智慧做好一件事，做完美一件产品。正因为专注了，所以才能最大限度发挥自己的积极性、主动性、创造性，创造出最好的产品，达到专业。

在专业化程度越来越高的现代社会，工作对个人的知识和经验不断提出更高、更广、更深的要求。一个做事总是摇摆不定、变来变去的人，只会将自己长时间积累的经验和资源在自己的摇摆和变动中全部舍弃掉，而无法强化自己的专业知识，无法形成自己的核心竞争力，最终也就无法超越他人，更别提什么行家里手了。事实证明，一个人若离开原来的工作转而从事新的工作，那他多年所积累的资历、经验和人际关系等，会一同损失掉。也就是说，过去花费在这份工作上的时间成本可能变得完全无用了。这样的人在事业上是很难站稳脚跟的。最终，很可能会在激烈的竞争中被淘汰。

在社会分工越来越细的今天，专家比杂家更容易得到收获，一名专科医生比全科医生更容易成为行业的佼佼者。每个行业的细分领域都值得我们穷其一生的精力去钻研和奋斗。任何一个大师级的人物，都是坚持把自己业内的事情做通做透的人。人的时间是有限的，精力是有限的，机遇也是有限的。在有限的时间里只能做有限的事情，与其东一榔头西一棒子、蜻蜓点水地做事情，不如专心致志地"钉钉子"。

专注让我们可以更专业，让我们能够有更多的时间和精力去突破自己的"成长上限"。尤其当我们始终在一个方向上加力，终将使得最终的合力达到最大。而如果把精力分散到不同的领域，则很容易使得在每一领域都很平庸。因此，我们应该将自己的注意力长时间地集中在一个领域，用心地去探索这个领域内的规律。

二、一丝不苟

一丝不苟是指办事认真，连最细微的地方也不敢马虎。认真，就好比人生命运的"发动机"，能激发起每个人身上所蕴含的无限潜能。一个认认真真、全心全意做好本职工作的员工，即使能力稍逊一筹，也可能创造出最大的价值。而一个人的能力再强，如果他不愿意努力，他就不可能创造优良的业绩。

作为通向精益求精的必要路径，一丝不苟主要体现在始终严格遵守工作规范和质量标准，兢兢业业做事，一板一眼工作，把每个操作要求和工作步骤都落实到位，不投机取巧，不寻求"捷径"，不敷衍了事，不放过任何一个细节和细微之处，确保操作结果符合标准甚至高于标准，没有瑕疵，不留缺憾。

一丝不苟是工匠精神的一种体现，同时也是一个人品行的反映。只有养成认真的习惯，我们才能充分展现自己的能力，才能在自己的职业生涯中获得成功。学会认真、养成认真工作的习惯，无疑是每个人事业道路上最重要的必修课。

三、严谨求实

严谨是一种严肃认真、细致周全、追求完美的工作态度；求实则是通过客观冷静的观察、思考和探求，悟透事物的内在机理，再采取最合适的方法去解决问题的做事原则。

"天下难事，必作于易；天下大事，必作于细。"这是古代人所说的严谨求实。用规范、标准和精确来对待每一个零件、每一道工艺、每一次检测，将"容易"的事当"艰难"的事做，将"细小"的事当"天大"的事做，这是一个当代工匠对严谨求实的哲学实践。在工作中，我们应以严谨的工作态度、纯粹的专业眼光严苛地审视自己，酝酿最完整最完善的工艺流程和技术关键，不允许有任何疏漏；一板一眼、一丝不苟地做事，杜绝任何投机取巧的行为，将"捷径"看做最大的"弯路"，把"敷衍"看作是对自己的"犯罪"。

四、坚守执着

执着是一种人生态度，是永不放弃的精神，是一如既往的追求，是难能可贵的坚持。要完成一项工作最为难能可贵的就是善始善终。歌德这样描述坚持的意义："不苟且地坚持下去，严厉地驱策自己继续下去，就是我们之中最微小的人这样去做，也很少不会达到目标。因为坚持的无声力量会随着时间而增长，到没有人能抗拒的程度。"坚持是一场漫长的分期分批的投资，而落实是对这场投资的一次性回报。作为一个执行者，他绝不会在困难面前停止不前，因为执着于工作本身就是执行者的工作作风。

在生活和工作的过程中，我们难免会经历孤独、遇到困难、面临诱惑，这时一定要执着地坚持下去，耐住寂寞、稳住心神、经住诱惑，不达目标，决不言弃。世上的事，哪怕再苦、再难，只要我们持之以恒、坚持到底，我们就有希望，就有成功的可能。

五、追求极致

极致是什么？它不是最终的结果，也不是固定的终点，它是更好的质量、更优的品质、更高的境界、更完美的事物，是人们心中更高的目标、更理想的状态。追求极致的过程是从 99% 到 99.9% 再到 99.99% 的过程，就是追求"没有最好，只有更好"的过程。

历代杰出的工匠都有"要做就要做最好"的信念。他们对技艺和品质有着达到"极致"的严苛要求；他们不以生产合格而以生产精品为目标，不刻意追求当下而放眼长远；他们不断改进工艺，提高品质效能，力求能在业内长久地领先同行，造福于世。

对于我们来说，追求极致可以在生活、学习和工作中得以实践。只要你不满足现在的状态、现有的成果，向着更快、更高、更强、更好的目标去行动、去努力、去奋斗，就是走在了追求极致的路上。

六、精益求精

精益求精是注重细节，追求完美，不惜花费时间和精力，孜孜不倦，反复改进产品。优秀的工匠是不允许自己出败笔的。因为工匠的作品不光是用来换取金钱的商品，更是倾注了自己心血的艺术品。艺术品岂能容忍败笔？对技术精益求精，对作品精雕细琢，不是为了用诚意之作换取"业界良心"的用户口碑，而是为了不愧对自己的"工匠灵魂"。

工序有先后，精细有标准。只有严格控制每一道工序、跟紧每一道流程，做好每一个环节，保证每一个步骤都做到最好，才能有精美的作品问世。越是环环相扣、步步相连的工艺，越需要把每一个步骤都严格做到位、不允许有一点点的偏差才行。假如每一道工序都允许0.1%的不合格率，那么一个流程（假设由 100 个工序组成）下来，产品的合格率就可得知了。所谓失之毫厘，谬以千里就是如此。将每一个步骤及环节都按要求做到位，就是将工作的每一个细节精雕细琢、精益求精。按步骤、依环节、按流程、据体系做事。

优秀的人往往不想给自己留下败笔与遗憾，尽量把事情做得尽善尽美。特别是那些具有工匠精神的人，为了做出毫无瑕疵的精品，甚至愿意付出常人不敢相信的代价。对于他们来说，品质就是生命，有败笔等于是要了命。这种不断超越自我，追求完美的生活态度，在世人眼中是艰辛和痛苦，在大师眼中却是无与伦比的快乐。

【典型人物】

"深海钳工"第一人：管延安

中国"深海钳工"第一人、全国五一劳动奖章获得者、全国技术能手、全国职业道德建设标兵、全国最美职工、中国质量工匠、大国工匠、齐鲁大工匠……一系列沉甸甸的荣誉集于一身，他就是中交第一航务工程局第二工程有限公司总技师管延安。

在黄海之滨，山东青岛，管延安从学徒做起，练就了精湛的钳工技术；在南伶仃洋，他参与建设举世瞩目的港珠澳大桥，凭借一丝不苟、追求极致的工匠精神，实现了拧过的 60 多万颗螺丝零失误，确保这一世界首条外海沉管隧道"滴水不漏"。如今，他仍坚守在生产一线，传承工匠精神，随时听从派遣，到祖国建设最需要的地方去。

追求卓越：毫米之间见"匠心"

管延安

今年42岁的管延安出生在农村，1995年初中毕业后，跟随亲戚来到青岛当学徒，干钳工。从那时起，他就发现自己对机械维护、设备安装等工作特别感兴趣。管延安要求自己"干一行，爱一行，钻一行"，工余勤学苦练，遇到不懂的就请教，或者翻书查找资料，慢慢练就了一身过硬技术。

2013年，管延安受命前往珠海牛头岛，带领钳工团队参与建设港珠澳大桥岛隧工程。长达5.6公里的外海沉管隧道，由33节巨型沉管连接而成。在最深40米的海底实现厘米级精确对接，在业内人士看来，其难度系数丝毫不亚于"神九"与"天宫一号"的对接。

管延安和他的团队主要负责沉管舾装和管内压载水系统等相关作业。虽然此前参与过国内最大集装箱中转港——前湾港、青岛北海船厂等大型工程建设，有着丰富的工程建设经验，但是面对港珠澳大桥所采用的大量高科技、新工艺，以及120年使用寿命的高质量要求，管延安还是从零开始虚心学习，不断积累经验。

管延安的一项工作是负责安装沉管阀门螺丝。如果在陆地作业，只要拧紧螺丝就够了。但要在深海中完成两节沉管的精准对接，确保隧道不渗水不漏水，沉管接缝处的间隙必须小于1毫米。

1毫米的间隙，根本无法用肉眼判断。可管延安硬是通过一次次拆卸练习，凭着"手感"创下了零缝隙的奇迹。为了找到这种"感觉"，他拧螺丝时从不戴手套，为的是有"手感"。经过数以万计次的重复磨炼，管延安练就了一项骄人的高精准绝技：左右手拧螺丝均实现误差不超过1毫米。

在一次次操作中，他甚至还练就了"听感"，通过敲击螺丝，从金属碰撞发出的声音，判断装配是否合乎标准。在他的听觉中，不一样的安装，会发出不一样的声音。管延安从此获得中国"深海钳工"第一人的美誉。

精益求精：60万颗螺丝零失误

管延安知道，建设港珠澳大桥是一项重大国家战略，对全面推进内地与香港、澳门互利合作具有重大意义。作为这项工程的参与者，他有着至高的荣誉感和责任感。

也正是秉承着筑造精品的匠心，他和团队成功建造了世界首条"滴水不漏"的外海沉管隧道，为"超级工程"提供了坚实的保障，也助推中国从桥梁建设大国走向桥梁建设强国。

在参建港珠澳大桥的 5 年里，管延安和工友们先后完成了 33 节巨型沉管和 6 000 吨最终接头的舾装任务，做到手中拧过的 60 多万颗螺丝零失误，创造了中国工匠独有的技艺技法。

管延安带领的团队知道，从第一颗螺丝到最后一颗螺丝，都是在管延安带领下认认真真、仔仔细细一颗一颗拧紧的。在每一件设备、每一颗螺丝安装后，管延安都坚持做到反复检查才放心。

工作上，管延安的较真是出了名的。以蝶阀安装为例，安装前检查蝶阀和各个零部件三遍。安装后，再检查三遍，最后还要调试检验。指导新人时，他最常挂在嘴边的话是"再检查一遍"，强调最多的是"反复检查"。

在长期的工作中，管延安养成了一个习惯：给每台修过的机器、每个修过的零件做记录，将每个细节详细记录在施工日志上，遇到任何情况都会"记录在案"，里面不但有文字还有自创的"图解"。在港珠澳大桥建设期间，他同样制作了"图解档案"，其中的几本被收录进港珠澳大桥沉管预制博物馆。

港珠澳大桥管理局副局长余烈曾这样评价管延安："凡他经手的每个螺丝钉紧固、设施测试都安全可靠，这种作风是'工匠精神'的具体体现，也正是这种精神，成就了港珠澳大桥这一世纪工程的高品质。"

不忘初心：带领团队研发创新

港珠澳大桥建成通车后，管延安回到位于青岛的中交一航局第二工程有限公司。公司专门成立了"大国工匠管延安创新工作室"，他作为领衔人，与工作室成员一同从事沉管、船舶研究。

"津平 1"是目前世界上最大的外海抛石整平船，对四条 90 米高的桩腿进行润滑保养，一直是操作工人解决不了的难题。管延安带领工友和技术人员攻关研讨，提出了自主研发润滑加油装置的思路，在船上攻关 1 个多月，成功研制出"桩腿齿轮喷淋加油润滑装置"。这是一项涵盖了设备制造、技术创新和船机改造等不同业务的创新成果，总制造成本不到 3 万元，比最初引进德国进口设备的方案，节省资金 240 多万元。

尽管已经是公司的总技师，但管延安仍然忙碌在生产一线，平时最喜欢听的仍是机械加工和锤子敲击声。20 多年的钳工生涯，他乐此不疲。"宝剑锋自磨砺出",他觉得只有扎根一线,不断精益求精,技艺才能臻于至善。

参与港珠澳大桥建设的经历,也让管延安更加深刻体会到工匠精神和技术创新的重要性。已过不惑之年的他,仍保持着勤于学习的劲头。在他工作的地方,厚厚的技术书籍摆了高高一摞。工作闲暇之余,他经常拿出自己攒下的工作日志,仔细琢磨研究,将其中的技术要领和心得传授给年轻的工友。

"不能在荣誉面前止步不前。作为一名共产党员,我将不忘初心,砥砺前行。"管延安说,目前公司还承接有深中通道、大连湾海底隧道等重大工程项目,他将随时听从派遣,到祖国建设最需要的地方去,坚守并传承工匠精神,把新时代产业工人的名片擦得更亮。

(资料来源:刘成、张嫱,《经济日报》,2020 年 5 月 9 日)

第二节 中国历史上的匠人

一、我国古代的工匠

人类的出现与劳动有关。人类最初的手工劳作,是制作采集工具和狩猎工具。这些工具大多是对天然物的利用或简单地加工。如弯断一根树枝,就可以成为棍棒;将小块石料撞向较大的石块或岩石,根据掉落石片的形状,继续加工为"砍砸器""刮削器""雕刻器";对木制品和石器进行简单的组合等。

距今约 2 万年前,出现了一些简单粗糙的陶器。陶器是人类第一次利用天然物,按照自己的意志创造出来的一种发生质变的东西,是只有少数人经过专门研究和学习才能掌握的技法。因此,人们将陶器的最初制造者称为人类发展史上的第一批工匠。

仙人洞陶器制造者的出现,源自人类日常生活和社会发展的需要。他们既为后人留下了丰富的物质遗产,也留下了以"探索"和"至善至美"为特征的精神财富。其中,有两点极为可贵的精神对现代工匠产生了深远影响。第一,陶器将底部都做成圆球形。现代科技证明,这是减小烧制过程中陶器坯体开裂风险的最佳形体。可见,古人类在他们那个时代,就有着对技术工艺的不断探索。正是这种探索精神,使得后来的陶器制造工艺有着非同寻常的进步,可以将陶器做出千姿百态的各种造型以适用各种需要。第二,大多数陶器的外表都有一定的纹饰。爱美，也许是人类的天性，哪怕用极其简陋的线条，古人类也要表达这种天性，何况这些线条大多被雕刻成绳状，即使用今天的眼光来审视，也能感受到这些纹饰所蕴含的情感，以及对至善至美的追求。

然而，作为人类发展史上第一批工匠，他们的名字却无从查起。迄今为止，能够知道姓名的最早工匠，出现在距今 2 000 多年的秦始皇兵马俑。秦朝对制陶作坊的工人实行"物勒工名，以考其诚"的制度，要求工人在制作的俑身上打印上或镌刻上自己的名字。这本是统治者稽查陶工制作陶俑数量和质量的，但却为后人留下了一大批艺术匠师的名字。

尽管考古学家在出土的兵马俑中找到了一些工匠的名字。但是，我们永远也无法知道他们的具体事迹。他们留给后人的痕迹，就是自己亲手精工细作的器物。这里面倾注了他们的心血与灵魂，代替他们在这个世界上继续展现工匠的骄傲。

陶器出现后，又出现了木器、瓷器、铁器、铜器以及金银器等。这些器皿在时代传承的过程中，工艺和技术都得到了持续性的补充、完善、进化和提升，并且越来越先进，越来越完美。这些完美作品的背后，沥尽了大量优秀工匠人的心血。有些工匠的技艺达到炉火纯青、登峰造极的地步。例如：春秋战国时期的鲁班，在机械、土木、手工工艺等方面都有发明。现在，木工使用的手工工具，如锯、钻、刨子、铲子、曲尺、墨斗等，据说都是他发明的。鲁班也因此成为后世公认的"工匠始祖"。西汉史学家司马迁身受宫刑之辱，以残缺之身"究天人之际，通古今之变，成一家之言"，完成的巨著《史记》，为"二十五史"之首，被誉为"史家之绝唱，无韵之离骚"。汉朝末期的机械发明家马钧是中国古代科技史上最负盛名的机械发明家之一，他发明了指南车。马钧年幼时家境贫寒，有口吃的毛病，不擅言谈却精于巧思，后来在魏国担任给事中的官职。指南车制成后，他又奉诏制木偶百戏，称"水转百戏"。接着马钧又改造了织绫机，使工效提高了四五倍。马钧还研制了用于农业灌溉的工具龙骨水车（翻车）等。中国南北朝时期的祖冲之一生钻研自然科学，其主要贡献在数学、天文历法和机械制造三方面。他在刘徽开创的探索圆周率的精确方法的基础上，首次将"圆周率"精算到小数第七位，即在 3.141 592 6 和 3.141 592 7 之间，他提出的"祖率"对数学的研究有重大贡献。隋朝李春设计并建造的赵州桥，历经 1 400 年的风霜，经历了无数次的重压和冲蚀、多次地震及战争，却依然屹立至今。元代黄道婆出身贫苦，没有读过书，但是她具有勤劳、勇敢、聪明、无私的高尚品德。她一生辛勤地纺纱织布，在纺织技术上有许多发明创造，为我国棉纺织业的发展作出了重大贡献。正是这些伟大的古代工匠奠定了文明的基础，成就了文明的辉煌。

二、新时代工匠精神的内涵

恩格斯曾经说过："工具的使用是人脱离动物世界的第一步，劳动使人真正成为人。"因此，工匠精神无疑是人类的初始核心价值理念之一。而从辩证唯物史观的角度去思考问题，工匠一词最早来源于拉丁语，意为体力劳动。再者，中国第一部诗歌总集《诗经》里的"如切如磋，如琢如磨"也能窥见工匠精神的雏形。由此可见，虽然一早并没有提出"工匠精神"这一名词，但它确实贯彻且推动了整个华夏民族的历史文化发展，见证了人类文明的不断进步。

从本质上来说，工匠是一种职业，工匠人是古代的木匠、铁匠、石匠等的总称，起初他们以此谋生，随着社会进步，人们的观念也发生了改变，工匠在人们心里逐渐代表了一种精湛的技艺。

爱岗敬业，是从业者对于自己职业热爱的一种表现，是从业者全身心投入工作中，认真负责、勤勤恳恳的精神状态。同时，敬业也是我们的社会主义核心价值观内容之一，是我们中华民族优秀的传统美德。"执事以敬""修己以敬"等告诫我们做事要认真严肃，加强自身的道德修养，时刻保持一种谦逊的态度。

精益求精，它是从业者在工作时应该持有的品质，追求极致，一丝不苟。即使已经完成得很好了，还要求自己做得更好。正如老子所说："天下大事，必作于细"。例如，瑞士以表而闻名，那是因为瑞士的手表制造行业对每一道工序都追求完美，自然最后的成品也是突出于其他品牌。

专注如一，是一切成功者必备的特质，它要求内心坚定执着，心无旁骛，有点"不撞南墙不回头"的意思。事实上，我国的工匠人数十年如一日地研究一门技艺的做法正是传承了工匠精神的基本内涵。你还会发现，那些工匠人对于自己的职业几乎达到了痴迷的程度，所谓"艺痴者技必良"，这也是专注的一种表现。比如《核舟记》中记载的奇巧之人王叔远，成语"庖丁解牛"等都说明了古代工匠人对技艺的追求。

守正创新，从古至今，是工匠们敢于创新、追求革新的精神推动了我国甚至世界的科技发展，他们天马行空的想法给这个世界创造了无限可能。"汉字激光照排系统之父"王选、智能电网研究运行的电力工人、从事高铁研究的铁路工人等都是工匠精神的优秀传承者、发扬者，他们的存在让中国创造走向了世界的舞台。

第三节　工匠精神的时代价值

工匠精神是工业经济时代的一种产物，是中华民族众多平凡劳动者凝集的精神力量。面对科技飞速发展，机器大生产逐渐代替人工生产，工匠精神似乎并没有发挥其重要力量。但是，我们要铭记中国要逐渐从"制造大国"发展成"制造强国"，充分发挥我国劳动力丰富的优势的同时，还要注重质量提升。而工匠精神则是引导我们发展前行的强大支撑，是我们的精神支柱。

一、工匠精神的时代价值

（一）有利于弘扬时代精神、继承民族文化

习近平总书记强调"中华文化源远流长，积淀着中华民族最深层的精神追求，代表着中华民族独特的精神标识，为中华民族生生不息、发展壮大提供了丰厚滋养"。工匠精神就是文化历史长河中一颗璀璨的明珠，它引导我们坚持正确的世界观、人生观和价值观。另外，工匠精神中的脚踏实地、勤劳认真、爱岗敬业和精益求精都和我们的民族文化相契合，是每一个华夏儿女应该拥有的个人品质。我们应该将工匠精神发扬光大，尤其是在学校中，老师应着重向学生传授匠人精神，以身作则，潜移默化地影响学生的品行品德，为培养具有时代精神、工匠精神的新一代人才贡献微薄之力。

（二）工匠精神引导个体价值

随着科学技术的发展，人工智能化成为当今世界发展热点。如今的企业分工越来越细，很多操作步骤都被人工智能取代。从初始的人们熟知的 ATM 自动取款机，到如今的智能扫地机器人、智能冰箱、自动贩卖机、无人超市售货以及全自动智能生产线等，给许多人造成了就业压力和危机，截断了当代从业者实现自身价值的一些路径。让人不禁思考，人工智能带来的是压力还是便捷？是好还是坏？在这样智能方便、快节奏的时代，人们只能在离不开人的操作领域上大放光彩。例如，任何一个项目的设计、推广、功能设置、应用等都

离不开人的思考和判定。一个产品，从上到下、从始至终全是机器设计和操作是没有"细节"的，俗话说"细节决定成败"，一件产品若要达到精益求精，背后必定是无数工匠人的呕心沥血。

（三）工匠精神引领技术升级

在 2016 年的政府工作报告中，李克强总理说"要鼓励企业开展个性化定制、柔性化生产，培育精益求精的工匠精神"。著名企业家、教育家聂圣哲曾说道："中国制造"是世界给予中国的最好礼物，要珍惜这个练兵的机会，决不能轻易丢失。这句话就像某些行业刚开始训练的工匠，要稳扎稳打，培养好基础；等待时机成熟之后就可以从"中国制造"过渡到"中国精造"，稳定之后再跨越到"中国创造"，这一过程下来就是一个打造优秀的工匠人的过程。因此，中国的发展离不开工匠精神。

成为大国工匠，立足于世界舞台，除了必要的决心和魄力，仍需要很多技术的升级突破，用真正的技术展现我国的综合能力，体现出我们的优越性，进而发展我国的制造业。最终改变世界各国对我国仅仅具有强大生产能力的刻板印象，不断刺激我国各个行业的技术升级发展。

（四）工匠精神主导社会价值

从个人到企业，从企业到社会，以工匠精神引导为前提，将工作质量延伸到工作态度上，以工匠精神为标准要求从业者对职业的态度；产品的质量升级也应该延伸到产品的价值探索，研发无限可能；同时，从业者在工作中获得的成就感、满足感和社会的被需要感，是物质给予不了的精神奖励。

二、身边的能工巧匠

当今企业不仅需要专业技能支持，更需要工匠精神。大学校园更应关注学生的全面发展，培养思想品德高尚、专业基础扎实、应用能力强的高素质新型人才。从自身做起，从身边的榜样学起，看看身边的"能工巧匠"。

【典型人物】

我校职工龙春玲被评为第五届秦皇岛市"能工巧匠"

2017 年 4 月 1 日，秦皇岛市政府、总工会召开了秦皇岛市第五届"金牌工人""能工巧匠"命名表彰暨劳动竞赛动员大会。全市 15 名金牌工人、35 名能工巧匠受到表彰。我校后勤与国有资产管理处职工龙春玲被评为第五届秦皇岛市"能工巧匠"。

（资料来源：李学锋、唐代清，河北科技师范学院学校网站，2017 年 4 月 6 日）

龙春玲荣获秦皇岛市"能工巧匠"称号

我校两职工分获省市先进称号

2019 年 4 月 28 日下午，秦皇岛市庆祝"五一"国际劳动节暨劳动竞赛推进大会在市工人文化宫召开。会上，对全国、省、市级先进人物进行了表彰。我校史秋梅教授荣获"河北省先进工作者"称号，贾国清荣获秦皇岛市"能工巧匠"称号，在会上接受颁奖。

史秋梅教授（右一）荣获"河北省先进工作者"称号

贾国清荣获秦皇岛市"能工巧匠"称号

（资料来源：孙艳敏、唐代清，河北科技师范学院学校网站，2019 年 5 月 7 日）

第四节 传承工匠精神

一、弘扬工匠精神

弘扬工匠精神，是新时代的使命呼唤，当前我们正以新的发展理念和新的发展方式推动形成先进生产力，以"质"的提升带动"量"的提高，其中的关键在于创新。创新，终究是由人来完成的，各行各业的劳动者和大国工匠，不仅是我国在各个历史时期取得重大成就的基石，更是新时代建设社会主义现代化强国的主力军。

弘扬工匠精神，是深化供给侧结构性改革的必然要求。当前，有效供给不足与供需错配在我国经济中并存，导致消费外溢，其主要原因就是我国企业及其产品的市场竞争力不强。企业及其产品的竞争力很大程度上取决于劳动者的竞争力，人的质量决定着产品的质量。因此，激发广大劳动者弘扬工匠精神，提升全社会的勤奋作为、创新发展意识，对培育更多的优秀企业、名优产品，推进供给侧结构性改革有着重要的战略价值。

弘扬工匠精神，是从中国制造到中国智造、中国创造的现实需要。没有劳模群体，难育大国工匠；没有大国工匠，难有大国重器。当下，面对复杂的国际形势，我们在进一步扩大开放的同时，更要练好内功，培育工匠精神，增厚国之底蕴。

二、践行工匠精神

今天，想要在自己平凡的岗位上开拓出自己的一片天地，就要切实践行大国工匠们的精神实质，身体力行，勇于探索，敢于实践。为此，可以从以下几个方面做起。

（1）热爱自己的工作。无论工作强度多大，工作多么枯燥无味，我们都要对自己的工作充满激情。同时要爱自己的工作，把工作当事业来做，这样我们就会从中感觉到工作的乐趣，体会到工作任务完成后如释重负的感觉，分享成功后的喜悦与荣耀。也只有这样，工作起来才会越来越有劲，而不会把工作当成谋生的手段。因此，无论我们从事何种工作，都要把自己的本职工作做好，自我约束，把自己培养成高技能人才。

（2）勤于学习，善于琢磨。在一线的老工人，大多都没有太高的学历，但有着丰富的工作经验和阅历，个个都是技术能手、行家里手。只要好学、勤学，善于琢磨、刻苦钻研、勤于总结，寻找到一套适合于自己的工作方法，练就过硬的本领，就能将自己的工作做得更好，使自己的产品更极致。

（3）对工作一丝不苟。"大国工匠"中的几位高级技师，生产的都是飞机、火箭、高铁、轮船，他们对工作的质量要求非常高，可以说是零误差，相比之下，我们平时工作中经常持有的"差不多""还凑合"态度，是很难产生高质量产品的。为此，在今后的质量管理中，我们也要对产品质量做 100% 要求。这就需要我们一线职工在各自的岗位上一丝不苟，想办法、动脑子，切切实实提高产品质量。

（4）注重细节，立志"精细制造"。随着中国经济的飞速发展，经济总量已有显著提高，但这种粗放式的发展，是以资源浪费和破坏环境为代价的。过去的中国，制造业量大而不精，如今，制造业的转型升级是必然趋势。我们企业过去是以生产中小型产品为主的企业，部分职工过去也只是制造小型产品，现在升级为制造大型数控产品及生产线，这就要求一线职工要提高自身素养，学习先进技术，不断完善自己、提高自己，只有不断提高自己的技术水平，才能适应新时代发展的需要，才会大有作为。

【课后思考题】

1. 你怎样理解工匠精神？
2. 学习本章内容，对你未来的职业选择有什么影响？
3. 观看影片《大国工匠》并撰写观后感。

【拓展阅读】

1. 亚力克·福奇（Alec Foege）：《工匠精神：缔造伟大传奇的重要力量》，浙江人民出版社 2014 年版。

2. 付守永：《工匠精神：成为一流匠人的 12 条工作哲学》，机械工业出版社 2016 年版。

3. 稻盛和夫、山中伸弥：《匠人匠心：愚直的坚持》，机械工业出版社

2016 年版。

　　4.蒋小华：《咫尺匠心：新工匠是怎样炼成的》，机械工业出版社 2017年版。

第七章 百折不挠的奋斗精神

【本章导读】

"人是要有点精神的"

这是 1956 年 11 月毛泽东在中共八届二中全会上的讲话。

毛泽东当时是用这句话，赞扬革命战争年代，红军战士在极端艰苦的行军环境中，坚持艰苦奋斗，不侵害群众一草一木的优良作风；他也用这句话，提醒广大党员干部，和平时期，"精神"二字不能丢，要以精神的力量，来保持党员干部的本色。

邓小平指出："我们的国家越发展，越要抓艰苦创业。""在艰难困苦的时候需要艰苦奋斗，在物质条件优越的时候也需要艰苦奋斗。"

习近平指出："不论我们国家发展到什么水平，不论人民生活改善到什么地步，艰苦奋斗、勤俭节约的思想永远不能丢。艰苦奋斗、勤俭节约，不仅是我们一路走来、发展壮大的重要保证，也是我们继往开来、再创辉煌的重要保证。"

艰苦奋斗是一种不怕艰难困苦，奋发图强，艰苦创业，为国家和人民的利益乐于奉献的顽强的斗争精神。伟大的事业根源于不断的工作，以全副精神去做事，不避艰苦。从古至今，一个国家，一个民族，在强国富民的创业过程中，靠的就是艰苦奋斗，勤俭节约。

第一节　体悟艰苦奋斗精神

人类社会的历史，就是人类艰苦奋斗的创业史。艰苦创业精神不是某个时代所特有的精神，而是与人类社会发展同在的。艰苦创业的精神作为一种积极、健康的生活态度，一种思想境界，无论什么时代，都被视为一种精神力量、一种崇高的美德。艰苦奋斗精神是中华民族的传统美德，要全面建成小康社会的奋斗目标，把我国建设成为富强、民主、文明、和谐的社会主义现代化国家，我们必须保持艰苦奋斗的作风。

一、艰苦奋斗精神的内涵

中国共产党奋斗精神贯穿于党的百年奋斗历程之中，有着丰富的科学内涵，集中体现为艰苦奋斗精神、忘我奋斗精神和团结奋斗精神。

1. 百折不挠、拼搏奋进的艰苦奋斗精神

百折不挠、拼搏奋进就是为了实现既定的理想或达到一定的目标，无论遇到任何艰难困苦，都要保持英勇顽强的精神状态，直至最终实现预期目标。百折不挠、拼搏奋进是艰苦奋斗精神最重要的构成要素。中国共产党作为无产阶级政党，自成立之日起，它的崇高理想就是要实现共产主义。实现共产主义必须首先实现社会主义，因为社会主义是实现共产主义的必经之路。社会主义的实现并不是一帆风顺的，必然要经过一个长久的痛苦的分娩过程。这意味着在中国实现社会主义与共产主义的远大理想必定要历经艰辛。事实上，理想是不会自行实现的，在实现理想的过程中会面临来自多方面的压力和挑战，要想实现社会主义与共产主义的远大理想，就需要中国共产党人顶住压力和挑战，拿出百折不挠、拼搏奋进的精神状态。在党的百年奋斗历程中，中国共产党人以逢山开路、遇水搭桥的态度，遇到问题与挫折不屈不挠，面临风险和考验拼搏进取，不断艰苦奋斗，在中国建立起了社会主义制度，带领中国人民进入到社会主义初级阶段。"历史和现实都表明……一个没有艰苦奋斗精神作支撑的政党，是难以兴旺发达的。"可以说，正是百折不挠、拼搏奋进的艰苦奋斗精神促使中国共产党在奋斗的历程中由幼小走向强大。

2. 无私奉献、不怕牺牲的忘我奋斗精神

无私奉献、不怕牺牲指的是中国共产党人为了达到预定的目标，在奋斗过程中投入时间与精力、感情与心力，基于此而彰显出来的一种精神状态。毛泽东指出："要奋斗就会有牺牲"，奋斗的过程会带来牺牲。同理，中国共产党人在奋斗过程中诞生的奋斗精神，也会伴随着牺牲精神。当牺牲的目的不是为了自己，而是为了人民的时候，此时的牺牲精神又蕴含着奉献精神。从这个角度看，奉献精神、牺牲精神都被包含于奋斗精神之中。中国共产党人作为社会实践的主体，在社会实践的过程中，为无产阶级和广大人民的根本利益而奋斗。在奋斗的过程中，中国共产党人以忘我的热忱、毅力，甚至牺牲，为人民奉献。正如刘少奇在《论共产党员的修养》中强调的："为党、为阶级、为民族解放，为人类解放和社会的发展，为最大多数人民的最大利益而牺牲，那就是最值得、最应该的。"虽然在奋斗的实践中包含有牺牲，但同时也生发了忘我奋斗精神。作为实践主体的中国共产党人在客观世界中，发扬忘我奋斗精神，完成了新民主主义革命和社会主义革命，进行了改革开放新的伟大实践。在党完成和推进上述三件大事的进程中，无私奉献、不怕牺牲的忘我奋斗精神充盈了中国共产党人的奋斗精神。

3. 上下一心、团结一致的团结奋斗精神

上下一心、团结一致是指为了完成预期目标，中国共产党首先完成自我革命，其次团结带领人民群众进行伟大社会革命。这里的团结奋斗包含两方面的意思：一是，中国共产党党内全体党员团结奋斗；二是，中国共产党带领人民群众团结奋斗。毛泽东曾通过总结党内、军内的历史经验，强调了加强党内团结和党与人民团结的重要性，表明中国共产党人很早就认识到要"团结奋斗"。从中国共产党党内全体党员团结奋斗的维度来看，党内团结是一切团结的基础，只有党内团结做好了，其他各方面的团结才能相继做好。针对党内全体党员的团结奋斗，以毛泽东为代表的中国共产党人对此进行过深刻的论述，指出团结是在原则基础上的团结，同时要"善于团结和自己意见不同及犯过错误的同志一道工作"等。事实上，中国共产党人也是这样做的。在革命、建设、改革的各个时期，中国共产党人都紧紧团结在一起。只有全党同志上下一心，更好地团结在党中央的周围，才能更有效地发挥中国共产党政治引领作用，彰显中国共产党团结奋斗精神。从中国共产党带领人民群众团结奋斗的维度来看，团结带领人民群众进行奋斗是党的主要任务。毛泽东认为，世界上需要共产党，就是为了团结大多数人。中国共产党人如果不能团结带领全体人民进行奋斗，那么这样的共产党人就不是合格的共产党员。百年征程，中国共产党一路走来，遇到了很多困难和挑战，但无论遇到任何艰难险阻，中国共产党都始终依靠人民、团结人民、带领人民不断奋斗，不断跨越前进道路上的"娄山关""腊子口"，取得了举世瞩目的成就。可以说，举世瞩目成就的取得，不仅依赖于党领导人民所进行的伟大奋斗，还依赖于党上下一心、团结一致的团结奋斗精神，而团结奋斗精神又进一步充实了中国共产党人的奋斗精神。

二、艰苦奋斗精神的时代价值

1.艰苦奋斗精神是增强文化自信的重要源泉

在中国共产党的领导下，中华民族迎来了从站起来、富起来到强起来的历史性飞跃，与这一历史进程相伴随的是中华民族文化自信的觉醒、培育并不断增强。

我们的高铁世界领先，形成了世界最长的高铁网络；我们的航天技术突飞猛进，神舟上天、嫦娥奔月，不断续写飞天梦想；我们的蛟龙入海，可以探测到 8 000 米以下的深海海底；我们的港珠澳大桥堪称世界之最；我们修路、架桥、造楼的能力世界第一，世界上 70% 的摩天大楼都是中国建造，超过一半的摩天大楼都在中国；我们的军队战斗力大大增强，我们的海军有自己强大的舰队、航母战斗群，我们的空军有世界领先的新一代战机。

艰苦奋斗精神正是在谱写我国从站起来到富起来再到强起来这三个篇章的波澜壮阔历史画卷中孕育、发展和传承的，它既不断为经济社会发展提供精神动力，也为增强文化自信提供了十足的底气和充足的养分。

2.艰苦奋斗精神是实现中国梦的强大精神动力和思想武器

新中国成立后，红色文化以一种新的形式存在并发展下来，为一代代中国共产党人传承并发扬光大，成为推动社会现代化建设和推进改革开放伟大事业的强大精神动力。在建设时期，我们形成了大庆精神、"两弹一星"精神、雷锋精神等。

改革开放后，在战胜各种重大风险挑战中，我们形成了九八抗洪精神、抗击"非典"精神、载人航天精神等。这些精神是红色文化在新的历史时期的时代呈现，是革命精神的传承与发展。

在新时代大力发扬艰苦奋斗精神，对于我们进行伟大斗争、建设伟大工程、推进伟大事业、实现伟大梦想，具有重大的现实意义。

第二节　接受红色教育

红色资源、红色传统、红色基因，是中国共产党宝贵的精神财富。对新时代大学生进行红色教育，是落实高校立德树人根本任务的时代要求。大学生是青春和活力的代表，是祖国未来的希望，应积极接受红色教育，传承好红色基因，把人生理想融入国家和民族的事业中，为实现中华民族伟大复兴的中国梦贡献力量。

一、回顾伟大历史，重拾红色记忆

历史因铭记而永恒，精神因传承而发扬。"中国革命历史是最好的营养剂。多重温这些伟大历史，心中就会增加很多正能量。"大学生可以通过以下方式回顾党的伟大历史：

（1）阅读红色书籍，如《习近平谈治国理政》《之江新语》等。

（2）观看红色影片，如《我和我的祖国》《决胜时刻》《战狼》《建国大业》《红海行动》等。

二、参观红色基地，接受精神洗礼

革命和战争时期留下了很多历史遗迹，全国各地都留存了红色基地，如辽沈战役纪念馆、李大钊纪念馆、西柏坡红色教育基地等。以红色基地为载体，开展校外参观实践活动，能够直观地了解党的发展史和奋斗史，切身体会革命先烈的英勇事迹，接受精神洗礼。

西柏坡红色教育基地

李大钊纪念馆雕像

三、开展红色活动，领会红色精神

红色活动是指依托红色主题在五四青年节、七一建党节、国庆节等节日组织的文化活动，其形式多样，包括朗诵、红歌大合唱、红色话剧、舞蹈等。

在相应的时间节点，选取合适的红色主题，组织学生编排节目，增强学生的参与和互动性，让学生能够主动探求红色精神的内涵，在潜移默化中受到熏陶和教育。

四、传承红色基因，汇聚复兴伟力

红色基因是历史的积淀，是历史真正厚重之所在。以大学生为代表的青年群体是"祖国的未来，民族的希望"，补足"精神之钙"尤为重要。大学生应在行走中感悟中国革命的波澜壮阔，在实践中弘扬红色精神，接棒传承红色基因，担当时代赋予的历史责任。

（1）革命先烈、英模人物的榜样力量，是优良传统的人格化身，是红色基因的鲜活体现。从他们身上，我们能够感受到一种感天动地的精神、一种催人奋进的力量。传承红色基因，当以革命先烈、英模人物为榜样，自觉向他们看齐，赓续奋斗。

（2）在新时代更好地传承红色基因，要充分吸收"时代楷模""道德模范""共和国勋章"等先进精神养分，充分吸收新时代精益求精的"工匠精神"和劳动光荣的"劳模精神"，弘扬伟大抗疫精神，不断丰富、构筑、阐发红色基因的时代内涵。

（3）只有把红色基因融在日常、植入心里，才能更好地感知它、领会它，才能更好地弘扬它、传承它。传承红色基因，当结合自身的生活实践。

第三节　赓续艰苦奋斗精神

从大的层面看，我们要为了国家、民族和人民的共同利益和共同理想，为了发展社会主义事业，在艰苦的环境中开拓、奋斗。对个人来说，要实现个人理想，也要艰苦奋斗。

一、培养艰苦奋斗精神

艰苦奋斗精神是中华民族精神的重要内容。几千年来，正是依靠这种精神，我们才历经沧桑而不衰，巍然屹立于世界民族之林。艰苦奋斗精神在革命战争年代得到了充分的体现，在社会主义现代化建设的新时期，在各行各业的劳动者身上，应该继续发扬光大。艰苦奋斗是一种迎难而上、坚忍不拔、克勤克俭、顽强拼搏、不畏艰险、不达目的誓不罢休的精神风貌和道德品质。要培养这种宝贵的精神，要在以下方面下功夫。

1. 在日常生活中培养艰苦奋斗精神

艰苦奋斗的精神体现在日常生活中，就是艰苦朴素、勤俭节约。有人认为，艰苦朴素、勤俭节约只有在经济困难的情况下才有必要提倡，这是一种错误的观点。

今天再提艰苦奋斗，不是要我们过"新三年旧三年，缝缝补补又三年"的节衣缩食的生活，也不是要我们回到窑洞、草屋过封闭的小农生活，而是通过艰苦奋斗这一精神力量，保持勤俭节约的高尚品德和锐意进取的精神气质，明白幸福生活得来不易，珍惜劳动成果，重视劳动，尊重劳动，尊重劳动者，懂得劳动的伟大意义。

2. 在学习中培养艰苦奋斗精神

艰苦奋斗的精神体现在学习中，就是刻苦钻研、不畏艰苦，孜孜不倦地学习科学文化知识，勇于探索和创造，不断提高科学文化水平，不断完善自己的人格。作为学生，要时刻牢记：在学习上没有捷径可走，正确的学习方法可以提高学习效率，但科学的方法不等于捷径，有好的方法，如果不付出艰苦的学习劳动，任何人都无法取得成功。

3. 在工作中培养艰苦奋斗精神

艰苦奋斗的精神体现在工作中，就是要自力更生、奋发图强、不怕困难、不畏艰险地去完成各项任务。

我们要清楚地明白，艰苦奋斗精神与事业的成功息息相关。居里夫人不在困难的条件下坚持实验，就不可能提炼出镭；李时珍不走千里访农民，就写不出《本草纲目》；李四光不踏遍万水千山，亚洲的东方就难以射出地质之光。没有成千上万的工人、农民、科技人员几十年如一日坚持奋斗在祖国干旱荒僻的大西北，就难以填补我国工业的空白……无数事例证明，倘若在工作中缺少艰苦奋斗的精神，不去努力，不去奋斗，那么再壮观、再美妙的事业也只能是

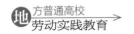
空中楼阁。

二、投身社会主义建设

艰苦奋斗是文明，是道德，是一种精神，也是中国力量。艰苦奋斗的精神在任何时期都不会过时。革命年代，它是取得胜利的支撑力，建设时期，它是成就伟业的原动力。"两个一百年"奋斗目标的实现，需要坚持和发扬艰苦奋斗的精神。同时，目标实现之后，艰苦奋斗的精神会依然有其传承价值和时代意义。

作为新时代的大学生，我们既要体悟艰苦奋斗的意义，也要在生活中始终艰苦奋斗，将个人的人生理想融入国家和民族的事业中，立足现实，艰苦奋斗，乐于奉献，不畏艰难，以实际行动、用心血和汗水为祖国的发展贡献自己的力量。

三、榜样故事

贫困生艰苦创业两年赚 300 万

在学校时，华南理工大学的胡云睿只是一个贫困生；毕业后，由他研发的铝合金与 PVC 薄膜黏结的黏合产品在国际上率先实现同类产品 VOC（污染物）零排放，而他也荣登年产值近 300 万的广州劲诺新型材料科技有限公司的总经理宝座。

放牛娃一天做成 6 万订单

胡云睿来自安徽农村，早在 5 岁时就要出去放牛和采鱼腥草卖钱换取读书费。他在日记中写道："我发现成功的人生都有一个特质，就是不安分。父辈很多成功者都是原来放弃了铁饭碗。"正是怀着这样的心态，胡云睿在大学期间不断尝试着做各种事情。上大学第二天他就开始了勤工俭学，还曾组织贫困生做牛奶订购工作。鼎盛时期团队成员达四五十人，一天甚至能拿到 6 万元的订单，对他而言，这次经历更重要的收获是从中结识了很多朋友，练就了在市场中摸爬滚打的本领。

放弃就业做"走鬼"，艰苦中创业

在毕业之前的一次朋友聚会中，胡云睿了解到一种在建筑辅料的生产过程中经常使用、市场相当可观的黏合剂产品，但这种产品在国内基本靠进口，他一下子就发现了其中的商机："当时我想，我学的化工知识可以派上用场，难道我不能做出价廉物美的替代产品吗？"

不过，创业初期，胡云睿身无分文，有几次连吃快餐的钱都没有了，他甚至去摆地摊做"走鬼"，一做就是两个多月。父母不理解他为何找到工作却不干。而客户也不可能一直有耐心尝试他的产品，在最短的时间内胡云睿几乎跑遍了广州所有的检测所。"虽然很累，但我从没想过放弃。"他回忆说，"研发阶段，通宵达旦不睡觉是常事。"经过一年多的艰苦创业，公司生产的黏合材料系列产品已替代了国外的同类产品。

为鸟巢研发"零排放"材料

2009年5月份，奥运会鸟巢一家铝合金供应商找到胡云睿，表示目前铝合金行业单以VOC（碳氧化合物）的排放就达数千万甚至上亿吨，问能否使用一种新型黏合材料对铝合金进行表面处理，实现零排放。

胡云睿立马率领团队日夜攻关，研发出了铝合金与PVC薄膜黏结的黏合产品，这种产品能使隔热薄膜与铝合金很好地黏合，并替代现有的铝合金生产过程中涉及的喷涂生产工艺或者电镀生产工艺，不会有污染气体和液体等排放。

回忆创业的过程，胡云睿感触颇深："任何创业过程，都不可能一帆风顺。唯有采取积极进取的心态迎接困难，才能在困难面前游刃有余。"

而对做企业，他也形成了自己的看法："做企业要有社会责任感，必须注重绿色、科技、环保、节能、社会责任的统一。"

（资料来源：中国照明网资讯，2009年12月30日）

【课后思考题】

1.有人认为，现在是和平年代，根本不需要什么革命精神了。你认同这种观点吗？为什么？作为大学生，革命精神对我们有何启示？

2.你们学校所在地区有哪些红色教育基地？你参观过哪些红色教育基地？谈谈你的感受。

【拓展阅读】

1. 王崇久、黄宏：《兵团精神》，人民出版社 2008 年版。
2. 黄宏：《延安精神》，人民出版社 2005 年版。

第三篇
劳动实践中成长

　　劳动教育是国民教育体系的重要内容，是学生成长的必要途径，具有树德、增智、强体、育美的综合育人价值。实施劳动教育重点是在系统的文化知识学习之外，开展劳动实践活动，有目的、有计划地组织学生参加日常生活劳动、生产劳动和服务性劳动，让学生动手实践、出力流汗、接受锻炼、磨炼意志，培养学生正确的劳动价值观和良好的劳动品质。

学习目标

知识目标：

　　掌握基本生活常识，熟悉宿舍建设要求，自己打理宿舍日常事务。

　　掌握烹饪相关知识和技能。

　　掌握垃圾分类标准、原则。

　　明白维护校园环境的意义。

　　明确服务社会的意义。

素质目标：

　　在生活中做环保的践行者、倡导者、维护者。

　　从小事做起养成良好劳动习惯。

　　在劳动实践中感悟劳动之美，接受锻炼、磨炼意志，自觉地树立劳动最光荣、劳动最伟大、劳动最美丽、劳动创造幸福的观念。

03 第八章 自我成长—— 日常劳动

【本章导读】

锻炼劳动能力 从日常做起

社会劳动多种多样，我们的衣食住行都需要由劳动者提供相关的产品和服务，这些产品和服务都是劳动的成果，比如与吃饭和穿衣相关的日常劳动，建筑工人的职业性劳动，教师或医生的专业性劳动。每个人既需要在社会中从事职业性劳动或专业性劳动，也需要从事日常劳动。作为大学生，需要锻炼劳动能力，勤于劳动实践，在自我提升中为社会贡献更多力量。

第一节　家务劳动

家务劳动，是指家庭成员在日常的家庭生活中必须从事的一种无报酬劳动，包括：洗衣做饭、照看孩子、购买日用品、清洁卫生、照顾老人或病人等。在不同的文化和不同的社会中，家务劳动的分工情况有所不同。

作为青年学生应学会做一些力所能及的家务劳动，这也是基本的生活能力。要基本做到：掌握家务劳动的基本技能，正确使用清洁工具；掌握衣物洗涤、晾晒、熨烫、收藏等技巧，养成勤洗勤换的好习惯；掌握烹饪技能，能够独立制作菜品，做到健康、科学；掌握布置生活环境、清洁清扫的技能；掌握垃圾分类知识；培养热爱劳动的精神，体会劳动创造美好生活的意义。

一、家居清洁

（一）卧室的清洁

1. 天花板及墙壁

（1）预备工作：事先将窗帘洗好，放在干净的地方等待备用，为了避免床上用品在打扫时落上灰尘，最好将旧报纸铺到床上。

（2）清扫工具：吸尘器、抹布等。

（3）操作程序：首先用吸尘器将灰尘清扫干净，清扫顺序应从上而下，打扫天花板、墙壁、地板，一般情况下，涂料、纸质（布质）壁纸用干燥而柔软的抹布擦一遍，去掉浮灰就可以了。塑料材质壁纸可以用湿抹布擦。刷涂料的墙壁如果脏得厉害，可用细砂纸轻擦，或用抹布蘸上石膏、沉淀性钙粉摩擦，假如墙上有脏手印，可用揉成团的面包或橡皮轻擦。

2. 地面

（1）预备工作：清理堆积在地面上的东西，可以彻底打扫。

（2）清扫工具：吸尘器、拖把、抹布、清洁剂、杀菌剂、地板蜡、光洁剂等。

（3）操作程序：要是铺的地砖，使用清水过清的拖布拧干后拖一至二遍即可。清洁木地板，可以在盛满水的水桶中加入少许专用的地板清洁剂，然后将拖把浸入水中，拧干之后在地板上擦拭即可。

3. 门窗

（1）清扫工具：玻璃清洁剂、专用玻璃窗刷等。

（2）温馨提示：在擦洗阳台玻璃时，可选择双面清洁或有较长手柄的工具，这样可以保证做卫生时的安全。

4. 衣柜

（1）操作程序：由内而外，由上到下的顺序。

（2）温馨提示：衣柜的角落容易落尘。整理衣柜时，可以先将所有衣物全部掏出，对柜体先进行一轮清洁。另外，在衣柜中建议使用多个收纳盒，便于整理，同时还有很好的防尘效果。

5. 床上用品

（1）清洗床品时，要注意如果是丝质等高档材质，需要手洗或干洗。在晾晒时注意将被单抖平拉直，防止变皱。

（2）温馨提示：平时要保持房间通风、空气干燥，尽量减少灰尘，对于螨虫的预防和治理，最直接、最有效的方法就是晒太阳。

（二）客厅的清洁

1. 藤艺家具清洁

可以先用淡盐水擦拭，既能去污又能防脆、防虫蛀，并使其柔韧性持久。如果是原色藤家具，可以先清洁晾干，然后用砂纸打磨其外藤架，使表皮去污并恢复光滑，再上光油保护，这是翻新处理的好方法。注意切勿使用清洁溶剂擦拭，因为会损害藤表面的光泽。

2. 金属家具清洁

清洁金属家具时，可用干布沾少许机油擦抹，也可以用上光蜡、植物油防锈。注意经常检查金属家具的折叠、连接部位以及橡胶垫脚，如有开裂、生锈、脱层、垫脚破裂，应立即修复。不锈钢家具除常规保洁外，必须在不锈钢表面涂一层上光蜡，经常揩擦上光，保持常新，延长使用寿命。

3. 白色桌面、白色椅子清洁方法

家中白色桌面、白色椅子很容易弄脏，并且用抹布不容易擦去脏痕。不妨试着用牙膏挤在干净的抹布上，擦拭白色的家具，只需轻轻一擦，油污便会去除。因为牙膏中含有的研磨粉具有很强的去污效果。但是要注意，操作时不要用力太大，否则会损伤漆膜而适得其反。

4. 真皮沙发的清洁

有油渍或奶油时，用干抹布吸干后，再用洗发精擦洗，最后再用清水擦洗干净。有圆珠笔油时，应尽快用橡皮擦，擦掉即可。若有油垢或污垢产生，先用肥皂水擦洗，再用清水擦洗干净。沾有啤酒、碳酸钠（小苏打）、咖啡等物质时，先用肥皂水擦洗，再用清水洗干净即可。

5. 清洁的注意事项

（1）最好用毛巾、棉布、棉织品等吸水性好的布料来擦家具。

（2）不要用肥皂水、洗洁精或者清水清洗家具，因为它们具有一定腐蚀性，会损伤家具表面，让漆面变得黯淡无光。

（3）不要用干抹布擦拭家具表面的灰尘，灰尘是由纤维、砂土和矽土构成的，这些细微颗粒在来回擦拭的摩擦中，容易损伤家具漆面。

（三）卫生间的清洁

1. 墙面清洁

卫生间一般采用瓷砖或地板砖，由于洗澡等频繁地用水，墙面会溅有各种水渍，卫生间的墙面要经常清洁，一般一周清洁一次为好。

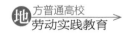

2. 抽水马桶清洁

抽水马桶边缘所形成的黄色污垢，可用专用刷子蘸洁厕精洗刷，且要经常消毒。

（四）厨房清洁

1. 清洗煤气灶灶头

正常的煤气灶火应为蓝色，但出气口如果被残屑阻塞，炉火的颜色就会变红。这时可用吸尘器吸取火口处的残屑或用牙签清理。

2. 擦炉具

烹饪时，在炉具旁边放一块湿布，可随时擦去炉具上的脏物，因为炉具在受热时较易清洁。

3. 清洁排气扇

清洁排气扇时一定要拔掉电插头（若无插头，就切断电），卸下的外壳要用温水和清洁剂清洗。可用微湿的布擦拭扇叶，但不要将扇叶弄湿，然后将外壳擦干后重新装好。

4. 清洁厨房墙壁污垢

用大张的纸巾盖住有污垢的地方，然后用清洁剂喷湿纸巾，纸巾便会粘贴在墙壁上，约 15 分钟后污渍便会软化，然后将纸巾撕下，再擦拭污垢，即会取得事半功倍的效果。

5. 清除厨房异味

在锅中加入少许食醋加热蒸发，厨房异味即除。有条件的用户应开窗尽量让阳光射进厨房，因为阳光中的紫外线有杀菌作用。

二、衣物洗涤

（一）洗涤织物的分类

（1）从质地上分，衣物可分为棉麻制品、丝织品、毛织品、化纤制品等。

（2）从功能上分，衣物可分为内衣、外衣、套装、大衣、婴幼儿织物、居室织物等。

（3）从色彩上分，衣物可分为深色、浅色、易褪色等。

（二）洗涤方法及注意事项

1. 手洗

适合手洗的衣物主要有内衣、高档棉织衬衫、丝织类衣物、婴幼儿衣物及洗涤标识明示要手洗的衣物等。手洗衣物的步骤如下：

（1）用温水浸泡衣物，让衣物充分湿透，但不宜浸泡时间过长，尤其是特别脏的衣物，泡的时间越长，越难洗净，一般浸泡的时间为15分钟左右，水温不超过40摄氏度为最佳状态。

（2）洗衣物要有重点，衣物的袖口、领口一般较其他部位脏，应多加些洗涤剂，重点揉搓。

（3）将衣物的水拧干以后再洗一遍，如此重复清洗几次，直到干净为止。

2. 机洗

（1）对于全自动洗衣机可按"洗涤菜单"进行相关选择。

（2）对于半自动洗衣机可按下列步骤进行：①先向洗衣机水桶内注水至选择的水位，再加入适量的洗衣粉或洗涤剂，待其溶解后再投入衣物；②通过水流转换开关选择机洗类型，如标准洗、强力洗等；③顺时针转动洗涤定时器，根据实际选择洗涤时间；④洗完后再漂洗2～3次，每次漂洗2～3分钟，直至干净；⑤把洗完的衣物均匀放入脱水桶内进行脱水；⑥停机后取出衣物晾晒。

3. 干洗

（1）干洗也叫化学清洗法，是指用化学洗涤剂，经过清洗、漂洗、脱液、烘干、脱臭、冷却等工艺流程，从而去除污垢脏渍的方法。干洗一般为专业性较强的工作，因此在家庭中不易操作。

（2）适合干洗的衣物包括：①西服、大衣等有衬料、里料和垫肩的衣物；②缩水很严重的麻织类衣服；③易掉色的衣服；④真丝类和羊绒类等质地精细、易受损的衣服；⑤皮草和纯羊绒材料的衣物；⑥套装。

（三）衣服晾晒

衣服的晾晒应该根据不同面料、不同颜色采取不同的方法，这样衣服才能保持不变形、不掉色。

1. 纯棉、棉麻类面料的服装

纯棉、棉麻类服装一般都可放在阳光下直接摊晒，因为这类服装的纤维在日光下强度几乎不下降，或稍有下降，但不会变形。不过为了避免褪色，最好反面朝外。

2. 毛料面料的服装

毛料面料的服装洗后要放在阴凉通风处，使其自然晾干，并且要反面朝外。

3. 羊毛衫、毛衣等针织面料的服装

为了防止羊毛衫、毛衣等针织类衣服变形，可在洗涤后把它们放在专用晾晒架上，挂在通风处晾干；有条件的话，可以平铺在其他物件上晾晒。总之，要避免暴晒或烘烤。

4. 化纤类面料的服装

化纤类面料的衣服洗毕，不宜在日光下暴晒。因为腈纶纤维暴晒后易变色泛黄，影响面料寿命。所以，化纤类衣服以在阴凉处晾干为好。

5. 丝绸面料的服装

丝绸面料的服装洗好后要放在阴凉通风处自然晾干，并且最好反面朝外。因为丝绸类服装耐日光性能差，所以不能在阳光下直接暴晒，否则会引起织物褪色，强度下降。颜色较深或色彩较鲜艳的服装尤其要注意这一点。

三、膳食烹饪

（一）蒸米饭

蒸米饭的步骤：①取适量的米放进电饭锅中；②加入适量的水，将米淘洗干净，把淘米水倒出；③加入适量的清水，水与米的比例 1：1 最为合适（由于大米的产地和每个人的口味不同，所以可以适当增减水的用量）；④当加热开关跳至保温开关之后，不要马上拔插头，让它处于保温状态 5 分钟，拔完插头后让米饭继续焖 5 分钟，这样蒸的米饭吃起来口感更好，而且还不容易粘锅。

（二）蒸馒头

蒸馒头的步骤：①面粉（500 克）里加入适量的糖，再倒入酵母（3 克）和适量温水，揉至三光（面团光、手光、盘光），面团放入盘里，发酵至 2 倍大；②发酵好的面团里面呈蜂窝状时，后将其取出，在台板上铺上少许面粉，边揉边分次加入干面粉揉面，直到面团把干面粉全部吸收进去重新成为一个光滑的面团，切开的面团里面是无气孔状的；③最后把面团揉成长条形，均匀地切成小长方形，直接用面团整形出自己想要做的形状即可；④整形好的馒头生坯，逐个放入蒸笼里排好，二次醒发 15～20 分钟。冷水上锅水开后蒸 15～20 分钟。

（三）煮饺子

煮饺子的步骤：①温水一杯，水里放些许盐，水要少量多次加入，筷子

不停搅动至没有干面粉并且呈絮状，就可以下手揉面，揉到面的表面很光滑即可；②如果四个人吃，大约一斤肉馅即可，馅里放盐、味精、葱姜末、酱油、蚝油、料酒、香油、胡椒粉等，顺时针搅拌上劲即可；③选择你喜欢的蔬菜，剁碎之后用纱布把水挤干，然后放入肉中搅拌即可；④取出醒好的面团，揉成长条状，用刀切成小段。用手搓成扁平状，拿擀面杖擀的时候，注意中间厚边缘薄；⑤将饺子馅放入皮中央，如果技术不熟练的话，不要放太多馅，先捏中央，再捏两边，然后由中间向两边将饺子皮边缘挤一下，这样饺子下锅煮时就不会漏汤了；⑥烧一锅开水，等水沸腾时，将饺子放入，并及时搅动（顺时针），防止饺子在水中粘在一起，大火煮至饺子浮在水面上（中间点三次水）即可。

（四）炒菜

炒菜的步骤：①把肉切成肉丝或肉片，不要太厚，三四毫米以内即可，切肉时，刀前后错动，更容易切开，左手四指弯曲，按压在肉上，指背顶住刀侧面，刀小范围地上下移动不会切到手，蔬菜也用同样的方法切成片或碎块。如果想炝锅，切几小段葱（半厘米厚），并准备一小碗水；②把锅擦干净，表面不能是湿的，如果有水的话，放油以后油会飞溅烫到人，锅放在灶台上，开火加热；③锅里倒入少量油，能够覆盖锅底即可，油热后，放入葱炝锅，等葱发黄后，放入肉，用炒勺翻动，使其均匀受热，肉变白色之后放入准备好的蔬菜，来回翻炒；④菜炒熟后，放入盐，少量的味精或鸡精等调料，翻炒均匀，就可以关火了，把锅里的菜放进盘子里，就可以吃了。

温馨提示：如果肉在冰箱里刚拿出来，等肉化一会儿，稍微软一点容易切。土豆发芽有毒，不可食用。洋葱用水泡一泡，否则切的时候容易流泪。

第二节　校园劳动

生活需要劳动，劳动教育关系到人一生的幸福生活。劳动教育是国民教育体系的重要内容，是学生成长的必要途径，具有树德、增智、强体、育美的综合育人价值。实施劳动教育的重点是在系统的文化知识学习外，开展校园劳动，有目的、有计划地组织学生参加日常生活劳动、生产劳动和服务性劳动，让学生动手实践、出力流汗、接受锻炼、磨炼意志，培养学生正确劳动价值观和良好劳动品质。

学生参加校园劳动是劳动教育的主要形式，劳动技能服务于生活，适应时代需求，劳动教育才有生命力。

一、创造良好宿舍环境

布置宿舍可采用"二整二清一修"的方法，即整理、整顿、清扫、清洁、修养。

（一）**整理**

清理的对象主要是在宿舍中占用了空间而无用的东西，创造一个清爽的生活环境。

1. 整理的对象及要求

（1）抽屉、桌面上的书籍、文件、生活和学习用品是否干净整洁、按要求摆放。

（2）宿舍地面是否整洁，鞋子、纸篓等物品是否按要求摆放。

（3）墙面上的贴画、挂件等是否整洁有序。

整理后的学生宿舍

（4）衣柜门是否关好，表面是否整洁。

（5）阳台地面是否干净，物品摆放是否整齐。

2. 制定"需要"和"不需要"的标准

宿舍全面盘点，制定取舍标准，对宿舍物品进行分类，据此进行整理。

（二）**整顿**

把要用的东西，按规定位置摆放整齐，并作好标识进行管理。实现随时方便取用。

（1）尽量利用立体空间，提高收容率。可利用框架、箱柜等。

（2）尽可能安排物品由里到外有序摆放。

（3）同类物品集中放置。

（4）必要时对存放物品作标识。

（三）清扫

（1）将不需要的物品清除掉，保持整洁有序的状态。

（2）清扫的方法：规定扫除的时间，如每周至少组织一次大扫除，宿舍长带头，全员参与清扫，不留死角；每天清理垃圾桶或纸篓中的废弃物品等。

（四）清洁

整洁的宿舍环境使人心情舒畅，清洁的目的是让学生养成持久良好的卫生习惯。

建立轮流值日制度。可按宿舍内的床位顺序，每人负责本宿舍一周的值日工作，做到通风换气、扫地，及时清理垃圾，注意检查水电，关灯锁门等。

（五）修养

通过进行上述整理、整顿、清扫、清洁等活动，宿舍成员自觉遵守各项规章制度，养成良好的生活习惯，做到"以宿舍为家，以宿舍为荣"。

1. 目的

通过日常劳动，养成良好生活习惯，打造良好的生活场所，营造团队精神，进而提高其综合素质。

2. 实施方法

（1）张贴有关管理制度、公约、警示标语，可以约束舍友的言行。

（2）在宿舍开展文化活动，提高和加强舍友素养。

（3）推广文明用语，可以塑造舍友美好心灵。

（4）各种标准、制度要目视化。

二、打扫教室卫生

（一）整理书桌

条理清晰而又干净整洁的书桌不仅能让人心情舒畅，提高学习工作效率，还能起到事半功倍的作用。整理的方法如下。

1. 划分书桌空间

合理分配书桌上的有限空间，可按照自己的需要进行划分，也可以按模块划分，利于取用查找。

2. 分门别类整理物品

根据物品是否常用，划分为常用物品和非常用物品。常用物品放在便于取放的位置，不常用的可以放置在角落或高处。

3. 按照物品使用属性分类

将同类物品放置在一起，便于取用。

4. 按照物品本身属性分类

适用于同类物品较多、物品重复的情况。此类物品可收纳进书柜、抽屉，不要长时间放在外面，养成随时取、随时放的习惯。

（二）打扫教室

教室环境直接影响师生的心情。所以地面的保洁、维护、管理显得尤为重要。打扫教室常用的工具包括簸箕、扫帚、抹布、拖把、水桶等，还可以备用洗洁精、刷子等。

打扫教室可按"挪、扫、拖、擦"等步骤进行。

实验课后，学生打扫教室、整理实验仪器

课间帮助老师擦黑板、收拾讲台，打扫教室卫生

三、清扫校园

（一）校园道路

校园道路指可供各类机动车辆和行人行驶（走）的道路。校园道路清洁的内容包括：清扫各种垃圾，清理杂草、树枝和废弃物等。

（1）根据劳动课安排进行分组、分路段、分区域。明确清扫范围，合理安排清理任务。

（2）每天采取分时段收集沿路垃圾，做到定时清扫、及时运送。严禁将垃圾倒在道路两侧绿化带里或随便乱倒，严禁焚烧垃圾。

（3）校园路面清扫清洁要做到：道路无枯叶枝和废弃物，道路旁灯杆干净无张贴物，绿化地平整无垃圾。

（二）生态林、绿化地（带）

清洁维护的主要内容包括：清捡绿化地和绿篱带内的各种垃圾、枯枝腐叶，清除杂草，相关专业的学生可以科学艺术地修整绿篱带和花草苗木等。安排人员进行文明监督，对不文明行为进行制止或劝阻。

学生参加校园劳动

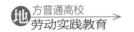

第三节　生活垃圾分类

一、垃圾分类的原因

垃圾分类是对垃圾进行有效处置的管理方法，通过分类投放、分类收集，可以将可回收利用的生活废弃物与有害物质、厨余垃圾等分离开，变废为宝，同时也保障了垃圾回收渠道的正常运行。

二、垃圾分类的好处

1. 变废为宝

生活中 30% 左右的垃圾都是可回收利用的，将垃圾中的其他物质转化为可利用资源，回收再利用也是解决垃圾最有效的途径。

2. 减少污染

大多数的生活废弃物都存在对环境的污染，通过分类后可有效处理不同类型的垃圾，减少对环境的污染。

3. 减少占地

垃圾分类可以减轻土地受到侵蚀的现象，同时，减少占地面积，目前生活中很多垃圾都是不易降解的，通过垃圾分类可减少垃圾数量的 60%。

三、垃圾分类标准

通常生活中的垃圾分为：可回收垃圾、厨余垃圾、有害垃圾和其他垃圾。

1. 可回收垃圾

可回收垃圾主要包括废纸、塑料、玻璃、金属和布料五大类。

（1）废纸：主要包括报纸、期刊、图书、各种包装纸、办公用纸、广告纸、纸盒等，但是要注意纸巾和厕所纸由于水溶性太强不可回收。

垃圾分类标识

（2）塑料：主要包括各种塑料袋、塑料包装物、一次性塑料餐盒和餐具、牙刷、杯子、矿泉水瓶、牙膏皮等。

（3）玻璃：主要包括各种玻璃瓶、碎玻璃片、镜子、灯泡、暖瓶等。

（4）金属物：主要包括易拉罐、罐头盒等。

（5）布料：主要包括废弃衣服、桌布、洗脸巾、书包、鞋等。

通过综合处理回收利用，可以减少污染，节省资源。如每回收 1 吨废纸可造好纸 850 千克，节省木材 300 千克，比等量生产减少污染 74%；每回收 1 吨塑料饮料瓶可获得 0.7 吨二级原料；每回收 1 吨废钢铁可炼好钢 0.9 吨，比用矿石冶炼节约成本 47%，减少空气污染 75%，减少 97% 的水污染和固体废物。

2. 厨余垃圾

厨余垃圾包括剩菜剩饭、骨头、菜根菜叶、果皮等食品类废物，经生物技术处理每吨可生产 0.3 吨有机肥料。此外，厨余垃圾还包括从事餐饮经营活动的企业和机关、部队、学校、企事业等单位集体食堂在食品加工、饮食服务、单位供餐等活动中产生的食物残渣、食品加工废料和废弃食用油脂。

3. 有害垃圾

有害垃圾包括废电池、废日光灯管、废水银温度计、过期药品等，这些垃圾需要特殊安全处理。

4. 其他垃圾

其他垃圾包括除上述几类垃圾之外的砖瓦陶瓷、渣土、卫生间废纸、纸巾等难以回收的废弃物，采取卫生填埋可有效减少对地下水、地表水、土壤及空气的污染。

第四节　勤工助学解读

勤工助学是高校给大学生提供的一个参与实践、锻炼自身的好机会。学生在学有余力的前提下，向学校提出勤工助学的申请，接受必要的勤工助学岗前培训和安全教育，再由学校统一安排到校内或校外的岗位上进行勤工助学的活动。学校不得安排学生参加有毒有害和危险的生产作业以及超过身体承受能力的、有碍健康的劳动。任何单位和个人未经学校同意，不得聘用在校学生打工。

一、勤工助学的概念

勤工助学是指学生在学校的组织下利用课余时间，通过自己的劳动取得合法报酬，用于改善学习和生活条件的社会实践活动。

勤工助学是学校学生资助工作的重要组成部分，不仅是提高学生综合素质和资助家庭经济困难学生的有效途径，也是实现全程育人、全方位育人的有效平台。勤工助学活动应坚持"立足校园、服务社会"的宗旨，按照学有余力、自愿申请、信息公开、扶困优先、竞争上岗、遵守纪律的原则，由学校在不影响正常教学秩序和学生正常学习的前提下有组织地开展。勤工助学活动应由学校统一组织和管理。

二、勤工助学的内涵变化

勤工助学源于"济困"，通过俭学来达到完成学业的目的，但随着社会进步和对人才需求标准的提升，我国勤工助学工作已由"济困"为主的阶段过渡到"济困与成才相结合的"社会实践阶段，越来越多的学生把勤工助学作为主动适应社会、参与社会实践、提升自身综合素质和能力的有效手段。学校更是将勤工助学作为发挥育人功能，培养学生创新创业精神，创新人才培养模式的重要方式。可见勤工助学的内涵越来越丰富、充实，完成了从纯粹"经济功能"向"育人功能"的转化。

1. 功能上由单纯的解困向助困育人发展

学校勤工助学最初的目的是以"工"助"学"，主要是为家庭经济困难学生缓解经济压力而进行的有偿劳动。如今，随着市场经济的发展和教育体制的改革，社会对复合型人才的需求不断扩大，学生价值观念和社会取向也在发生变化，成才意识日渐增强，勤工助学活动作为一项特殊的社会实践活动，其功能、内涵、作用不断得以拓展和延伸，育人功能更加突出，逐渐成为高等院校思想政治教育的重要载体和学生全面发展的有效途径。

2. 对象上由家庭贫困学生向全体学生发展

过去，勤工助学的参加对象主要局限于家庭经济困难的学生。随着勤工助学活动的深入发展，逐渐被学校思想政治教育工作者普遍接受和重视，被学生群体广泛认同，一些非贫困学生从实践锻炼的角度出发，也主动加入了勤工助学活动。因此，目前参加勤工助学的学生群体由贫困学生和非贫困学生共同组成。

3. **类型上由普通型向专业型发展**

高校在开展勤工助学活动的过程中，更加注重开发学生智力，发挥专业特色和优势，提高人才培养质量，学生参加勤工助学活动由主要从事劳务型、服务型、事务型工作岗位逐渐向从事专业型、技术型、管理型工作岗位转变，实现了专业学习、能力培养和经济资助三者的有机统一。

4. **形式上由个体自发向集体组织发展**

学生以往参加勤工助学往往呈现自发性、分散性的特点，存在一定的安全隐患，合法权益容易受到伤害。高校勤工助学管理相对规范后，普遍建立了统一的管理和服务机构，制定了详细的管理规定和运行机制，同时注重勤工助学的基地建设，积极拓展勤工助学市场，使勤工助学有了更加广阔的空间，为学生创造了良好的勤工助学环境。

三、勤工助学的意义

勤工助学劳动不仅可以使学生通过参加劳动取得相应报酬，帮助学生顺利完成学业，而且更加有利于大学生德智体美劳全面发展。

1. **勤工助学可以获得一定的报酬**

获得一定的报酬是勤工助学最直接的现实意义，也是对贫困学生最为有效的经济支持。虽然，学校中勤工助学的收入要低于校外勤工助学的工资水平，但在校内工作一方面能够最大限度地保障自己的学业；另一方面也避免了校外上当受骗的可能，对学生的工作性质、安全都有一定的保障，是许多贫困学生的首选。

2. **有利于提高大学生健康的心理素质**

心理素质是大学生综合素质的基础，综合素质的形成和发展依赖于心理素质。教育和培养大学生具备良好、健康的心理素质，是学生发展、成才的需要，也是未来社会对人才的基本要求。因此，对贫困大学生的资助既要做到"物质扶贫"，也要做好"精神扶贫"。

家庭经济贫困的大学生中绝大多数能够正确认识自己面临的困难与不足，但也有部分学生不能正确面对自身面临的经济困难而形成思想负担。一方面，一部分贫困生虽然获得资助与关心，但因为自身经济条件而产生自卑心理，以及由此引发自我认识、自我评估不足等方面的思想问题。对于这一问题，可以让他们积极参加勤工助学活动，融入集体之中，使他们肯定和欣赏自己，从而解除思想上的负担，形成健全人格；另一方面，部分贫困生认为获得困难资助是一种施舍，而不愿意接受国家、社会和学校给予的"赠予性资助"，但勤工助学活动是大学生在课余时间通过自己的劳动获取合法报酬，能够比较好地为广大学生接受。同时，避免了资助中"不要白不要"，甚至用不诚信的方式骗取资助等不正确想法，体现了教育资助公平与效率的原则。良好的心理素质是大学生身体心理健康的重要条件，是成才的内在动力，是人格健全的重要标志。勤工助学活动有利于促进大学生（特别是贫困大学生）的心理健康，培养大学生坚韧的心理素质。

3. 勤工助学有利于培养大学生思想道德素质

思想道德素质是大学生素质教育的灵魂。因此，在大学生素质教育框架中，思想道德素质是最核心的内容。思想道德素质主要指世界观、人生观、价值观；道德品质（包括社会主义道德、社会公德、家庭职业道德）；政治立场、政治信念和政治态度。思想道德素质教育的目标是教育大学生如何做人，树立崇高理想，培养高尚情操。围绕培养社会主义事业合格建设者和市场经济需要的合格人才这个中心，加强爱国主义、集体主义、社会主义教育以及国情教育，使学生认识到国家前途与个人命运息息相关，增强社会责任感。

在勤工助学活动中，大学生通过自己的劳动、服务等方式，感受着奉献带来的快乐，体味着许多人生真谛。首先，培养了大学生珍惜他人劳动成果的美德。通过勤工助学，大学生可以感受到美丽的校园、干净的教室、整洁的图书等和谐的环境都是管理人员付出艰辛的劳动得来的，从而更加爱护学校的一草一木，遵守社会公德，杜绝不文明行为的发生。其次，培养大学生勤俭自强的品德。大学生通过勤工助学取得报酬，从中可以体会到国家、社会和父母培养自己的不易，更加勤俭节约、自强自立。最后，作为社会实践活动的重要内容之一，勤工助学能帮助大学生进一步了解国情，了解改革开放取得的伟大成就，增强社会责任感，并有效地帮助大学生培养劳动观念和职业道德，锻炼品格毅力，提高综合素质，实现德、智、体、美、劳全面发展。

四、制度示例

河北科技师范学院
学生勤工助学管理暂行办法

第一章 总则

第一条 为进一步加强和规范我校勤工助学工作，促进勤工助学活动健康、有序开展，保障学生的合法权益，培养学生自立自强、创新创业精神，增强学生社会实践能力，根据教育部、财政部《高等学校学生勤工助学管理办法（2018 年修订）》（教财〔2018〕12 号）、《河北省普通本科高校、高等职业院校学生勤工助学管理办法》（冀教财〔2019〕52 号）等文件精神，结合我校实际，制定本办法。

第二条 本办法所称学生是指在籍全日制本专科生。

第三条 本办法所称勤工助学活动是指学生在学校的组织下利用课余时间，通过劳动取得合法报酬，用于改善学习和生活条件的实践活动。

第四条 勤工助学是学校学生资助工作的重要组成部分，是提高学生综合素质和资助家庭经济困难学生的有效途径，是实现全程育人、全方位育人的有效平台。学生勤工助学活动应坚持"立足校园、服务社会"的宗旨，按照学有余力、自愿申请、信息公开、扶困优先、竞争上岗、遵纪守法的原则，由学校在不影响正常教学秩序和学生正常学习的前提下有组织地开展。

第五条 勤工助学活动由学校统一组织和管理。学生私自在校外兼职的行为，不在本办法规定之列。

第二章 组织机构

第六条 学校成立由分管学生工作校领导为组长，由党委学工部、党委宣传部、学生处、人事处、财务处、教务处、科研处、安全工作处、团委、大学生服务中心等单位主要负责人为成员的勤工助学工作领导小组，负责对我校勤工助学工作的全面规划、协调与宏观指导。

第七条 勤工助学工作领导小组下设勤工助学工作领导小组办公室，办公室设在学生处，具体负责学校勤工助学活动的日常管理。

第八条 各学院（系）和用工单位设立勤工助学工作指导小组，指定专人分管或兼管学生勤工助学活动。

第三章 勤工助学管理部门职责

第九条　组织开展勤工助学活动是学校学生工作的重要内容。学校有关职能部门要充分发挥作用，在工作安排、人员配备、资金落实、办公场地、活动场所及助学岗位设置等方面给予大力支持，为学生勤工助学活动提供指导、服务和保障。

第十条　勤工助学工作领导小组办公室职责：

（一）加强对勤工助学学生的思想教育，培养学生热爱劳动、自强不息、创新创业的奋斗精神，增强学生综合素质，充分发挥勤工助学育人功能。

（二）对在勤工助学活动中表现突出的学生予以表彰和奖励；对违反勤工助学相关规定的学生，可按照规定停止其勤工助学活动。对在勤工助学活动中违反校规校纪的，按照校规校纪进行教育和处理。

（三）结合学校实际，不断完善学生勤工助学活动的实施办法。

（四）严格按照《关于进一步规范校内资助经费提取　做好校内资助工作的通知》（冀教财〔2018〕18号）等文件要求，足额提取资助经费，设立勤工助学专项资金，用于勤工助学活动开展。

（五）确定校内勤工助学岗位。

（六）引导和组织学生积极参加勤工助学活动，指导和监督学生的勤工助学活动。

（七）开发校外勤工助学资源。积极收集校外勤工助学信息，开拓校外勤工助学渠道，并纳入学校管理。

（八）接受学生参加勤工助学活动的申请，安排学生勤工助学岗位，为学生和用人单位提供及时有效的服务。安排勤工助学岗位，应优先考虑家庭经济困难的学生。

（九）在学校勤工助学工作领导小组的领导下，配合学校财务部门共同管理和使用学校勤工助学专项资金，并负责酬金的发放和管理工作。

第十一条　各单位勤工助学工作指导小组职责：

（一）制定本单位勤工助学岗位职责及用工协议，根据本单位的具体情况，合理申报勤工助学岗位及用工人数。

（二）接受学生参加勤工助学活动的申请，初审、推荐并配合勤工助学工作领导小组办公室安排学生参加勤工助学活动。

（三）组织学生签订用工协议后报勤工助学工作领导小组办公室备案。

（四）组织学生参加必要的勤工助学岗前培训和安全教育，维护勤工助学学生的合法权益。

（五）加强本单位勤工助学学生的思想政治教育和日常管理，及时了解勤工助学学生的具体情况。

（六）对勤工助学学生进行客观、公正的考勤、考核及评价，配合勤工助学工作领导小组办公室发放学生勤工助学的酬金。

（七）负责本学院（系）单位勤工助学学生的其他具体工作。

第四章 勤工助学岗位设置

第十二条 设岗原则。本着资助育人，科学、合理、高效的原则设定勤学助学岗位。

（一）校内各单位应根据单位缺编（不含专业教师编制）情况，结合本单位的实际工作需要设置勤工助学岗位；满编单位原则上不设勤工助学岗位。

（二）学校积极开发校内资源，保证学生参与勤工助学的需要。校内勤工助学岗位类型以教学助理、科研助理、行政管理助理和学校公共服务等为主。

（三）勤工助学岗位既要满足学生需求，又要保证学生不因参加勤工助学而影响学习。学生参加勤工助学的时间原则上每周不超过 8 小时，每月不超过 40 小时。寒暑假勤工助学时间可根据实际适当延长。

第十三条 设岗办法及要求：

（一）根据教育部、财政部等有关文件精神，结合我校实际，校内勤工助学岗位数目以工时及家庭经济困难学生人数进行统筹安排，设置校内勤工助学岗位。设岗总数测算办法：（20 工时 × 学生总数 ×7%）/40 小时。

（二）各单位设置勤工助学岗位时，不得组织学生参加有毒、有害和危险的生产作业以及超过学生身体承受能力、有碍学生身心健康的劳动。

第十四条 岗位类型：勤工助学岗位分固定岗和临时岗。

（一）固定岗是指持续一个学期以上的长期性岗位及寒暑假期间的连续性岗位。

（二）临时岗位是指不具有长期性，通过一次或几次勤工助学活动即可完成任务的工作岗位。

第五章 勤工助学活动管理

第十五条 学生申请参加勤工助学的条件：

所有在籍学生在不影响本专业学业的基础上均可以申请参加勤工助学。在相同条件下对家庭经济特别困难的学生予以优先考虑。

第十六条 学生申请参加勤工助学的程序

（一）校内需设置勤工助学岗位的单位，于每学期开学后两周内向勤工助学工作领导小组办公室申报，填写《河北科技师范学院勤工助学岗位设置申请表》（附件1），连同用工协议交勤工助学工作领导小组办公室，经勤工助学工作领导小组办公室上报领导小组同意后统一安排。

（二）学生参加勤工助学活动，本人提出申请，填写《河北科技师范学院勤工助学申请审批表》（附件2），经所在院（系）同意，由院（系）统一报勤工助学工作领导小组办公室审批并安排勤工助学岗位。

（三）设岗单位如需增减、更换本单位勤工助学学生，需提前到勤工助学工作领导小组办公室备案。未经勤工助学工作领导小组办公室批准而私自设立的岗位，其上岗学生的工作安全由设岗单位全权负责，勤工助学酬金由设岗单位自行支付。

（四）学生与设岗单位签订协议后，按要求上岗工作。

第十七条　考核办法

（一）勤工助学工作领导小组办公室不定期对各用工单位的岗位设置、日常管理等情况进行检查、考核。考核不合格或存在违规操作的单位，将取消或削减其勤工助学岗位；对于考核较好的单位，可根据实际需要增加勤工助学岗位；

（二）校内勤工助学学生的考勤由用工单位负责，用工单位根据勤工助学学生的劳动时间、完成质量和遵守劳动纪律等方面的情况进行考核，勤工助学负责人应按要求如实填写《河北科技师范学院学生勤工助学活动考勤表》，于每月30日前报勤工助学工作领导小组办公室；

（三）参加勤工助学的学生由用人单位和勤工助学工作领导小组办公室共同考核，考核合格者可继续留在该单位参加勤工助学工作，不合格者勤工助学工作领导小组办公室可取消学生勤工助学的资格。

第十八条　校外勤工助学活动管理

（一）学校勤工助学管理服务组织统筹管理校外勤工助学活动，并注重与学生学业的有机结合。

（二）校外用人单位聘用学生勤工助学，须向学校勤工助学工作领导小组办公室提出申请，提供法人资格证书副本和相关的证明文件。经审核同意由学校勤工助学工作领导小组办公室推荐适合工作要求的学生参加勤工助学活动。

（三）学生个人从事校外兼职活动，应限于节假日和课余时间，并必须经学生家长同意。

（四）学生因校外兼职、勤工助学而影响专业学习或违反校规校纪的，学校将按相关规定给予处理。

第六章 权利、义务与奖惩措施

第十九条 参加勤工助学学生的权利：

（一）通过参加校内外的勤工助学活动获得劳动报酬。

（二）免费获得学校勤工助学的各种信息和服务。

（三）拒绝不适合学生参加的勤工助学工作。

（四）在发生劳动争议或者合法利益受到侵害时得到合理保护。

第二十条 参加勤工助学学生的义务：

（一）遵守用人单位的规章制度和勤工助学协议书中的各项条款。

（二）不得从事违反法律规定、有损大学生形象、有碍社会公德的活动。

（三）在勤工助学活动中诚实守信，实事求是地介绍自己情况。

第二十一条 勤工助学用人单位的权利：

（一）在学校规定允许的范围内自行选择、聘用学生。

（二）校外用人单位可以和学生协商劳动报酬的标准，校内用人单位可以提出支付学生劳动报酬建议。

（三）对学生进行劳动培训、管理、教育和考核。

第二十二条 勤工助学用人单位的义务：

（一）遵守法律、法规和勤工助学协议书的规定。

（二）不得让学生从事违法的、不适宜的工作，不得克扣学生的合法报酬。

（三）提供良好的安全劳动条件和劳动环境，保证学生的身心健康。

（四）诚实守信，实事求是地介绍本单位的情况。

（五）对少数民族学生从事勤工助学活动，应尊重其风俗习惯。

第二十三条 勤工助学活动中的奖惩措施：

（一）各院（系）可将学生在勤工助学工作中的表现纳入学生综合评价体系之中。学校每年对勤工助学工作中表现突出的学生和成绩显著的用人单位、有关部门和个人进行表彰和奖励。

（二）未经学校批准，学生利用勤工助学名义在宿舍、学校其他场所从事经营性活动的，学校将依据学生管理有关规定予以处理。

（三）对于因参加勤工助学而影响学习或者违反法律法规及协议书规定的学生，学校可以视情形取消该生参加勤工助学的资格。

第七章 勤工助学酬金标准及支付

第二十四条　校内固定岗位按月计酬。以每月 40 个工时的酬金原则上不低于秦皇岛居民最低生活保障标准为计酬基准。每月酬金标准为 320 元。

校内临时岗位按小时计酬。每小时酬金可参照秦皇岛政府或规定的最低小时工资标准合理确定，原则上不低于每小时 16 元。

第二十五条　学生参与校内非经营性单位的勤工助学活动，其劳动报酬由勤工助学工作领导小组办公室从勤工助学专项经费中支付；学生参与校内营利性单位或有专门经费项目的勤工助学活动，其劳动报酬原则上由用人单位支付或从项目经费中开支，酬金标准参照本办法的有关规定执行。

第二十六条　校外勤工助学酬金标准不应低于学校当地政府或有关部门规定的最低工资标准，由用人单位、学校与学生协商确定，并写入聘用协议。

第二十七条　校内勤工助学岗位酬金的发放，由勤工助学工作领导小组办公室根据用人单位的考核结果，最终确定上岗学生当月酬金，报经审批后，由财务处将酬金于每月存入学生的个人银行账户。

第八章　法律责任

第二十八条　在校内开展勤工助学活动的，学生及用人单位须遵守国家及学校勤工助学相关管理规定。学生在校外开展勤工助学活动的，勤工助学管理服务组织必须经学校授权，代表学校与用人单位和学生三方签订具有法律效力的协议书。签订协议书并办理相关聘用手续后，学生方可开展勤工助学活动。协议书必须明确学校、用人单位和学生等各方的权利和义务，特别是勤工助学学生发生意外伤害事故的处理办法以及争议解决方法。

第二十九条　在勤工助学活动中，若出现协议纠纷或学生意外伤害事故，协议各方应按照签订的协议协商解决。如不能达成一致意见，按照有关法律法规规定的程序办理。

第九章　附则

第三十条　本办法自颁布之日试行，由勤工助学工作领导小组办公室（学生处）负责解释。原《河北科技师范学院勤工助学活动管理办法》（院学字〔2011〕38 号）同时废止。

附件：1.河北科技师范学院勤工助学岗位设置申请表

2.河北科技师范学院学生勤工助学申请审批表

（校学字〔2020〕18 号）

附件 1

河北科技师范学院勤工助学岗位设置申请表

用工单位		上岗地点	
联 系 人		联系电话	
申请设岗类型	固定岗位（　） 临时岗位（　）	拟申请人数	
申请理由			
岗位名称			
工作时间			
岗位职责 （具体内容）			
聘用条件 及具体要求			
用工申请单 位审核意见	负责人签字：　　　　（公章）　　年　　月　　日		
学生处意见	盖章　　年　　月　　日		

注：另附学生勤工助学用工协议一份。

附件 2

河北科技师范学院学生勤工助学申请审批表

学生姓名		性别		出生年月	
联系电话		民族		政治面貌	
院系名称		专业班级		学　号	
个人特长					
学生本人工行卡号					
家庭经济困难学生认定结果	特殊困难（　） 困难（　） 一般困难（　） 未被认定为困难学生（　）				
个人申请简要理由	 本人签字：　　　年　月　日				
班主任（辅导员）意见	 班主任签字：　　　年　月　日				
学院（系）审核意见	 学工办主任签字（公章）：　　　年　月　日				
学生处审批结果	经审核，该生符合申请条件，同意其参加勤工助学活动，具体岗位安排在： _____。 签字（章）：　　　年　月　日				

注：此表一式两份，学生处、用工单位各存一份。

【课后思考题】

1. 讨论通过日常劳动有什么感受或者收获。

2. 在校期间是否参加过勤工助学？这样的经历对你日后工作产生哪些影响？

3. 谈谈主动参与家务劳动对人的影响。

【拓展阅读】

1. 李珂：《中国劳模口述史（第一辑）》，社会科学文献出版社 2018 年版。

2. 李珂：《中国劳模口述史（第二辑）》，社会科学文献出版社 2019 年版。

3. 李珂：《中国劳模口述史（第三辑）》，社会科学文献出版社 2019 年版。

4. 刘向兵，等：《新时代高校劳动教育论纲》，社会科学文献出版社 2019 年版。

第九章 自我锤炼—— 生产劳动

【本章导读】

丰富职业体验

"三百六十行，行行出状元。"不管是从事农业的农民，还是从事工业的工人，都不是低人一等的劳动者，而是靠双手创造幸福的奋斗者，值得所有人尊敬。

劳动教育既要育技，更要育人。作为新时代的大学生，要通过参加专业性的生产劳动，了解中国的农耕文化，熟悉农村的地理样貌和民俗，懂农民、爱农村、爱农业。通过生产劳动，了解我国的工业文明，了解传统工艺，熟悉生产工艺流程，巩固专业知识，增强专业兴趣，体验现代劳动实践新形态，增强专业认同感和自豪感。让学生在工农业生产过程中亲历物质财富的创造过程，体验从简单劳动、原始劳动向复杂劳动、创造性劳动的发展过程，学会使用工具，掌握相关技术，感受劳动创造价值，增强产品质量意识，体会平凡劳动中的伟大。培养热爱劳动、尊重劳动的精神和爱岗敬业的劳动态度，为日后服务社会奠定基础。

第一节　农业生产劳动

中国是历史悠久的农业大国，中国农耕文化源远流长。作为一个传统的以农业为主的国家，我们深受农耕文化的影响，对农民农村怀有特殊的感情。

感悟农耕文化中的劳动之美、学习农民的优秀品质、认识农村的地理样貌和民风民俗是学生进行职业体验的第一步。

一、中国农耕文化

近万年的农业生产是中国传统文化产生和发展的社会基础，也是中国几千年农耕文化形成和发展的源泉。中国农耕文化是一种从未间断的文化，是中国劳动人民经过几千年生产生活的实践后，以不同形式延续下来的精华。中国农耕文化集中体现在以下几个方面。

1. 应时

与农业生产联系最直接的是时间与节气，在中国古代，人们基本上是生活在按自然节律和农业生产周期安排的时间框架之中的。古人把一年分为二十四节气，依节气安排农事活动。顺天应时是人们几千年来恪守的准则，体现了人们对自然规律的尊重。

2. 取宜

古人很早就懂得根据不同土壤、地貌、季节、作物等，因地制宜、因时制宜、因物制宜地采取不同的种植方式和农业生产模式。从南方的热带农业，到北方的寒带农业；从东部的沿海平原，到西部的山地高原，我国农业的地域类型多种多样，与此相适应的农业生产模式也是多种多样。

3. 守则

则，即准则、规范、秩序，它是人与自然长期互动形成的实践原则。农耕文化作为中国传统文化的根基，蕴含着以农为本、以和为贵、以德为荣、以礼为重等许多优秀的文化品格。农耕文化是中国传统文化的源头，对中华民族坚忍不拔、崇尚和谐、顺应自然、因地制宜、勇于创新等优良品质的养成起到了重要作用，是中华民族绵延不绝、生生不息、发展壮大的精神厚土。

4. 和谐

中国的农耕文化连绵不断，铸就了中华民族自强不息的精神，使中华民族历经磨难而不断发展壮大；还铸就了形式多样的民俗文化，使劳动人民的生活丰富多彩；更铸就了中华民族以和为贵的理念，孕育了中华民族天人合一的思想，以及追求人与自然和谐、人与社会和谐、人与人和谐的思想。

二、农民的优秀品质

千百年来，农事最辛劳，农民最辛苦。中国农民的奋斗，顶天立地。中国农民的创造，惊天动地，是他们用辛勤汗水和默默耕耘，创造了以占世界7%的耕地养活了占世界22%的人口的奇迹，让中国人把饭碗牢牢地端在自己的手中。他们的品质——诚恳、朴实、敦厚、乐观和勤劳都值得我们学习。

（1）诚恳。农民的诚恳体现在三个方面，一是为人诚实恳切，不虚假；二是行事光明磊落，敢做敢当；三是待人真诚，重承诺。

（2）朴实。农民普遍具有朴实的品质，为人踏实、质朴、不浮夸。

（3）敦厚。农民为人忠厚老实，不计个人得失，对人热心。

（4）乐观。农民总是以积极乐观的心态笑对生活中的困难，并以此来消除身体的疲劳。此外，他们自娱自乐，创新出许多娱乐活动，让生活多姿多彩。

（5）勤劳。农民靠自己的双手养育了一代又一代人，也形成了吃苦耐劳和甘愿付出的优良作风。

三、农业生产劳动

农业生产是指人们利用自然资源栽培植物或饲养动物，以获得所需产品的物质生产活动。农业生产的劳动对象是动植物，农业生产的基本生产资料是土地。农业劳动过程是人类按照一定的经济目的，以自身的活动来引起、调节和控制生物有机体（植物、动物、微生物）生长、发育、繁殖的过程。同时，农业劳动过程也是人类对农业的社会再生产进行组织、控制和调节的过程。在农业劳动过程中，既有直接从事农副产品生产的劳动，又有紧密围绕生产需要，改善农业生产条件和进行农业社会化服务的劳动；既有直接从事各项生产活动的体力劳动，又有与直接生产活动有密切关系的科技、管理方面的脑力劳动，农业生产成果，正是各种不同劳动的综合成果。

（一）农业生产劳动的类型

（1）种植业劳动。 这是农业生产中最基本、最重要的部分，包括播种、施肥、灌溉、除草等一系列操作。农民需要根据不同的作物和季节选择合适的种子，并按照科学的方法进行耕作。同时，还需要定期浇水、松土、追肥等来保证作物的生长发育。

（2）畜牧业劳动。在一些地区，农业生产中也会涉及养殖牲畜的工作。

这包括对动物的饲养、饲料加工、疾病防治等工作。农民需要进行选种育种、圈养管理、防疫消毒等工作，以保证动物的健康和生产性能的提高。

（3）水利工程建设。农业生产和水利设施密不可分。为了保障农田用水，农民需要在田间修建水渠、水库等水利基础设施。这项工作需要考虑地形地貌、水源条件等因素，并进行合理的规划设计和实施。

（4）农产品加工与销售。除了种植和养殖外，农产品也需要经过一定的加工处理才能成为商品。农民需要掌握基本的食品加工技术，如清洗、切割、腌制等，以提升农产品的品质和价值。此外，农民还需了解市场需求和行情，及时调整生产计划和销售策略以获得更好的经济效益。

（5）技术培训和管理。为了提高农业生产效率和质量，农民需要接受相关的技术培训和学习先进的农业知识和管理经验。通过参加培训班、参观考察等方式，他们可以了解最新的农业技术和设备，并学会如何合理利用资源、控制成本和提高产量。

（6）安全防护和环境保护。农业生产过程中不可避免地会遇到自然灾害和病虫害等问题，需要采取相应的安全措施和保护环境的措施。例如，农民需要注意农药的使用和安全存放，避免对环境和人体造成危害；同时还要加强农田管理和监测，防止土地退化和水土流失等问题的发生。

综上所述，农业生产劳动是一个复杂而多样化的过程，涵盖了多种生产活动和技能要求。只有具备全面的知识和实践能力，才能够有效地开展农业生产工作，实现增产增收的目标。

（二）农业生产劳动的特点

（1）农业劳动场所分散。农业劳动的空间主要是在广阔的田野上进行的，而不像工业那样聚集在有限的厂房中劳动。农业劳动场所的广阔性、分散性，带来了劳动力和生产工具使用上的分散性。

（2）农业劳动季节性强。农业生产的对象是有生命的动植物，生产过程是持续不断的而劳动过程是间歇中断的。这种生产时间和劳动时间的不一致性，构成了忙闲不均的农业劳动季节性。农忙时需要投入大量的劳动力进行突击，农闲时劳动的门路不多，为了充分利用丰富的农业劳动力资源，除了在农业中开展多种经营外，同时还可以实行农业与非农产业的兼业经营。

（3）农业劳动的变动性大。由于农业生产受自然条件的影响很大，农业经常需要随着气候、土壤、生物的变化而做出相应的变动。在正常的情况下，农业经营决策和农业劳动的安排应该具有充分的自主性和灵活性。在农业生产中，日常的农业劳动一般不能直接取得农产品，但日常的农业劳动的数量和质量与农业生产的最终成果——农产品的关系十分密切。

四、农村的地理样貌

农村具有五种地理样貌，分别是：平原、山地、高原、丘陵和盆地。一般来说，平原适合发展种植业，山地适合发展林业和畜牧业，高原适合发展畜牧业，低矮丘陵适合发展梯田农业，盆地适合发展种植业和畜牧业。

平原地貌

山地地貌

高原地貌

丘陵地貌

盆地地貌

五、地理环境与农业生产的关系

"地理环境"指的是地理位置、气候、水资源、土壤等等。农业生产与地理环境有着密不可分、相互依赖的关系。动植物的生长繁殖与自然条件密切相关，因而，动植物（或者是植物的种子）以及热量、光照、水、地形、土壤等自然条件成为农业必要的投入。在这些投入的基础上，经过劳动者的劳动（投入劳动力），农业生产就可获得产品。

1. 地理环境与农业生产的密切联系

在水源短缺的地区，人们采用节水型的农业生产方式，比如采用滴灌等技术，减少了水的浪费，提高了农业生产的效益。在干旱地区，人们采用节水型的农业生产手段，保证了生产效益；在水源充沛的地区，人们选择产出量大的农作物，从而提高了农业生产的效益。

在温暖湿润的气候下，为了避免病虫害的增加，人们采用了有机农业生产方式，让农作物更加健康；在干燥的气候下，则需要采用更严格的灌溉方式，带给农作物更高效的水分。

在土地贫瘠的情况下，人们需要加强土壤的肥力，采用更好的农作物栽培方式，提高土地的肥力。在土壤肥沃的情况下，人们可以种植高产量、高商业性农作物，促进农业生产的发展。

2. 地理环境对农业生产的影响

（1）水资源对农业生产的影响。水资源是农业生产中非常重要的一个因素，没有水，农作物就无法生长。因此，水资源的不同也会对农业生产产生不同的影响。在干旱的地区，由于水资源缺乏，只有一部分农作物得到了良好的生长环境，其他农作物生产的效益非常有限。而在水资源充沛的地区，农作物的生长条件相对较好，效益也相对较高。

（2）气候对农业生产的影响。气候也是一个非常重要的因素，不同的气候对农业生产的影响也是不一样的。在温暖湿润的气候下，一些农作物茁壮成长，产量较高，但是病虫害也随之增加。而在干燥的气候下，尤其是在炎热的气候下，农作物的生长环境非常劣势，很难取得良好的效益。

（3）土壤对农业生产的影响。土壤作为农业生产的重要组成部分，对农业生产的影响也非常明显。在贫瘠的土地上，农作物的生长条件相对较差，因为土壤缺乏养分，无法提供给农作物足够的生长条件。而富含养分的土壤，则能够提供良好的生长环境，以及高效的农业生产手段。因此，在农业生产过程中，土壤的质量非常关键。

六、现代农业的发展趋势和未来发展方向

现代农业一直以来都在不断演进，随着科技和社会的进步，农业也需要不断适应新的需求和挑战。下面将讨论现代农业的发展趋势以及未来可能的发展方向，以便更好地满足人们对食品、生态和农村社会的需求。

1. 科技驱动

现代农业的一个明显趋势是科技的广泛应用。随着生物技术、信息技术和机器人技术的不断进步，农业生产变得更加高效和可持续。例如，基因编辑技术可以改进作物的抗病性和产量，精确农业技术可以实现精确施肥和灌溉，机器人可以自动完成农田作业。未来，随着人工智能和大数据的应用，农业将更加智能化和自动化。

2. 可持续发展

可持续发展农业是一个不可忽视的趋势。人们越来越关注生态环境的保护和农产品的质量。因此，未来的农业将更加注重生态友好和有机农业。减少化肥和农药的使用，采用更多的生物农药和生态农业实践，以减轻对环境的压力。此外，农产品的质量和安全性将成为市场的主要关注点。

3. 多元化农业经营

未来，农业经营将更加多元化。农民将不仅仅种植作物，还会涉足畜牧业、水产养殖、农业旅游等领域。这有助于农民降低风险，增加收入，同时也丰富了农村社区的生活。多元化经营还有助于保护生态平衡，减少土地的单一使用，促进生态多样性。

4. 全球化市场

随着全球化的加速，农业市场也变得更加国际化。不同国家和地区的农产品互通有无，贸易合作愈发频繁。这为各国的农业生产提供了更多机会和挑战。农民需要适应国际市场的需求，同时也需要关注全球的竞争格局。

5. 城乡融合发展

城乡融合发展是未来农村一个方向。随着城市化的不断推进，农村和城市之间的界限将变得模糊。城市将需要来自农村的食品供应，同时农村也需要城市提供更多的市场机会和服务。这将促使更多的农业企业与城市企业合作，推动城乡一体化发展。

6. 农业数字化

数字技术的广泛应用已经开始改变现代农业的面貌，未来这一趋势将愈发明显。农业领域的传感器、互联网连接设备和大数据分析技术将提供更多信息，用以监测农田状况、气象条件和作物生长。这有助于实现精准农业，减少资源浪费，提高作物产量。农民和农业企业将能够更好地预测疫情暴发、灾害风险，以及市场需求，从而更有效地规划生产。

7. 农业教育与培训

农业的未来还需要更多的专业人才，特别是那些熟悉科技和可持续农业的人。因此，农业教育和培训将成为一个重要领域。农村学校和农业大学需要不断改进课程，以培养新一代的农业从业者。政府和私营部门可以提供更多的培训和奖学金，鼓励年轻人投身农业领域。

8. 农业政策与法规

政府在现代农业的发展中扮演着重要角色。未来，政府需要采取更多措施来支持农业可持续发展。其中包括资金支持、税收减免、市场准入、环保监管等方面。同时，政府也需要制定更严格的农产品质量和安全法规，以保障消费者权益。

9. 农业国际合作

全球范围内的气候变化、疫情传播和农业市场波动都需要国际合作来解决。未来，国家需要更多参与国际农业组织和协定，分享信息、技术和资源。这将有助于减轻食品安全和气候变化对农业的压力，同时也能促进全球农产品贸易。

10. 农业文化传承

农业文化的传承是农业未来的保障。尤其是在城市化进程中，需要更多的农村文化教育和宣传，以激发年轻人对农业的兴趣。农业文化节、乡村旅游和农产品品牌都可以帮助传承农业文化，吸引更多人投身农业领域。

现代农业的发展趋势和未来发展方向将受到多种因素的影响，但科技、可持续性、多元化、全球化、城乡融合、数字化、教育与培训、政策与法规、国际合作和农业文化传承等方面将是主要的驱动力。只有紧跟时代潮流，农业才能在未来继续发挥其关键作用，满足不断增长的全球食品需求，保护环境，促进农村可持续发展。

第二节　工业生产劳动

　　工人阶级是新时代的见证者、创造者、建设者。了解我国工业文明的发展概况，可以帮助我们体悟"幸福都是奋斗出来的"价值观；学习工人的优秀品质，有助于我们继承和发扬敢于奋斗、勇于奋斗的优良传统；认识我国的传统工艺，是我们接力奋斗、精通自身"技艺"的基础。

一、中国工业文明

　　中国工业文明是社会主义建设下的工业文明。虽在建设初期，由于缺乏社会主义建设经验、片面发展重工业、急于求成等，我国国民经济比例出现严重失调的现象，但随着改革开放的不断深入、人们思想的不断解放，以及党的工作重心逐渐向经济建设转移，我国慢慢探索出了中国特色社会主义道路，并在工业文明上取得了重大进展。

　　如今，我国工业生产发展迅速，建立了门类齐全的工业体系。我国产业结构更加合理，农业、轻工业、重工业协调发展，第三产业迅速发展；我国交通、通信业变化巨大，经济、文化、人员交流日益便捷；我国对外贸易迅猛发展，迅速加入经济全球化进程，逐渐发展成外向型经济。另外，我国的市场经济体制基本形成，人们的生活水平迅速提高，基本实现小康目标。

二、中国工人的优秀品质

　　在长期的中国特色社会主义建设的伟大实践中，中国工人阶级逐渐形成了"信念坚定、立场鲜明，艰苦奋斗、勇于奉献，胸怀大局、纪律严明，开拓创新、自强不息"的伟大品格。

　　中国工人的伟大品格是民族精神的重要组成部分，融于历史、照耀现实、辉映未来，是全面建成小康社会奋斗目标，把我国建设成富强、民主、文明、和谐的社会主义国家的力量之源。在企业的发展中，中国工人的伟大品格则堪称脊梁，70多年的实践证明，亿万看似平凡的工人劳动者，在全世界挺起了中国脊梁，在中国历史乃至世界历史上书写了辉煌篇章——鞍钢"三大工程"、南京长江大桥、三峡工程、南水北调、青藏铁路、港珠澳大桥、北京大兴国际机场、高速铁路、特高压输电、国产航母、国产大飞机……一个个标志性事件、一项项超级工程，改变了中国，惊艳了世界。70多年来，不管时代如何变迁，我国工人阶级始终站在时代前列，他们敢付出、有担当、勇奉献，值得我们敬佩和学习。

三、工业生产劳动

（一）工业生产劳动

工业生产是指利用机械设备、熟练劳动力和先进技术等资源进行大规模生产的一种方式。它涉及制造业中的各个环节，包括原材料的采集、加工、生产流程的组织、产品的制造和销售等。工业生产通常以工厂或车间为单位进行，以产出符合市场需求的大批量商品为目标。工业劳动涉及制造业、工厂生产和加工等领域的劳动，如机械制造、电子产品生产、纺织加工等。我国的工业主要以基础工业部门为主，包括钢铁、机械、能源和高新工业等。

工业生产在现代社会中扮演着重要的角色：其一，是现代经济体系的基础，它通过生产大量商品和提供丰富的就业机会，推动着国家经济的发展。其二，创造价值和利润。工业生产通过将生产要素进行组合，创造出具有使用价值和交换价值的产品，从而创造价值和利润。其三，技术创新的推动者。工业生产是技术创新的重要推动者，它通过不断引入新的机械设备、工艺和管理方法，推动和带动科学技术进步。其四，增强国家竞争力。工业生产是一个国家综合实力的重要体现，它不仅能够提高国家的产能和产品质量，还可以带动相关产业链的发展，提升国家在全球市场中的竞争力。

工业生产作为国民经济中最重要的物质生产部门之一，大学生需要了解工业生产劳动的内容，并应积极参与到工业生产劳动中去，第一方面巩固专业知识。第二方面深入了解工业生产发展历程，体验物质财富的创造过程。第三方面，可以促使大学生爱惜工具和材料，珍惜劳动成果，尊重工业生产者，深刻认识到劳动者的劳动要素、技术要素、资本要素、管理要素对工业生产的影响，锻炼分析问题和解决问题的能力。进而树立良好的劳动观，增强专业认同感与自豪感，以及奉献社会的责任感。

（二）工业生产劳动的特点

工业生产与农业不一样，农业的再生产过程是由人们调节控制的生物学过程，而工业的再生产过程则是在人们调节控制之下的机械作用、化学作用和部分微生物作用过程。

（1）工业生产和自然环境有着密切关系，受自然环境制约。

（2）工业生产一般在室内进行，在生产资料和劳动力得到保障之下，能长年地、昼夜不断地进行生产，而且能根据人们的需要，扩大生产规模。

（3）工业生产是一个连续的过程，整个过程能划分为不一样的阶段，阶段与阶段间有着一定的物质数量比例关系。

（4）工业的基本生产资料是机器装备和厂房。

（5）工业各部门间相互关系。现在世界工业发展的总趋势是由劳动密集型、资源密集型工业向知识密集型工业转换。工业是唯一生产现代化劳动手段的部门，可为国民经济各部门提供生产工具、技术装备和原材料，为人民生活提供日用工业品。它决定着国民经济现代化的速度、规模和水平，在国民经济中起着主导作用。

四、传统工艺

传统工艺指采用天然材料制作，具有鲜明的民族风格和地方特色的工艺品种和技艺。一般具有百年以上历史以及完整工艺流程。传统工艺是历史和文化的载体。每一件精美绝伦的工艺品，每一项手工艺绝活，都显示着民间手艺人的慧心巧手，讲述着普通劳动者动人的故事与传说。

根据国资委商业技能鉴定中心、全国促进传统文化发展工程开展的"传统工艺师"国家职业技能认证工作相关规定，传统工艺共包含以下 14 大类工艺：

（1）工具器械制作工艺；

（2）传统饮食加工工艺；

（3）传统建筑营造工艺；

（4）雕塑工艺；

（5）织染工艺；

（6）编织扎制工艺；

（7）陶瓷制作工艺；

（8）金属锻造加工工艺；

（9）髹漆工艺；

（10）家具制作工艺；

（11）文房用品制作工艺；

（12）印刷术；

（13）刻绘工艺；

（14）特种工艺及其他：包括传统书画装裱、修复技艺、文物修复、其他传统技艺。

五、现代工业生产方式

工业生产方式是社会发展的重要组成部分，随着科学技术的发展和社会需求的扩大，传统生产方式正在被现代工业生产方式所取代。未来，工业生产方式将更加智能化、绿色化、多元化，为社会和人类带来更加可持续的发展。

（一）传统生产方式

传统生产方式是指在机器化、自动化生产之前，人工手工操作为主要特点的生产方式。这种生产方式简单、灵活，适用于小批量生产和个性化定制生产。但是，传统生产方式存在人工操作误差率高、生产效率低等弊端。

（二）现代工业生产方式

随着科技的发展和生产方式的不断优化，现代工业生产方式不断涌现。现代工业生产方式的特点是以机器化、自动化生产为主，生产线和流水线生产成为主要生产形式。

1. 生产线

生产线是指把产品以一个特定的顺序分成许多操作，每一个操作有一名专门的工人负责，按流程生产制造的一种生产方式。生产线可以大幅度提高生产效率、降低生产成本，并且保证产品质量的一致性。

2. 柔性化生产

柔性化生产是指根据市场需求，通过设备设施、流程、管理等方面的灵活调整，实现生产线花样多样化、适应性强的生产方式。柔性化生产具有高效、灵活、省时、省力的优势，被广泛应用于汽车、电子、机械制造等领域。

（三）生产方式的趋势

随着科技和社会的发展，未来工业生产方式也将不断进步，主要表现在以下几个方面。

1. 智能化生产

智能化生产是指使用各种人工智能技术，使生产过程更加智能、高效、省力、节能、省时。智能化生产有助于提高企业的竞争力，提高经济效益。

2. 绿色化生产

绿色化生产是指通过节约能源、减少污染物排放、提高资源利用率等方式，实现生产过程的绿色、环保、可持续发展。绿色化生产将成为未来的主流生产方式。

3. 多元化生产

多元化生产是指企业通过不同的产业链延伸、产品扩展、跨行业合作等方式，实现生产结构的多元化发展。这种生产方式有助于企业降低风险、提高经济效益。

第三节　专业实习

专业实习是一门重要必修课和综合实践课程，是高校实践教学的重要组成部分，是帮助学生深化对专业知识理解、形成专业实践能力、养成职业态度和情感的关键环节。通过专业实习引导学生将所学的基础理论、基本知识和基本技能，综合运用于实践，在实践中探索学科规律，初步具备岗位需求的职业技能和素养。专业实习是高校落实劳动教育的重要途径。

在专业实习中重视和发挥实习的劳动教育功能，明确实习的内容、目标，从设计、实施到考核，全程注入劳动教育元素，遵循技术技能型人才培养的规律，按照应用性和递进性原则，科学设置实习实训项目、实习指导书；在实习中强化对劳动流程、劳动标准、劳动检查等的学习，通过劳动工具的改进、劳动组织方式的优化、新技术在传统劳动中的运用，增强对劳动观念、劳动习惯、劳动制度、劳动过程与成果的思考和劳动精神的培养。

一、实习准备

依据专业人才培养方案要求，制订本单位教育实习计划；做好实习基地联系；做好指导教师的选派；做好实习小组组队，实习动员，实习学生的纪律教育和安全教育；做好实习生接送等工作的前期安排。

二、实习过程质量标准

实习过程中的质量标准如下：

（1）实习目的明确，深刻认识实习的意义，实习各环节时间分配得当；

（2）态度端正，积极主动地做好实习的各项工作；

（3）严格遵守实习纪律和实习学校的各项规章制度，实习工作量饱满；

（4）虚心求教，与实习单位的导师关系融洽，受到实习单位的好评；

（5）实习过程记录规范详细。

三、实习效果质量评价标准

实习效果的质量评价标准如下：

（1）在实践中，学生能够依据课程标准，理解学科知识体系基本思想和方法，动手能力和实际运用能力明显提高；

（2）实习报告完成质量好；

（3）学生普遍反映实习收获大；

（4）未发生违规事件和安全事故。

农科类专业学生参加实习

工科类专业学生参加实习

师范类专业学生参加实习

第四节　工学交替

在学习专业知识时，不仅要学习理论基础，更要将理论付诸实践，在做中学，在学中做，学校可为学生提供工学交替这样的实践活动。

工学交替是校企联合办学的一种类型，是充分利用学校和企业两个主体，充分发挥两方面的教学资源，在学习和工作交替的过程中进行人才培养的重要模式。开展工学交替活动，可以带动专业调整与建设，引导课程设置、教学内容和教学方法改革，体现了教育与经济、学校与企业、读书与劳作的有机结合，是对传统封闭性人才培养的创新，是应用型人才培养的重要方式。

一、工学交替的分类

从工学交替的时间上划分，主要有下列三种类型。

1. 先学后工再学

先学后工再学的工学交替式是指学生先在学校集中学习一段时间后到企业参加工作实践，最后再返校完成毕业考试和技能考试。这种方式使学生在校期间先掌握一定的知识和技能，到企业后能较好适应工作实践，并利用企业优势，实现车间即教室、师傅即老师、管理即教育的师徒传授方式，以此提高操作技能。

2. 先工后学再工

先工后学再工模式是指学生先参加企业的工作实践后返校进一步学习理论和技能，最后再到企业顶岗实习。这种模式的特点是学生入学即招工。对学生而言，在实践基础上再返校学习理论知识和技能更易理解和掌握，学生的学习态度、学习热情、学习效果更佳。

3. 工学多次交替

工学多次交替是指课堂学习和企业工作实践多次循环交替，学生对理论知识和技能水平的掌握随着不断交替的过程呈螺旋式上升。这种模式的实施多数是建立在"引企入校"或"引校入企"的校企联合基础上的，是一种要求校企高度紧密合作的培养方式，工学交替的时间可以依据各自不同的情况而定，有的半天学习半天工作，有的一天学习一天工作，还有的一周学习一周工作。

二、工学交替的意义

工学交替活动是大学生成长为合格的、专业的劳动者的重要途径。与工作岗位的零距离接触使大学生在深入生产一线的过程中，可以了解更多书本之外的知识、技术、工艺等。生产环节琐碎而繁重的劳动不仅能锻炼大学生的动手能力、磨砺意志，也能够使每一位大学生体会到每一个岗位的责任、辛苦与贡献。与同事、工友的相处则使大学生学会更多沟通合作的技巧、做人做事的道理。因此，工学交替活动是大学生在努力成为有智慧、有能力、有担当的劳动者道路上必不可少的一段宝贵历练。

第五节 顶岗实习

如果说工学交替是一边学一边实践，那么顶岗实习就是大学生走向职业活动之前较为系统的实践锻炼。通过这种锻炼，能使大学生更加自信，更加从容地从事未来的职业劳动。

顶岗实习是《国务院关于大力发展职业教育的决定》（国发〔2005〕35 号）中提出的一种教育模式，即"2+1"教育模式，学生在校学习 2 年，第 3 年到专业相应对口的指定企业，带薪实习 3 ～ 6 个月，然后由学校统一安排就业。

一、顶岗实习的分类

根据目前用人单位的招聘情况，可将顶岗实习分为就业型和实习型两种。

1. 就业型顶岗实习

目前，大部分用人单位均招收就业型顶岗实习学生，这类学生在校学习两年或两年半后，由企业直接招聘上班。对于企业来讲，虽然学生还要经过试用期或培训期，但学生已经在为企业劳动，事实上学生已经成为企业的职工，顶岗实习等同于就业。对于学校来讲，学生虽然已到企业进行顶岗实习，但由于学生并未真正毕业，也未颁发毕业证，因此仍是学校的学生。所以，学生在顶岗实习期间既是企业职工，又是学校学生，具有双重身份。因为企业在实习前已经办理招工手续，学生已成为企业的一名职工，学生也按照企业的分工和要求顶岗劳动，所以，在对学生管理上，企业负有直接责任，学校负有间接责任。这是因为，在这个时期，学生虽然还具有在校生的身份，但学生的日常生活全在企业，已完全融入企业的工作、生活环境中，企业应对学生的日常管理负有主要责任。而学校只是负次要责任，积极协助和配合企业的管理。另外，学校也负有跟踪调查学生的表现情况、对学生进行综合评价的责任，负有对于有问题的学生进行疏导教育和配合企业进行严格管理的责任。

2. 实习型顶岗实习

目前，有少数用人单位招收实习型顶岗实习学生，这类学生到企业实习前，企业并没有确定安排就业，只是考虑安排顶岗实习，至于说学生顶岗实习期满后是否留用，将视具体的情况而定，一般情况是企业只留用极少部分优秀的学生。学生在这个时期只具有在校生一种身份。虽然，学生的日常生活都在企业，也必须遵守企业的有关规章制度和规定，但由于学生毕竟还不是真正意义上的企业职工，企业对学生的约束是有限的。所以，企业只在实习生产过程中及在安全生产方面对学生负有管理责任，而对学生的其他一切管理均由校方负责：这是因为学生还不是企业职工，还只是一种学生身份，平时的管理当然要靠校方直接参与甚至主导。对于企业来讲，主要是按照与学校事先协商的要求安排好顶岗实习，而对学校来讲，主要是配合好企业完成实习任务。

实习型顶岗实习一般均是由学校联系的，与企业均有实习协议，其实质是高等院校多年以来驾轻就熟的生产实习，而就业型顶岗实习是近几年出现的新生事物，从政府、学校、企业来讲都还处在探索阶段。

二、顶岗实习的意义

顶岗实习作为学校安排在校学生实习的一种方式，在毕业前就把学生带入社会，推向企业生产、管理的第一线，安排在实习岗位上一边学习，一边工作，实现"过渡"，是培养学生职业素质和职业能力的重要载体。其与集中实习、分散实习最大不同在于学生离开课堂、离开学校，以职业人的身份参加企业的生产实践活动，履行其实习岗位的所有职责，旨在使学生在实际工作中逐步培养具备适应企业工作岗位的实践能力、专业技能、敬业精神和严谨求实的作风以及综合职业素质，为以后就业打下良好的基础。通过顶岗实习，学生可以把课堂上学到的理论知识应用到实际工作中去，实际工作中遇到的问题也可以从书本上寻找理论依据，从做中学、做学合一，真正做到理论和实践的有机结合。

在顶岗生产实习阶段，公司实行薪酬制，一方面减少了学生上学费用支出，减轻学生家庭负担；另一方面，让学生实现自食其力，培养了学生自主、自信、自强的精神品质，端正了其未来职业发展不可或缺的认真、敬业、务实的工作态度。

学生在顶岗实习的生产现场

【课后思考题】

1. 你来自农村还是城市？谈谈你眼中的农民。

2. 根据自己的生活经历谈谈"劳动最伟大""劳动最光荣"。

3. 谈谈你对新型农民的认识。

4. 你印象最深的农村民俗是什么？谈谈民俗的价值有哪些？

5. 你对工人有哪些印象？结合自己的见闻谈谈工人值得学习的品质。

【拓展阅读】

1. 刘丽萍：《在中华农耕文化中感悟劳动之美》，华声在线 2019-12-07。

2. 钟恒：《图说中国农耕文明》，江西人民出版社 2010 年版。

3. 吕途：《中国新工人：文化与命运》，法律出版社 2015 年版。

4. 路遥：《平凡的世界》，人民文学出版社 2006 年版。

第十章 自我奉献——志愿服务

【本章导读】

　　赠人玫瑰，手有余香。参与志愿服务既是"助人"，也是"自助"；既能"乐人"，也能"乐己"；既是在帮助他人、服务群众、奉献社会，也是在传递爱心、宣扬文化、传播文明，对于促进社会的进步与稳定具有重大意义。

　　青年学生要在日常生活中自觉践行"奉献、友爱、互助、进步"的志愿者精神，积极投身志愿服务，为社会贡献自己的力量。

第一节　认识志愿服务

一、志愿服务的内涵和意义

1.志愿服务的内涵

　　志愿者是指任何志愿贡献个人的时间、精力、金钱及精神，在不谋取任何物质报酬的情况下，从事社会公益与社会服务事业，为改进社会和推动社会进步而提供服务的人。志愿服务是指任何人志愿贡献个人的时间及精力，在不为任何物质报酬的情况下，为改善社会服务，促进社会进步而提供的服务。教育部印发的《学生志愿服务管理暂行办法》中指出，学生志愿服务是指学生不以获得报酬为目的，自愿奉献时间和智力，体力，技能等，帮助他人、服务社会的公益行为。

　　学生志愿服务内容主要包括：普及文明风尚志愿服务、送温暖献爱心志愿服务，公共秩序和赛会保障志愿服务、应急救援志愿服务以及面向特殊群体的志愿服务等。学生志愿者在志愿服务过程中要弘扬"奉献、友爱、互助、进步"的志愿精神。

2. 志愿服务的意义

开展志愿服务，是创新社会治理的有效途径，是加强新形势下精神文明建设的有力抓手。每个人都有参与社会事务的权利和促进社会进步的能力，同样，每个人都有促进社会繁荣进步的义务及责任。参与志愿服务是表达这种"权利"及"义务"的积极和有效的形式。在服务他人、服务社会的同时，自身得到提高、完善和发展，精神和心灵得到满足。

对社会而言，志愿活动具有以下积极意义：

（1）志愿服务是在传递爱心、传播文明。志愿者在把关怀带给社会的同时，也传递了爱心，传播了文明，这种"爱心"和"文明"从一个人身上传到另一个人身上，最终会汇聚成一股强大的社会暖流。

（2）志愿服务有助于建立和谐社会。志愿工作，提供了社交和互相帮助的机会，加强了人与人之间的交往及关怀，减少彼此间的疏远感，促进社会和谐。

（3）志愿服务促进社会进步。社会的进步需要全社会的共同参与和努力。志愿服务正是鼓励越来越多的人参与到服务社会的行列中来，对促进社会进步有一定的积极作用。

对志愿者个人而言，志愿服务具有以下积极意义：

（1）志愿服务可以提升主人翁意识。志愿者通过参与志愿服务，有机会为社会出力，尽一份公民的责任和义务。

（2）志愿服务可以丰富生活体验。志愿者利用闲余时间，参与一些有意义的工作和活动，既可扩大自己的生活圈子，更可亲身体验社会的人和事，加深对社会的认识，这对志愿者自身的成长和综合素质提高是十分有益的。

（3）志愿服务可以提供多种学习的机会。志愿者在参与志愿工作过程中，除了可以帮助人以外，更可培养自己的组织及领导能力。有助于学习新知识、增强自信心及学会与人相处等。

二、志愿者服务的基本特征

志愿服务具有志愿性、无偿性、公益性、实践性等特征。

1. 志愿性

志愿性是指志愿者基于自由选择基础上的道义良知、同情心和公民社会责任感的一种自觉自愿的行动。因此，志愿服务具有志愿性，这是志愿组织区别于其他组织的首要特征。志愿者自愿参加组织，并以无私奉献的志愿精神主动为社会提供服务，表达了公民自主参与社会事务、追求社会民主价值的愿望和要求。

2. 无偿性

无偿性是指志愿服务属于无偿行为。志愿者所提供服务的动机，不是为了谋求物质利益，即便在服务中有一些盈利甚至有一定的积累时，这些积累不能用于组织内部的福利，最终必须返还于社会。

3. 公益性

志愿服务所处理的是在一定公共空间内和特定人群中的互助和他助，是直接对他人，对社区、对更广大的社群有益的活动。它所提供的志愿服务是纯粹的公共产品，从公共产品的性质看，具有非排他性，志愿组织以他人及社会公众的整体利益为目标，为他人和社会提供服务、谋求利益，创造社会效应。

4. 实践性

志愿者行动是一种生机勃勃的社会实践活动，它既是实实在在的社会服务活动，又包含着深刻的思想政治教育内容，是两者有机的结合，具有帮助他人、完善自己、服务社会、弘扬新风的功能。

三、志愿者服务的基本原则

1. 自愿参加

自愿参加主要是强调参加志愿服务的自觉性。自愿参加是志愿者行动的主要特征之一，也是开展志愿服务活动的前提。只有"自愿"才能称其为"志愿者"。对于参加者而言，志愿者行动的魅力就在于它变"要我参加"为"我要参加"，充分尊重青年的主体地位，注重调动青年自身的积极性、主动性。

2. 量力而行

量力而行就是要根据自己人力、物力、财力条件允许的程度来开展工作。在现实生活中，服务需求是多方面和多层次的，志愿服务一定要从个人实际出发，从各个行业的实际出发，从社会需求的实际出发，把主观愿望和客观实际结合起来，把社会需求和服务能力结合起来，实事求是、量力而行。要分清什么是现在能做到的，什么是下一步才能做到的，什么是将来才能做到的，还有什么是我们做不到的。要循序渐进、逐步发展，切不可操之过急，否则欲速则不达。

3.讲求实效

讲求实效首先是要办实事。志愿者行动的出发点和立足点，就是要为社会分忧，为人们办实事。其次是要抓落实。志愿服务只有落实到具体人、具体事，真正成为志愿者的经常行为，才有生命力和发展前途。再次是求实效。求实效的集中表现就是在实践中使社会体验和享受到志愿服务的成效。

四、志愿服务的基本精神

志愿服务的精神概括起来是：奉献、友爱、互助、进步。

1.奉献

"奉献"原指恭敬地交付、呈献，即不求回报地付出。奉献精神是高尚的，是志愿服务精神的精髓。志愿者在不计报酬、不求名利、不要特权的情况下参与推动人类发展、促进社会进步的活动，这些都体现着高尚的奉献精神。

2.友爱

志愿服务精神提倡志愿者欣赏他人、与人为善、有爱无碍、平等尊重，这便是友爱精神。志愿者之爱跨越了国界、职业和贫富差距，是没有文化差异、没有民族之分、没有收入高低的平等之爱，它让社会充满阳光般的温暖。如医生，他们不分种族、政治及宗教信仰，为受天灾、人祸及战乱影响的受害者提供人道援助，他们奉献的是超国界之爱。

3.互助

志愿服务包含着深刻的互助精神，它提倡"互相帮助、助人自助"。志愿者凭借自己的双手、头脑、知识、爱心开展各种志愿服务活动，帮助那些处于困难和危机中的人们，志愿以互助精神唤醒了许多人内心的仁爱和慈善，使他们付出所余，持之以恒地真心奉献。"助人自助"帮助人们走出困境，自强自立，重返生活舞台。受助者获得生活的能力后，也会爱人、关心他人、帮助他人、为社会做贡献，这些志愿活动都涵盖着深刻的互助精神。

4.进步

进步精神是志愿服务精神的重要组成部分，志愿者通过参与志愿服务，使自己的能力得到提高，同时促进了社会的进步。在志愿活动中无处不体现着进步精神，正是这一精神使人们甘心付出，追求社会和谐之境的实现。

五、志愿服务的类型

志愿服务主要领域包括扶贫济困、助老助残、社区服务、生态建设、大型活动、抢险救灾、社会管理、文化建设、西部开发、海外服务等，具体可以分为以下三大类：

（1）以国家政策为导向的志愿服务，如大学生志愿服务西部计划、大学生志愿服务苏北计划等。这类志愿服务以项目为周期，时间较长，往往需要参与者具备一定的资格条件。

（2）由政府职能机构、事业单位（如学校）等组织的官方志愿服务，如奥运会、世博会、亚运会等。这类志愿服务主要以活动、会议为载体，涉及面广，持续时间短，参与者多为临时招募。

（3）由民间自发组织开展的志愿服务，如自然之友、地球村、绿家园志愿者等。这类志愿服务面向不同的群体，专业性较强，参与有一定门槛，持续时间也较长。

第二节　参与志愿服务

一、志愿者的基本条件

1. 基本条件

2013 年 11 月，共青团中央、中国青年志愿者协会颁布新修订的《中国注册志愿者管理办法》。其中，第七条对注册志愿者的基本条件作了如下规定：

（1）年满十八周岁或十六至十八周岁以自己劳动收入为主要生活来源者；十四至十八周岁者，须经其法定代理人同意；未满十八周岁的在校学生申请注册的，按所在学校有关规定办理。

（2）具备参加志愿服务相应的基本能力和身体素质。

（3）遵守国家法律法规和注册机构的相关规定。

2. 网上注册

2017 年，全国志愿服务信息系统（以下简称"信息系统"）已通过民政部验收，正式上线，为实现志愿服务数据信息的互联互通、共享使用提供了便捷。

通过信息系统，社会公众可以便捷地注册为志愿者参与志愿服务；志愿者可以参与自己感兴趣的志愿团体和项目，记录、转移、接续自己的志愿服务时间；志愿服务组织可以按照规范的流程发布项目、招募管理志愿者、开展服务，实现供需有效对接；党政管理部门可以全面了解志愿服务情况、开展数据决策分析。

二、志愿者的权利与义务

1. 志愿者的权利

《中国注册志愿者管理办法》第十条，对志愿者的权利作了如下规定：

（1）参加志愿服务活动。

（2）接受相关的志愿服务培训，获得志愿服务活动真实、必要的信息。

（3）获得从事志愿服务的必需条件和必要保障。

（4）优先获得志愿者组织和其他志愿者提供的服务。

（5）对志愿服务工作提出意见和建议。

（6）相关法律、法规、政策所赋予的权利。

（7）可申请取消注册志愿者身份。

2. 志愿者的义务

《中国注册志愿者管理办法》第十一条，对志愿者的义务作了如下规定：

（1）遵守国家法律法规及团组织、志愿者组织的相关规定。

（2）每名注册志愿者根据个人意愿至少选择参加一个志愿服务项目或活动，每年参加志愿服务时间累计不少于 20 小时。

（3）履行志愿服务承诺，完成志愿服务任务，传播志愿服务理念。

（4）自觉维护团组织、志愿者组织和志愿者的形象。

（5）在志愿者职责范围内，自觉维护服务对象的合法权益。

（6）自觉抵制任何以志愿者身份从事的赢利活动或其他违背社会公德的活动（行为）。

（7）依法应当承担的其他义务。

3. 志愿者誓词

我愿意成为一名光荣的志愿者。我承诺：尽己所能，不计报酬，帮助他人，服务社会，践行志愿精神，传播先进文化，为社会进步贡献力量！

4. 志愿者标识与志愿者日

注册志愿者标识（通称"心手标"，见图）的整体构图为心的造型（红色），又是英文"volunteer"的第一个字母"V"，图案中央是手的造型（白色），也是鸽子的造型。标识寓意为中国志愿者向社会上所有需要帮助的人们奉献一片爱心，伸出友爱之手，表达"爱心献社会，真情暖人心"和"团结互助、共创和谐"的主题。

志愿者标识

每年 3 月 5 日是中国青年志愿者服务日，12 月 5 日是国际志愿者日。

5. 激励和表彰

星级认证制度由省级团委、志愿者协会组织实施。注册机构负责具体认证工作，根据志愿者注册后参加志愿服务的时间累计，认定其为一至五星志愿者。星级志愿者认定后，可由相关注册机构在其注册证上进行标注，并佩戴相应标志。

（1）志愿者注册后，参加志愿服务时间累计达到100小时的，认定为"一星志愿者"。

（2）志愿者注册后，参加志愿服务时间累计达到300小时的，认定为"二星志愿者"。

（3）志愿者注册后，参加志愿服务时间累计达到600小时的，认定为"三星志愿者"。

（4）志愿者注册后，参加志愿服务时间累计达到 1 000 小时的，认定为"四星志愿者"。

（5）志愿者注册后，参加志愿服务时间累计达到 1 500 小时的，认定为"五星志愿者"。同时，共青团中央、中国青年志愿者协会定期组织开展中国青年志愿者优秀个人奖、组织奖、项目奖评选表彰活动。

6. 参与志愿服务须知

暑假期间，不少大学生会选择参与社会实践，参与志愿服务。首先，学生应首选社会和学校认可的志愿服务平台，避免上当受骗。其次，不同的志愿服务项目对志愿者的要求不同。在选择具体志愿服务项目时，学生应适当结合自己的特长或专业，或选择那些重视志愿者培训工作的志愿组织，做好充足的心理准备和技能准备。

例如，深入农村的志愿者必须参加组织培训与学习，了解农村的相关法律、法规、习俗和农业知识；到边远地区支教的志愿者必须学习教学方法、沟通技巧，掌握除专业之外的广泛的知识和技能；走入社区提供社区服务的志愿者，不能将自己的服务定格在具体的形式和具体的内容上，必须创造出丰富多彩的服务以满足社区不同人员的需求；向社会弱势群体伸出援手的志愿者，必须了解并熟悉当地的孤儿院、敬老院的情况，到伤残人士、生活有困难的人家中去，必须想其所想，运用自己所掌握的技能提供最贴心的服务。

最后，在参与志愿服务的过程中，应秉承志愿者精神，全身心投入志愿服务活动，坚守岗位，认真负责，积极主动，热心、细心、耐心地为服务对象提供服务，为社会贡献自己的力量。

第三节　志愿服务前期准备

一、认知自我

1. 对自我性格的认知

志愿者的性格对于志愿服务活动来说是相当重要的。志愿者自身对于自己的性格，应在参加志愿服务之前有一个具体、准确的认知，再根据自身实际情况参加适合自己的服务项目，或者在通过志愿者团队组织的一些辅导后，改善自己某些能力结构的不足，使自己更能胜任志愿服务。

由于性格关系到志愿者与其他志愿者、服务对象、志愿者机构管理人员之间的相互作用，也可关系到团队或组织的运作，有的人的性格比较适合做志愿工作，那就可以更好地提供志愿服务，与服务对象、其他志愿者的关系也会处理得很好；相反，就会比较难胜任志愿服务工作，与服务对象、其他志愿者之间的关系也会较差，不利于自身在志愿者机构中的存在。所以对于想参加志愿服务的人来说，必须充分正确认知自己的性格。

2. 对自我能力的认知

做志愿者不仅要有爱心，还需要具备相应的能力。能力是指圆满完成某种活动所必须具备并直接影响服务效率的个性心理特征，能力必定是和人所完成的活动紧密联系的。这里所指的能力就是指可以用于志愿服务的能力，其中包括观察力、知觉力、思维力、想象力、记忆力、意志力等等。在志愿服务中，几种能力的有机结合和协调运作，才能够形成不同的才能。想参加志愿服务的学生应该对自己的能力作一个正确的、全面的总结，同时注意一般能力与特殊能力、优势能力与非优势能力的区别以及联系。

3. 对专业知识的认知

专业知识是志愿者所拥有的特殊的、与众不同的知识，往往与志愿者的基本能力一起构成志愿服务的主要力量源泉，可以在志愿服务当中发挥巨大的作用，同时也有助于志愿者团队的服务开展和综合素质的提高，专业知识可为服务对象带来实实在在的帮助，同时也是志愿者在团队活动中体现自己价值的重要标志，所以志愿者本身应加以重视。

4. 对自身健康的认知

志愿者在服务时必须有一个健康的状态，这样才可以在志愿服务中顺利地完成任务。健康包括躯体、器官等生理方面的正常发育，也包括认识、情感、意志与人格特征以及社会适应等心理方面的正常发展。躯体健康和心理健康统一起来，才是完整的健康。对志愿者生理健康的要求主要是身体的健康状况能够承担起不同种类的志愿活动，如户外的活动，需要志愿者有充足的体力，不会发生中暑或不适昏倒而退出服务活动等情况。而心理方面则要求应有独立完整的人格，尊重自己、尊重别人，能够建立良好的人际关系等。想参加志愿服务的学生，应该要以此来比对自己的情况，考虑能否参加志愿服务活动。

5. 对自身行为的认知

志愿者服务活动主要是靠志愿者与服务对象之间的面对面、手拉手的服务与被服务来完成的，因此，志愿者与服务对象之间存在着明显的相互影响的关系。如果志愿者本身存在着能对服务对象起负面影响的不良行为，则会直接影响服务的质量，并对服务对象产生较坏的作用。

志愿者的行为对于志愿服务是十分重要的。志愿者在参加服务活动前，应该对自身的不良行为有正确的认知，如果自身的行为比较良好，就能够适合志愿服务的需要。如果志愿者自身存在着不良行为，的确不适合开展某一类志愿服务时，可以申请更换服务对象，也可以通过自身的努力而改变甚至消除自身的不良行为，使自己能够胜任志愿服务。

6. 对空闲时间的认知

志愿服务是一项长期的、经常性的服务活动，志愿者的空闲时间对于志愿服务来说是十分重要的。想参加志愿服务的学生，应慎重考虑自身的空闲时间，在处理完工作时间、个人学习进修时间、社交时间之后，确实有空余的时间用来做志愿者时，才适宜去志愿者机构报名，但应该提出的是，这种空暇时间应该相对固定，如每周六、周日，也可以是周一至周五的某个下午或晚上的时间，让服务时间能固定下来，方便志愿者机构安排志愿服务，有利于机构服务的稳定长期开展。

二、志愿服务礼仪

1. 着装礼仪

大型赛会及活动，主办方通常会提供统一的服装，志愿者应穿着统一的服装。注意外观整洁，没有异味，并且不宜佩戴过多的装饰物品，更不能佩戴花哨和张扬个性的工艺饰品以及名贵的珠宝饰品，以免影响志愿服务。如果没有统一的服装，志愿者应选择干净整洁、颜色明亮的衣服。

2. 仪容礼仪

对于男士来说，应注意下列仪容：

（1）每天洗澡及更换衣服，勿在服务中出现异味。

（2）若无特殊的宗教信仰或民族习惯，要养成每日修面剃须的好习惯，切忌胡子拉碴。

（3）男士的发型要长短适当。要求做到，前发不覆额，侧发不掩耳，后发不触领，不允许在工作之时长发披肩。尽量不使用气味过大的定型水。

对于女士来说，应做好下列仪容：

（1）保持自己身体的干净、清爽，避免在服务中出现身体异味；面部的修饰要自然，工作中要求化淡妆，切忌浓妆艳抹，注意口腔的洁净。

（2）注意保持手的干净清洁，不留长指甲。工作中，不穿露趾的凉鞋或拖鞋，以免显得过于散漫。

（3）头发整洁，发式要清爽，如过长应把头发盘起来，束起来，或者编起来，或者放在工作帽之内，不可以披头散发，也不要过度染发。

3. 站姿礼仪

（1）男性志愿者基本站姿：身体直立，抬头、挺胸、收腹，下颌微收，双目平视，两腿分开，两脚平行，宽不过肩，双手自然下垂贴近腿部或交叉于身后。

（2）女性志愿者基本站姿：身体立直，抬头、挺胸、收腹，下颌微收，双目平视，两脚平行，膝和脚后跟尽量靠拢，两脚尖张开距离为两拳，双手自然放下或交叉。

4. 接待礼仪

（1）问候礼仪：志愿者在迎接客人时，可根据客人的习惯致以问候。常见的问候方式主要有握手礼和鞠躬礼。

（2）称呼礼仪：志愿者在服务中要使用恰当的称呼礼仪。在不知道对方姓名及其他情况（如职务、职称、行业）时可采用泛尊称，如小姐、夫人、先生、同志等。

（3）引领礼仪：志愿者应走在客人的前方，步速适中，并不时回头观察客人是否跟上。在拐弯或有楼梯台阶的地方，应用右手手掌指向正确方向，手指并拢，手心朝上，提醒客人"这边请"。如碰上有门的地方，要遵循"外开门客先入，内开门己先入"的原则。

（4）递接礼仪：志愿者递送物品时要双手五指并拢，两臂挟紧，递送时上身略向前倾，自然地将两手伸出。接物时，应点头示意或道声谢谢，假如自己坐着的话，还应在递物时起身站立。

5. 沟通礼仪

（1）语言清晰，表达准确。与服务对象交流时，保持比较平稳的声调，交流应用标准的普通话，不能用方言、土话，这是尊重对方的表现。

（2）积极倾听，主动观察。志愿者在和服务对象交流时，要耐心倾听，不打断对方说话，等到对方停止发言时再发表意见；切忌左顾右盼、心不在焉。如果服务对象特别忧愁、烦恼时，要表现出体谅。

（3）及时恰当的反馈。志愿者在与服务对象谈话时可多用开放式提问获取更多的信息和细节，但不能问服务对象关于隐私的问题。要善于总结对方的内容，表示已明白对方的感受和说话含意。要懂得换位思考，设身处地为服务对象着想。

6. 风俗礼仪

志愿者必须充分了解活动现场参与者的风俗习惯，懂得他们的风俗禁忌，

才能更好地为服务对象提供高水平的服务。

三、突发事件应对

1.公共场所险情应对要点

（1）发生拥挤或遇到紧急情况时，应保持镇静，在相对安全的地点短暂停留。

（2）注意观察周围地形，寻找安全通道或应急出口的标志，确定自己的方位，随时做好疏散准备。

（3）注意收听广播，服从现场工作人员引导，尽快从就近的安全出口有序撤离，切勿逆着人流行进或抄近路。

（4）撤离时，要注意照顾好老人、妇女、儿童，为他们疏通道路。要提前观察好安全通道应急出口的位置。

（5）参加户外大型活动时，要提前观察该活动区域的地形。

（6）切勿堵塞安全门、安全通道上堆积杂物，确保消防设施完备，符合应急要求。

2.110公共事件应对要点

（1）发现斗殴、盗窃、抢劫等刑事、治安案（事）件，应立即报警。若情况危急，无法及时报警时，则应在制服犯罪嫌疑人或脱离险情后，迅速报警。

（2）发现老人、儿童或智障人员、精神疾病患者走失，公众遇到危难孤立无援，水、电、气、热等公共设施出现险情时，均可拨打110报警。

（3）报警时应讲清案发的时间、方位，自己的姓名及联系方式等。如对案发地不熟悉，可提供现场附近具有明显标志的建筑物、大型场所、公交车站、单位名称等。

（4）报警后，要保护现场，以便民警到场后提取物证、痕迹。

3.119火灾应急要点

（1）拨打119时，必须准确报出失火方位。如果不知道失火地点的名称，也应尽可能说清楚周围明显的标志，如建筑物等。

（2）尽量讲清楚起火部位、着火物资、火势大小、是否有人被困等情况。

（3）应在消防车到达现场前设法扑灭初期火灾，以免火势扩大蔓延。扑救时，应注意自身安全。

（4）119还参加其他灾害或事故的抢险救援工作，包括：各种危险化学品泄漏事故的救援，水灾、风灾、地震等重大自然灾害的抢险救灾，空难及重大事故的抢险救援，建筑物倒塌事故的抢险救援，恐怖袭击等突发事件的应急救援，单位和群众遇险求助时的救援救助等。

4.122 交通事故应急要点

（1）发生交通事故或交通纠纷，可以拨打 122 或 110 报警电话。

（2）拨打 122 或 110 时，必须准确报出事故发生的地点及人员、车辆伤损情况。

（3）可自行解决的事故，应把车辆移至不妨碍交通的地点，协商处理；其他事故，需变动现场的，必须标明事故现场位置，把车辆移至不妨碍交通的地点，等候交通警察处理。

（4）遇到交通事故逃逸车辆，应记下肇事车辆的车牌号；如没看清肇事车辆车牌号，应记下肇事车辆的车型、颜色等主要特征。

（5）交通事故造成人员伤亡时，应立即拨打 120 电话，同时不要破坏现场和随意移动伤员。

5.120 医疗急救应急要点

（1）拨通电话之后，应说清病人的所在位置、年龄、性别和患病或受伤的时间。如果不知道确切的地址，应说明大致的方位，比如在哪条大街、哪个方向、哪幢建筑物附近等。

（2）尽可能说明病人典型的发病表现，如胸痛、意识不清、呕血、呕吐不止、呼吸困难等。如果是意外伤害，要说明伤害的性质，如触电、爆炸、塌方、溺水、火灾、中毒、交通事故等，并报告受害人受伤的身体部位及情况。

（3）尽可能说明特殊需要，并了解清楚救护车到达的大致时间，准备接车。

6. 食物中毒

（1）食物中毒通常指吃了含有有毒物质或变质的肉类、水产品、蔬菜、植物或化学品后，感觉肠胃不舒服，出现恶心、呕吐、腹痛、腹泻等症状，共同进餐的人常常出现相同的症状。可分为细菌性食物中毒、真菌性食物中毒、化学性食物中毒。

（2）出现食物中毒症状或者误食化学品时，应及时用筷子或手指伸向喉咙深处刺激咽后壁、舌根进行催吐。在中毒者意识不清时，需由他人帮助催吐，并及时就医。

（3）了解与病人一同进餐的人有无异常，并告知医生。

第四节 有效开展志愿服务活动

一、完善志愿服务机制

成立志愿服务活动领导小组，负责志愿服务活动的领导、指导和督促检查。各部门单位结合自身业务特点成立综合志愿服务队，充分发挥部门优势，开展爱民惠民活动、结对帮扶活动、专业服务活动。拓展志愿队伍覆盖面，完成各类志愿者招募工作。

二、制定服务项目

1. 开展关爱他人的志愿服务

扎实推进"学习雷锋、奉献爱心"志愿帮扶活动，重点开展关爱空巢老人、农民工、留守儿童和残疾人等重点群体志愿服务活动。

开展"学习雷锋、奉献爱心"志愿帮扶活动

2. 开展关爱社会的志愿服务

开展关爱社会志愿服务重点在宣传普及文明礼仪知识、维护社会秩序、引领文明交通及文化建设志愿服务，引导人们知礼仪、重礼节、讲道德，推动文明的社会风尚、良好的社会秩序，以及优质的社会服务的发展和形成。

志愿者到养老院、孤儿院开展志愿服务

3. 开展关爱自然的志愿服务

围绕创"优美环境"，大力开展普及低碳生活理念，开展生态环境保护、植树种绿、清洁环境卫生志愿服务，营造天蓝、水清、地绿的生态环境，培育崇尚自然、善待环境的理念。

志愿者开展卫生服务活动

三、精心设计活动载体

不断丰富志愿服务活动内容，并利用报刊、广播、电视、网络等宣传媒体，加大对志愿者活动的宣传报道力度，努力营造志愿者参与到志愿服务活动中来的良好氛围，进一步推动志愿服务活动深入持续开展。

第五节　河北科技师范学院的志愿实践活动

一、活动主题

青年志愿者服务活动。

二、活动目的

为大力弘扬志愿者精神，深入开展青年志愿者活动。进一步增强高等院校广大青年的志愿意识、责任意识和奉献意识，并展现高等院校构建和谐校园的精神风貌。在服务社会、传播文明的理念下，弘扬传统美德，倡导"奉献、友爱、互助、进步"的时代精神，营造团结、关爱、平等、和谐的校园氛围。

三、指导思想

开展青年志愿者服务活动，发挥共青团员的先进性，树立志愿者服务理念，弘扬志愿者精神，创造良好的校园环境和培育丰富的校园文化内涵，突显学校特色，青年志愿者服务队要始终坚持"统一领导、条块结合、全面发动、广泛参与、着眼长远，循序渐进"的工作原则，加强学校志愿者队伍的建立与管理，提高志愿者相关素质和技能，发挥志愿者的积极作用。扩大青年志愿者服务的影响力，展现高校青年志愿者的良好精神风貌。

四、服务管理办法

1. 服务参与人员
全校学生。
2. 行为规范
（1）言行文明，态度热情，在服务时要以友善、热情、细致的态度提供志愿服务，创造一流的服务品质，展现志愿者的良好形象。
（2）遵守纪律，忠于职守。志愿者需服从学校青年志愿者协会的安排，志愿者无论是临时服务还是定期服务，都要信守承诺、服务守时，如因事拖延或不能参加活动，必须提前通知活动主要负责人或服务对象。要与其他志愿者充分合作、互相鼓励、共同进步。

（3）平等相待。在平时的工作中，拒绝诱惑，婉言谢绝各种馈赠，尊重服务对象的个人习惯和民族风俗以及个人信仰，不以任何理由收受钱物。

（4）按时到岗，自觉履行职责，主动、积极、热情地服务他人。要求志愿者具有较高的志愿服务觉悟和服务意识。

（5）杜绝在服务过程中聊天、吸烟、看杂志、偷懒、打闹，广大志愿者应该以饱满的热情，履行神圣的职责，为人民做实事、做好事。

3. 对参与服务的学生的要求

（1）参与志愿服务活动的学生必须重视志愿活动，积极支持志愿服务。

（2）在志愿服务期间，志愿者必须佩戴中国青年志愿者协会徽标，统一着装，仪表端正，举止稳重，文明礼貌。

（3）参与志愿者服务时，要确保安全并圆满完成任务。

（4）志愿者在服务时，必须能够很好地控制自己的情绪，面对各个方面的压力和意见时，要学会合理减压，排除不良情绪。

五、服务内容

1. 社区服务

以区委、区政府为中心开展志愿者服务工作，立足于本区人民开展活动，为广大群众的精神文明建设和生活劳动建设服务。在社区主要开展以下几个服务项目：（1）开展为社区打扫部分街道卫生的志愿活动；（2）开展敬老助残的志愿活动；（3）开展援助弱势群体的志愿活动；（4）其他综合活动等。

2. 绿色服务

当前，社会最为关注的问题无疑是环境问题，随着社会的发展和人类的进步，在满足了经济需求后，人类开始寻找自身和周围环境的良性发展。因此开展环保活动刻不容缓。校青年志愿者协会在校团委的领导下，主要开展以下几个方面的活动：（1）开展清理白色垃圾的志愿者活动；（2）开展对环保方面的宣传活动等。

3. 健康服务

宣传健康知识，提高全民对健康的重视程度。由校青年志愿者协会协助区政府及各机关部门开展各项活动，主要有以下几个方面：（1）参与献血、捐献骨髓等服务活动；（2）开展关于健康方面的公益演出；（3）编制健康知识小手册，并为社区群众发放。

4. 文艺宣传

开展文艺活动，主要有节目主持、声乐、器乐、戏剧、相声、小品及本地的风土人情、风俗习惯、传统文化等的发扬与宣传。

5. 公益服务

公益服务主要针对各类社会福利机构，如福利院、红十字会等。

六、实施步骤

（1）活动策划。由校青年志愿者协会策划部策划活动方案，并上交完整的策划方案与活动申请。

（2）招募志愿者。首先由校青年志愿者协会贴出招募志愿者海报，确定志愿者名单。

（3）下发通知。由团委通知各班级参与志愿者活动的人员名单，并对活动的内容、时间、地点等下发书面通知。

（4）实施服务。由校青年志愿者协会对志愿者进行统一培训后，带领志愿者进行志愿服务。

（5）活动总结。校级志愿服务结束后，由校青年志愿者协会秘书处上交工作简报。

（6）活动考查。校级志愿服务由校青年志愿者协会纪检部统一监督考查。

七、考核标准

凡参加志愿服务的人员均有机会参加评比，校青年志愿者协会将根据活动记录和考核进行奖励。奖励分为"志愿者积极分子""优秀志愿者"和"志愿者标兵"，并颁发证书。所有奖励旨在促进青年志愿者的服务意识和奉献精神，为的是更好地发扬志愿精神。志愿者应该本着奉献的精神来为群众和同学服务，应该发扬"舍小我，保大我"的精神。

八、服务性劳动实践活动的社会效应

以校院两级学团组织为主体,利用周末或寒暑假,开展形式多样的服务性社会劳动实践。鼓励学生走向社会,利用专业知识、专业技能为他人和社会提供服务,树立服务意识,提高服务技能,增强社会责任感。《秦皇岛日报》多次报道我校社会实践活动。

【典型案例】

科师"海之蓝"社会实践团走进乡村幼儿园

近日,河北科技师范学院教育学院"海之蓝"社会实践小分队在绵绵细雨中前往支教地点——海港镇小高庄村金太阳艺术幼儿园,开启社会实践征程。

"海之蓝"社会实践团,结合秦皇岛地域特点,本着以普及海洋知识、宣传海洋保护为主题,五大领域为基础教学内容,寓教于乐为教育理念,为幼儿园的小朋友们带来一堂堂生动有趣的课程。

在折纸课上,实践团成员以海洋中的小鱼为教学元素,旨在从小培养孩子们要保护海洋生物的意识。一张张五彩的卡纸,一双双求知的眼睛,多样的彩纸在孩子小小的手中翻转成一条条美丽的小鱼。教学过程中孩子们强烈的求知欲,也激发了小分队成员无限的动力。孩子们的奇思妙想结合基础的海洋元素绘制成了这一幅对海洋世界的畅想,他们身为海滨城市的孩子,对大海有着特殊的情感。实践小分队通过让孩子们对海洋进行描绘,让孩子们知道从小就要保护海洋,鼓励孩子们做一个小小的守护者,去守护他们心中那个蔚蓝色的海底世界。课堂上,实践小分队还通过让孩子们表演《保护海洋世界》的绘本剧,增强孩子们的海洋保护意识,而且新颖的表演形式,很容易吸引小朋友们的注意,将孩子们带到故事情境中,激发孩子们内心深处保护海洋的情感。

(资料来源:孙雪梅,《秦皇岛日报》,2018 年 7 月 27 日)

大学生传播科技助力精准扶贫

日前,河北科技师范学院物理系"科技筑梦"暑假社会实践团,来到青龙陈台子村普及惠农政策,传播科技知识,为村民注入"科技梦",助力村民脱贫致富。

陈台子村是革命老区，沟壑纵横，山高林密，被列为我省的精准扶贫村。大学生们利用暑假来到该村，开展形式多样的宣讲活动，解读"乡村振兴战略"，"送惠民政策入农家"，挨家挨户走访，"精准"普及"生态宜居""乡风文明""教育扶贫""科技扶贫"等相关政策。

要脱贫致富，还要改变农民的精神风貌。大学生们开展环保知识宣传、生态环境调研、签订乡村文明公约、教授广场舞，助力打造美丽宜居乡村。许多村民和着动感的音乐跟着实践队员跳起广场舞，脸上洋溢着幸福的笑容，"你们来教广场舞太好了，咱们村民晚上就需要这样的活动。"村主任陈友丰希望以后能开展更多更好的活动，丰富村民业余生活。

实践队员充分发挥专业特长，以"科技扶智"为导向，开展系列宣讲活动，为山村儿童开启科技之旅："一张纸能否穿过人的身体？""如何使泉水变成水雾的喷泉？""不停喝水的啄木鸟"，一次次物理科学小实验唤起孩子们对科技的渴望；《机器人总动员》《头号玩家》，一场场科技电影为孩子们插上科技的翅膀；"量子卫星""复兴号高铁"，一只只用心画就的风筝放飞山村儿童科技梦想，唤醒了山里孩子们对知识的渴望。

看到大学生们的科技梦给村里带来了激情与活力，陈台子村主动与物理系建立了"社会实践基地"，一批批大学生将陆续到这里传播科技知识，助力老区人民实现脱贫致富的梦想。

（资料来源：唐代清、乔潇，《秦皇岛日报》，2018 年 8 月 7 日）

河北科技师院师生暑假进社区普法

居民与物业之间的问题如何解决？青少年被剥夺受教育权怎么办？近日，河北科技师范学院暑期普法社会实践团，与海港区西港路司法所携手开展了"普法进社区活动"。

该普法社会实践团是河北科技师范学院文法学院法学专业师生组织的特色普法团队，设立 6 年来，针对各个年龄阶段、各个工作层次的群众开展了一系列特色普法活动。此次，实践团成员深入西港路街道多个社区，开展系列普法特色活动。在水一方社区举办"家庭学法大比拼"活动，围绕日常生活中可能遇到的问题，以寓教于乐的方式增强青少年及家长的法治意识；深入先盛里社区等社区开展了"小虎子"法律教育课堂，针对青少年进行有关《中华人民共和国未成年人保护法》等法律知识宣讲。

（资料来源：孙雪梅，《秦皇岛日报》，2018 年 8 月 16 日）

数学知识进社区

日前，河北科技师范学院数学与信息科技学院"烛光连心"实践团深入到海港区文体里社区开展以"传播数学文化，弘扬数学精神"为主题的社会实践教育活动。活动期间，实践团的队员给社区的孩子们讲述数学家的趣闻趣事，用分蛋糕的方式让小同学们理解了生活中的分数，通过寓教于乐的方式让孩子们在愉快的氛围中，进行思考、学习，引导孩子们对数学产生浓厚的学习兴趣。

（资料来源：孙雪梅，《秦皇岛日报》，2018 年 8 月 31 日）

科师学子开展垃圾分类主题社会实践

"小朋友，你知道为什么要垃圾分类吗？""塑料袋属于哪类垃圾？"7 月 17 日，在金梦海湾浴场的海滩上，河北科技师范学院工商管理学院的同学们耐心指导海边游玩的市民和游客如何进行垃圾分类。

为响应国家号召的垃圾分类工作，加强市民环保意识，助力我市创建国家卫生城市，7 月 12 日起，河北科技师范学院工商管理学院"冬梦飞扬"志愿服务实践团利用暑假期间，先后走进白塔岭、美岭、文昌里等多个社区和金梦海湾浴场，开展"风景如画，爱城如家"垃圾分类主题实践活动。

在海滩上，记者看到，除了宣传垃圾分类知识的宣传单和宣传画报外，还有用纸箱制作的干垃圾、湿垃圾、可回收垃圾、有害垃圾四个"垃圾箱"，供海边游玩的市民和游客投放垃圾。

据科师大二的学生孟德虎介绍，这些都是他们在学校自己手工制作的，活动开展以来，受到市民的纷纷点赞和广泛参与，"通过活动，让我深刻地意识到垃圾就是被放错地方的宝贝，我们会把垃圾分类宣传活动一直做下去，同时也希望大家积极参与，垃圾分类需要全社会共同的力量"。市民陈先生也表示，推行垃圾分类迫在眉睫，自己愿意做好垃圾分类工作，助力时代文明，共享文明生活。

（资料来源：储学敏，《秦皇岛日报》，2019 年 7 月 23 日）

普及电商知识 助力乡村产业发展

"只靠一部手机，就能将我们家的苹果卖出去？""我家的小米特别好吃，怎样才能让人知道啊？"近日，青龙大巫岚镇张庄村新世纪希望小学的教室里聚集了一大批村民。河北科技师范学院财经学院"心系三农"暑假社会实践团的师生刚刚开始讲授电商知识，就引起村民们的极大兴趣。

张庄村有耕地面积1 166亩，果林面积1 200余亩，山场面积6 500余亩。在河北科师各类科研团队、专家教授的帮扶下，山地谷子、改良板栗、山地苹果等科技农业、新型农业焕发着勃勃生机，村民们的致富生活、幸福未来仿佛已近在眼前。

然而，坐落于重重山峦之间的张庄村交通闭塞，交错的山岭和沟壑将家家户户分布在广阔的山脉之中。距县城10公里、距大巫岚镇16公里，崎岖狭窄的盘山路不仅将憨厚朴实的村民们留在了大山的脚下，也阻隔了本地优质农产品批量外销的步伐。

如何扩大农产品销量？怎样帮助村民多渠道增收？河北科师驻村工作组想到了电商，他们想借助互联网的力量，帮助村民加快脱贫致富步伐。工作组的想法得到了学院师生的大力支持，并马上组成"心系三农"暑假社会实践团前来授课。

在为期5天的授课过程中，学院师生从电脑基础知识讲解出发，结合淘宝电商平台的具体案例和专业知识，为村民普及"农村电商"的优势所在。

河北科师财经学院副院长徐祗坤在开课仪式上说，青龙具有丰富的农产品资源，产品质量优良，但是苹果、板栗等特色农产品只能坐等客商上门收购，销售渠道并不十分通畅。本次培训意在帮助张庄村民搭建本土电商平台，让大家动一动手机就能卖出商品、发家致富。

"以前我对农村电商真不太懂，也想学但是不知道咋弄。平时拿着东西到外面去卖，也卖不了多少，耽误一天工夫，学会了在家就可以卖了。"村民周玉文大姐天天一大早就来到培训教室听课，几天下来她对电商的了解逐渐多了起来，感觉非常有收获。

河北科师的张丽英教授说，此次授课虽然已经结束，但帮助村民发展农村电商的努力不会停止。今后，如果有村民遇到农村电商方面的疑问，她们将全力解答。

（资料来源：王静、袁婷，《秦皇岛日报》，2019年7月26日）

科师调研队关爱留守儿童

"白萝卜蹲，白萝卜蹲，白萝卜蹲完红萝卜蹲……" 7月中旬的一天，抚宁区殷陈庄小学操场上热闹非凡，河北科技师范学院"向日葵"心理调研队的同学们带着村里儿童做着游戏。

集体游戏"大风吹"让大学生们和村里孩子们打成一片。在玩"萝卜蹲"的时候，孩子们褪去羞怯，渐渐表露出来了属于孩童最本真的对于游戏的期待，在大学生哥哥姐姐的带领指导下，他们组建了自己的队伍，并给自己的队伍起了队名，挑选了小队长，还想出了别具一格的小队造型。接下来在"你划我猜""蜈蚣翻身"等游戏环节中，他们为了自己的小队荣誉而战，在活动结束后，获胜的小队还得到了相应的爱心小礼品。

"向日葵"心理调研队的成员邓秀芳说："我们进行团辅游戏不仅是希望这些孩子们能够从中感受到快乐，还希望他们能够明白人际交往相关方面的小知识，通过寓教于乐的方式，让他们懂得团队合作的重要性，引导他们意识到每个人都是有贡献有价值的个体，使他们带着这份信念去面对生活。"

服装整齐的大学生带着小朋友在村里做游戏，吸引了许多村民驻足观看，村民刘大娘说："这村里孩子们放了暑假，父母有的外出打工，他们在家里也没什么人陪着，有这些大哥哥大姐姐们带着做做游戏，还能教给他们交朋友的知识，这多好啊。"

活动结束后，村里孩子们把大哥哥大姐姐送到村口，依依不舍。"哥哥姐姐，你们什么时候还来啊？"孩子们边问着，边记下大学生们的联系方式。

这个暑假，河北科技师范学院"向日葵"心理调研队的同学们肩负着学校使命，开展了为期七天的"三下乡"社会实践调研活动，他们对秦皇岛周边的殷陈庄村、约和庄村、西张庄村、蔡各庄村、慕义寨村、杜庄村、北庄河村等村庄进行了走访调研。

"为了响应中央宣传部、中央文明办、教育部、共青团中央、全国学联联合下发的《关于开展2019年全国大中专学生志愿者暑期文化科技卫生"三下乡"社会实践活动的通知》，我们学院组织了一系列社会实践调研活动。"河北科技师范学院教师王晶说，"我们调研队在各村村委会的配合支持下进行了走访，询问了留守儿童的生活状况，了解他们所需要的社会支持，带领他们进行团辅游戏拉近距离，给孩子们发放问卷，以便能更科学更深入地收获调研信息。"

调研队在走访过程中与村民进行了交流与探讨，了解到了农村儿童现在的学习状况、心理情感及人际关系处理等情况，调研队的成员们还对农村儿童进行了有关于人际交往小知识的宣讲，提高他们主动结交朋友的意识，并积极鼓励赞扬他们，让他们体会到社会支持的力量，使他们感受到陪伴与快乐。

几天的劳碌奔波并没有使调研队的大学生们停滞懈怠，相反，他们仍头顶烈日，步履不停，每一个孩子的笑容都是他们努力的动力，每一次村民们的感谢都是他们前进的方向。

"在调研中我们发现，一些留守儿童由（外）祖父母进行看护，重养轻教，致使孩子在学习时得不到有效的督促和引导；同时，监护人缺乏对孩子的综合素质培养。因此，留守儿童的学习两极分化现象较为严重，性格也较内向，逆反心理较重。""向日葵"心理调研队大学生韦钰杏说。"关爱留守儿童，需要在政府主导下，全社会共同参与，以实际有效的行动帮助国家的未来健康成长。""向日葵"心理调研队大学生冯新蕊说。

"'走出象牙之塔，到社会中去'是当代大学生所应该做到的。我们学院大学生们在这个暑期通过调研活动，深入农村留守儿童内心世界，关注农村留守儿童的真实生活，这不仅锻炼了大学生综合素质，提高了他们的社会实践能力，还唤起了用自身知识为社会作贡献的强大责任感，达到'三下乡'社会实践对于大学生'艰辛知人生，实践长才干'的目标和要求。"河北科技师范学院教师王晶说。

（资料来源：安森，《秦皇岛日报》，2019 年 7 月 30 日）

【课后思考题】

1. 你参加过志愿服务活动吗？是在什么情况下参加的？
2. 说一说成为一名志愿者需要提高哪些自我修养。
3. 如何理解志愿服务的内涵？

【拓展阅读】

1. 什么是不良行为？

不良行为是指不适合于志愿者服务活动的举止行为，包括言语和动作，这里包含一部分日常生活、工作、学习中的不良行为，如吸烟、酗酒等，而另一部分则是在服务过程中不利于服务对象的进步和改善，严重者会使服务对象学会这些不良行为，导致其产生不良后果。

2.一般能力与特殊能力、优势能力与非优势能力

一般能力也称基本能力，具有经常性、稳定性和普遍性，即普通能力。一般能力是特殊能力的基础，一般能力越发展，特殊能力越能得到提高，在发展特殊能力的同时也发展和提高了一般能力；两者之间起着相辅相成的作用。

特殊能力则反映顺利完成特殊活动所要求的心理特征（条件），也可称专业能力，或称为"特长"，特殊能力是特定活动所要求的多种基本能力的有机结合。而在志愿服务中，对于特殊能力的要求就较高，较广泛。

在志愿服务中，还需要志愿者的优势能力，优势能力是在个人的工作实践活动中起着主导作用的能力，可使个人有突出的表现和非凡的成就。

11
第十一章 服务地方建新功

【本章导读】

"三下乡"社会实践

"纸上得来终觉浅，绝知此事要躬行。"只有通过社会实践才能更充分地了解社会。社会实践活动是课堂教育的有益补充和必要延伸，对应用型人才培养起着十分重要的辅助作用。社会实践活动体现了作为一种教育活动所具备的社会价值，是提高课堂教学质量、实现培养目标的需要。作为新时代大学生，积极参加社会实践活动是非常必要也是非常有意义的。而"三下乡"暑期社会实践活动给大学生提供了广泛接触社会、了解社会的机会。

第一节 "三下乡"社会实践

一、"三下乡"社会实践概述

（一）"三下乡"社会实践的内涵

1. 什么是"三下乡"

"三下乡"是指文化下乡、科技下乡、卫生下乡，本质上是现代化生产方式、生活方式和相关知识的"下乡"，是各高校在暑期开展的一项意在提高大学生综合素质的社会实践活动。具体内容分为：

（1）文化下乡。指图书、报刊下乡，送戏下乡，电影、电视下乡，开展群众性文化活动。

（2）科技下乡。指科技人员下乡，开展科普活动，科技信息下乡。

（3）卫生下乡。指医务人员下乡，扶持乡村卫生组织，培训农村卫生人员，参与和推动当地合作医疗事业发展。

2. "三下乡"发展情况

1996 年 12 月，中宣部、国家科委、农业部、文化部等十部门联合下发《关于开展文化科技卫生"三下乡"活动的通知》。

自 1997 年开始，团中央在中宣部等部委"三下乡"活动框架下，联合相关部委组织全国大中专学生志愿者开展暑期文化科技卫生"三下乡"社会实践活动，至今已连续开展了 20 多年。多年来，参与"三下乡"社会实践活动的青年学生人数逐年增多，他们奔赴祖国的大江南北，广泛开展理论宣讲、教育帮扶、医疗服务、科技支农、文艺演出、法律援助、环境保护等实践活动，充分展现了当代青年学生良好的精神风貌和青春风采。2019 年，全国各大中专院校组织全国、省级、校级重点实践团队超过 10 万支，吸引青年学生超过 80 万人次。

（二）"三下乡"社会实践的意义

开展"三下乡"社会实践活动既能促进先进生产力的发展，又能帮助和引导大学生按先进生产力发展要求成长成才；既能传播先进文化，又能帮助和引导大学生接受先进文化的哺育；既满足了人民群众的根本利益，又服务了大学生的全面发展。

1. 能够受教育

"三下乡"社会实践首要目标是育人，贯彻党的教育方针，让广大青年学生在社会实践中接受理想信念教育、改革开放教育、国情社情教育，激励青年学生肩负起历史赋予的重任，引导青年学生走与实践相结合、与人民群众相结合的正确成长道路。各实践团队深入青年人员密集场所，广泛开展宣讲报告、学习座谈、调查研究等主题教育活动，普及中国特色社会主义理论知识，也可以引领教育更多青年。在社会实践活动中，很多学生依据实践情况形成调研报告，这些报告体现了青年学生在实地实践、认识国情中的思考成果、教育成果，是青年学生"受教育"的生动体现。社会实践中涌现了很多鲜活的案例。比如，走访革命老区，了解红色文化、领会革命精神内核，在接受红色教育后，自发地依托媒体手段，进行革命事迹宣传，让红色文化得到更广泛的传播。

2. 能够长才干

通过组织各实践团队深入农村工厂，开展田野调查、劳动教育、历史成就考察、科技支农帮扶等实践活动，在田间地头参与劳动、在乡村基层开展调研、与父老乡亲积极沟通，提升大学生的实践动手能力和社会适应能力，促进大学生在实践中练本领，在磨砺中长才干，不断提高综合素质。

3. 能够推动大学生作贡献

在"三下乡"社会实践过程中，大学生能够充分发挥专业优势，力所能及地作贡献，开展志愿支教、医疗义诊、环境保护、乡村规划、产业开发、扶贫扶志、关爱儿童等，服务基层群众，助力基层发展。比如，开展"健康扶贫青春行"专项活动，深入农村送知识、送技术；组织大学生在深度贫困地区开办农村留守儿童暑期班，开展学业辅导、亲情陪伴、自护教育、安全教育等。

二、"三下乡"社会实践安全须知

（一）实践活动中可能出现的问题

（1）活动过程中，个别同学因对当地气候和地区环境的不适应而导致晕厥，或者突发疾病，或者因被蛇、虫叮咬等原因导致的伤害。

（2）在活动期间不慎被盗被抢，以及可能遭受人身伤害。

（3）实践成员遭遇交通事故。

（4）活动时接近危险设施或到危险地段。

（5）实践成员与社会人员发生纠纷，身体受伤。

（6）因种种原因，无法与实践成员取得联系。

（7）参与大型社会活动时，人群发生拥挤、踩踏并可能由此产生伤害。

（8）活动中发生火灾等突发事件。

（二）应对措施

（1）外出活动时，实践成员应掌握基本的生理卫生常识和相应的急救知识，随身携带常用应急药物，在遭遇非人为性的突发事件时，保持冷静并进行适当的处理，如果情况严重及时送往医院诊治。另外在实践期间，注意搞好个人卫生。

（2）增强实践成员的安全自卫意识，保持一定的警惕心理，保管好个人贵重财物；尽量减少单独活动和夜间活动，尽量采取小组活动的形式，活动行程应及时向团队报告，不单独到陌生或者偏僻的地方；遭遇偷窃、抢劫以及其他意外伤害时，应保持冷静，灵活应对，以保证自身安全，并及时报案。

（3）加强实践成员的交通安全意识，交通事故发生后应尽快将伤者送往医院，并注意保护现场，及时向相关部门报告。

（4）活动期间尽量远离危险设施或避开危险地段，如果需要接触时，必须有专业人士陪同，并做好安全防范措施。

（5）在公共场合注意自身言行举止的得体，尽量避免与人争执，采取克制忍让的态度。如与社会人员发生争吵甚至斗殴，现场同学应及时制止，防止事态恶化；如不听劝阻，应迅速联系公安部门共同处理。

（6）与所在学院或校团委实践部保持信息沟通渠道的通畅。

（7）尽量避免到人群拥挤的地方，在公共场所或参加大型活动时保持秩序，注意自我保护，有成员在踩踏事故中受伤后应及时将其送往医院。

（8）掌握基本安全常识，不到有安全隐患的场所。如发生火灾等灾害，一切以保障人员安全为第一位，及时组织人员疏散逃生，同时通知相关部门。

（三）团队责任

各实践团队必须严格遵照以下说明：

（1）出发前，应再次与实践地联系，确保所有安排（如食宿交通）都已妥当。

（2）出发前，应办理好在实践地活动所需的必要证件和证明。

（3）出发之前充分考虑到可能出现的安全情况，组织学习基本安全问题的预防措施以及应对技巧，熟悉当地习俗和地理等情况，并根据自身的具体情况作出相应的应急准备。

（4）实践过程中，强调组织纪律性，成员要听从领队老师或者负责人的指挥，负责人应与每名队员随时保持联系。

（5）整个活动过程中，队员们应互相关心，互相帮助。遇到突发事件，应该沉着冷静，共同解决。

第二节 "三下乡"社会实践活动的类型

"三下乡"社会实践活动主要可以分为考察调研、公益服务和职业发展三个基本类型。

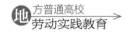

一、考察调研类

考察调研类社会实践活动是指通过科学的方法观察、调查有关社会现象的真实情况，并对相关材料进行收集、整理、分析、研究，从而阐释某种现象，得出某种结论或揭示某种规律的社会实践活动。

考察调研类社会实践活动根据调查性质、内容、要求的不同可以分为参观考察和调查研究两种形式。

在参观考察形式的社会实践活动中，学生需要深入社会，深入基层，深入群众，通过自身观察和体验，对社会的某些领域或某些现象进行较为全面、客观地了解和学习，从而深化对国情、社情和历史的认识，开阔视野，促进全面发展，形成正确的世界观、人生观和价值观。

在调查研究形式的社会实践活动中，学生需要针对相关课题运用社会调查的方法，通过发放问卷、访谈、记录等方式，有目的地对某类社会现象开展考察、分析和研究，全面了解现实情祝，解释某种现象，得出某种结论，揭示某种规律，提出某种对策，等等。调查研究形式的实践活动对参与者的学术能力有一定的要求，通常需要提交专项调研报告，这也是学生提高自身素养的有效途径。

二、公益服务类

公益服务类社会实践活动是指具有公益性质和志愿服务性质的社会实践活动，旨在引导学生扎根中国大地，弘扬志愿服务精神，发挥青春正能量，培养社会责任感和为人民服务意识。"三下乡"暑期社会实践活动中的公益服务类活动形式主要包括：支教，支农，支医，助残、敬老、关爱留守儿童，义务劳动，环境保护，义务宣传宣讲，走访慰问，大型赛事志愿者活动等。

支教形式的公益服务类社会实践活动，是指学生利用课余时间到教育资源相对匮乏的中小学有计划地开展教学等教育助学相关活动。

支农形式的公益服务类社会实践活动，是指农学专业学生利用课余时间到乡村田野中对农民群众开展专业指导和帮扶工作，如"农科学子助力脱贫攻坚"专项活动等。

支医形式的公益服务类社会实践活动，是指医学专业学生利用课余时间到资源相对匮乏的地区开展与专业相关的体检、义务诊疗工作。

助残、敬老、关爱留守儿童形式的公益服务类社会实践活动是指学生利用课余时间到敬老院、福利院、社区、偏远乡村等地，对需要帮助的老人、残疾人、留守儿童开展关怀慰问和服务工作等。

义务劳动形式的公益服务类社会实践活动，是指学生利用课余时间到社区、乡村等地，帮助开展一些力所能及的生产劳动或服务工作等。

环境保护形式的公益服务类社会实践活动，是指学生利用课余时间来到农村基层、城镇和社区，围绕环境污染、资源保护和节约、垃圾处理、气候异常等主题开展调研，并进行环境保护科普工作等。

义务宣传宣讲形式的公益服务类社会实践活动，是指学生利用课余时间深入广大群众，针对国家政策、法律法规等相关内容开展义务宣传、宣讲和普及工作。

走访慰问形式的公益服务类社会实践活动是指学生利用课余时间，到社区、乡村基层等地，开展走访、慰问、资助、文化艺术表演等活动。

大型赛事志愿者形式的公益服务类社会实践活动，是指学生利用课余时间，参与所在地区的大型赛事活动的志愿者工作。

三、职业发展类

职业发展类社会实践活动是指学生为提升自身职业素养，了解专业情况或需求，促进职业发展而开展的学习参观、实习锻炼、创业实践、创新发明等实践活动。学习参观是指学生在学校教学计划外自主安排的，深入企事业单位生产一线的学习参观活动。

实习锻炼是指学生为提升职业素养在企事业单位参加实习、顶岗等活动。与学校组织的专业实习或生产实习不同，它是基于学生就业兴趣的自主选择，是提升职业能力、获取就业信息的一个重要途径。

创业实践是指学生在校期间自主开展或参与的创业活动，侧重于对实际生产生活问题的解决和创新，如技术改良、工艺革新、产品发明、先进适用技术传播等，是引导学生关注社会需求、理论联系实际、提升专业水平、促进职业发展的良好途径。

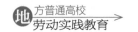

第三节 "返家乡"社会实践纪实

"行是知之始，知是行之成。"社会实践是广大青年学生上好理论与现实相结合的"大思政课"。河北科技师范学院的暑期实践团奔赴实践地开展了内容丰富、形式多样的社会实践活动。

一、讲好党史故事，赓续红色血脉

校团委"学党史·传薪火理论宣讲团"走进社区、学校、电视台、公园等地以"学党史、强信念、跟党走"为主题开展党史宣讲活动，以宣传习近平新时代中国特色社会主义思想的理论成果和实践经验为主要内容，开展独具特色的党史系列宣讲活动。

文法学院"青春里，心向党——'红薪之声'党史宣讲团"成员先后到青龙陈台子村、黑龙江省大庆油田历史陈列馆等地重温红色历史、走访退伍老兵，并结合家乡人文历史文化遗迹进行党史宣讲活动。

教育学院"闪闪红星队"成员到秦皇岛市森林体育公园与科普展园等地组织党史横幅签字活动，向市民宣讲有关党史的知识，精心设计并制作五百余张有关党史知识的小卡片，分发给市民，普及党史知识。

财经学院"重温冀忆党史 助力乡村振兴"社会实践小分队成员分别到王家楼回族乡中心小学、邢台市第二十三中、武安市第十六中、先盛里小学等地进行宣讲，在宣讲中与中小学生积极互动，并通过观看爱国动漫影片、歌唱红色歌曲等方式提升宣讲效果，做到党史学习教育深入人心。

外国语学院"百年光辉青年说"宣讲团成员们来到吉林省松原市大庆石油物理勘探公司、呼和浩特市旭阳中燃有限公司等企业进行党史理论宣讲，并到吉林省榆树市的"青春说"准大学生训练营开展党史知识交流会，采用中英双语结合的形式为大家讲述中国共产党百年艰辛而光辉的历程。

思政部"星火燎庄"宣讲团成员分别奔赴河北博物院、石家庄博物馆、石家庄解放纪念碑和石家庄城市馆参观学习，之后到河北滦城中学、滦城区第二中学、鹿泉区东焦小学等地进行党史宣讲，激发青年学生从党史学习教育中启迪智慧、振奋精神。

二、弘扬志愿精神，汇聚公益力量

秦皇岛校区学生会"夏日微风"队的成员奔赴各自家乡的农村和乡镇基层政府开展志愿服务，深入多个基层岗位协助工作人员开展活动，用实际行动助力乡村发展，弘扬志愿精神。

机电工程学院"希望田野"队的成员先后到梁启超纪念馆、西柏坡、抗洪纪念塔、烈士陵园等红色教育基地进行参观和实践活动的宣传，并走入基层开展志愿维修服务，对家乡的低保户进行帮扶。

文法学院"法之行"实践团的成员先后到河北省秦皇岛市陈台子村、保定市房庄村进行志愿普法宣传，并联合秦皇岛市总工会到秦皇岛市海港区建筑工地进行普法走访，提高基层民众法律意识，带动人们学法、守法、用法，保护自身权益。

数学与信息科技学院"爱心支教、科技扶贫"实践团的成员根据专业知识开展科技教育、扶贫济困活动，大力推动计算机技术与编程教育进入中小学，在乡村学校进行教育扶贫实践，并为村民们搭建对外宣传销售与产品交流的平台，使教育帮扶和科技扶贫更加精准地落到实处。

数学与信息科技学院"萌芽义教"实践团的成员在各自家乡开展"义务家教"志愿活动，通过微信公众平台进行活动宣传和招募，并安排志愿者帮助学生辅导功课，通过"志愿家教"为社会公益事业贡献力量。

财经学院"寓愿于研"志愿服务小分队的成员前往各自家乡的美术馆、交警大队、老人社区等地开展形式多样的公益服务实践活动，用实际行动弘扬"奉献、友爱、互助、进步"的志愿服务精神。

外国语学院"心之所向，方能远行"实践团的成员开展"倾听青少年心声"活动为孩子减压，进行社会公益实践活动恢复城市环境、助力文明城市发展，宣传主流社会价值导向，为社会公益事业贡献力量。

园艺科技学院"众森"社会实践小分队的成员到留守儿童家中进行家访，倾听留守儿童心声并为他们辅导功课，通过陪伴温暖孩子，让留守之地阳光普照！

三、青春助力乡村振兴，携手共创美丽中国

城市建设学院"AUSS-乡村振兴"实践团的成员通过前期的实地调研了解到了村庄的现状、基本问题，对公共服务设施配置体系不完善、用地明显不

足、空间分布杂乱等问题提出解决方案，运用专业知识助力乡村振兴。

动物科技学院"动物新天地"助农先锋队的成员分别到各自家乡农户家中介绍养殖兔的常见病及饲养过程中应注意的问题，并给农户发放宣传手册《家畜养殖与疾病》，介绍动物常见病的治疗方法。

农学与生物科技学院"匠心筑梦，助力乡村振兴"实践队的成员奔赴学校农场、学校实践基地——秦皇岛市卢龙县河北中薯农业科技集团股份有限公司开展参观考察调研活动，对红薯秧苗的成长、深加工产业进行考察调研。

食品科技学院"同路人"调研小队的成员通过对各自家乡村民的食品安全知识进行调研并开展有关食品安全知识的科普活动，切实提高农村居民的食品安全意识，有效预防农村食品安全事件。

艺术学院"努'粒'"实践小分队的成员来到秦皇岛市青龙园区对农产品包装设计进行前期调研，与设计师共同探讨农产品包装和宣传的相关问题并提出自己的想法，用实际行动助力农产品畅销。

四、学习百年党史，重温峥嵘岁月

物理系"星火"党史学习实践团的成员分别参观瞻仰了百家村惨案纪念馆、邯郸起义指挥部旧址、冉庄地道战纪念馆、保定军校纪念馆、晋冀鲁豫烈士陵园等18个红色文化场馆，深切地感受到革命烈士们崇高的爱国精神，在充满红色记忆的家乡红土地深刻领会中国共产党人的初心和使命。

海洋资源与环境学院"海洋云行"实践团的成员探访了白洋淀红色革命地、雁翎队革命纪念馆、宋辽古战道，在革命先辈曾经奋战的地方，感受先辈们的无畏精神，领略革命先辈们的智慧，通过烈士们的遗物和场景还原，深刻体会和平的来之不易。

体育与健康学院"红色记忆传递"实践团的成员到保定市易县狼牙山红色教育基地亲身感受红色历史并重温入党誓词。讲解员为大家讲解了狼牙山五壮士的英勇事迹，带领实践团成员们认真体会革命先辈的峥嵘岁月。

五、厚植文化沃土，共建精神家园

开发区校区学生会"名胜古冀"实践团的成员对宋辽边关地道、献王陵、正定长乐门、冉庄地道战遗址、沧州单桥、邯郸大名县峰峰南响堂寺等当地特色建筑及景点进行了参观，深入发掘和学习燕赵地区深厚的历史文化和红色文化。此外，成员们通过美食品鉴介绍了各自家乡的特色美食，领略各地的风俗文化和人文情怀。

　　教育学院"明日之星"小分队的成员以"讲好家乡故事，弘扬家乡文化"为主要内容进行文化宣传，实践团成员们围绕人文、地理、历史、经济、产品、品牌等方面深入挖掘家乡特色，并制作纪录片式视频进行展示和宣传，通过实践充分展示家乡特色、弘扬家乡文化，为传承与创新区域文化，作出了自己的贡献。

党史宣讲进社区

重温入党誓词

体验实践生活

志愿者与党龄 50 年以上老党员合影

第四节　"七月之光"李保国扶贫志愿小分队

一、"七月之光"小分队的由来

　　为树立和践行社会主义核心价值观，积极弘扬李保国同志心系群众、艰苦奋斗、务实拼搏、无私奉献的精神事迹，凝聚时代正能量。动物科技学院成立了"七月之光"李保国扶贫志愿小分队、"助农先锋"李保国扶贫志愿小分队、"海洋印象"水产品调研小分队等六支暑期社会实践团队，对昌黎县毛皮动物及水产品养殖户进行调研，结合当地畜牧局、动物医院、兽药门市对毛皮动物夏季主要流行疾病进行调查并一对一指导，解决养殖户遇到的难题。

"七月之光"是"七月之光大学生党员支农协会"的简称，于2007年3月27日成立，是以"爱农、助农、惠农"为信念，以"情系祖国，服务三农"为宗旨的公益性、服务性科技支农组织，依托动物科技学院强大专家队伍和雄厚的科研实力，定期开展科技下乡支农活动，同时协会通过《北方牧业》杂志、《七月之光》报纸、专家咨询热线、协会网站、微信公众号等平台全方位为广大农民服务。协会自成立以来举办了多次志愿者活动。如"七月之光在行动""从点滴做起""服务百姓，我快乐""走进狐、貂服务养殖户""走向毛皮，服务农户"等活动。通过这些活动成员们投身到实践中，了解广大农民的需要，帮助农民解决当前困难，同时也增长了专业知识，开阔了视野。

二、宣传科学 服务百姓

2016年7月15日，"七月之光"李保国扶贫志愿小分队开始了以"毛皮动物绿色高效养殖技术推广示范与人类食品安全"为主题的暑期社会实践活动。由动物科技学院副书记副院长马玉玲老师和全国优秀教师马增军教授共同带队，组成了由贾青辉、彭永东、李媛、付志新四名专业教师与徐美雪、杨瑞

志愿服务队

倩、高丽伟等八名学生组成的社会实践小分队，并与唐山红日饲料有限公司进行合作。

实践团队的成员对绿色、高效的毛皮动物养殖技术进行了推广，帮助养殖户利用高效防治技术，有效防治毛皮动物疾病的流行。同时，减少抗生素药物使用、降低药物残留与环境污染，关注食品安全，并从提高毛皮动物营养、经济效益的角度，对该地区毛皮动物的养殖模式提出建议。

师生现场为农户解答问题

实践团队的成员对秦皇岛市昌黎地区毛皮动物养殖集中的荒佃庄镇信庄村、新家寨村、豆军庄村等20几个村的养殖量、品种等进行了调查，并结合当地的畜牧局、动物医院、兽药门市及养殖户对该地区毛皮动物的夏季主要流行疾病进行了调查，分析动物疾病的流向趋势。毛皮动物疾病防治专家马增军老师、马玉玲老师、彭永东老师、贾青辉老师和实践队成员，深入养殖户家中对毛皮动物的疾病及饲养管理方面进行一对一辅导，宣传讲解科学技术，对养殖户养殖过程出现的问题进行了针对性解答，帮助解决养殖户问题。并针对毛皮动物的主要流行病进行合理的防控，进行高效防控技术指导。根据流行病学调查分析，对养殖户进行夏季毛皮动物主要疾病防控技术培训，并结合科学绿色养殖技术进行技术指导，提高养殖户以"预防为主，养防结合"为主的养殖观念。

实践过程中，实践队成员开展调查问卷工作，给养殖户们发放由专业老师集体编写的毛皮动物养殖技术宣传手册，简单实用，让养殖户们了解一些科学养殖和治疗的知识，掌握必要的防治方法，促进了科学规范养殖。队员们耐心、认真的态度和吃苦耐劳、甘于奉献的精神，受到了广大养殖户的一致好评和高度赞扬，为此，不少村委会写来感谢信和表扬信以示感谢。

养殖户写来的感谢信

三、社会影响

服务性劳动可以有效拓展学生的视野，深入了解社会，有利于培养学生乐于奉献的精神，有助于涵养学生未来岗位的职业素养和职业道德。一方面，学校在灵活开展日常生活劳动教育的基础上，通过产教融合协同落实专业生产劳动实践；另一方面，搭建平台多途径推进服务性劳动实践。以校院两级学团组织为主体，积极搭建志愿服务平台，开展系列志愿劳动服务活动，让学生利用知识、技能等为他人和社会提供服务，树立服务意识，提高服务技能，增强社会责任感。借助社会实践活动，组织学生深入城乡、社区、福利院、敬老院等公共场所，利用所学专业知识，开展志愿服务，参加公益劳动，引导学生扎根基层建功立业，服务社会、奉献社会；强化公共服务意识和面对重大疫情、灾害等危机主动作为的奉献精神；培育学生社会公德，厚植爱国爱民的情怀。

学生的志愿服务活动倍受欢迎，在服务地方区域经济建设中发挥了重要作用，相关活动在校内外网站报道，产生了良好的社会影响力。

【典型案例】

践行科技支农 共建美丽乡村
——河北科技师范学院动物科技学院"七月之光"李保国扶贫服务队

为树立和践行社会主义核心价值观，积极弘扬李保国同志心系群众、艰苦奋斗、务实拼搏、无私奉献精神，用学生所学知识实现科技中国梦共建美丽乡村的理想，同时也为了提高学生社会实践活动的能力，提高将理论知识转化为

"七月之光"李保国扶贫服务队

助力产业扶贫，驻村工作组与实践团队

实践团队到猪场进行技术指导

指导老师在给养殖户讲解疾病防控知识

养殖经验的能力，河北科技师范学院动物科技学院"七月之光"大学生党员支农协会与科丰益源饲料有限公司合作组织了以"践行科技支农 共建美丽乡村"为主题的社会实践活动。

实践团队由5名资深博士教授和8名学生党员组成。该团队紧密结合专业特色，对青龙县陈台子村和昌黎

团队开展调查问卷工作

县养殖户养殖毛皮动物以及牛羊等家畜的情况进行了调研，在专业老师的指导下，开展了科技扶贫、科技支撑和科技宣传、调研活动，提高了养殖质量和效益，深受养殖户的好评。

一、科技扶贫，推动农村产业发展、农民致富

团队冒着炎热的天气来到青龙陈台子村，首先向驻村工作组了解村里畜牧养殖情况，得知这里没有大的养殖场，但农民散养的较多，都是简易猪棚没有技术含量。团队没有歇息，直接与工作组一起去了几个养猪户家中，贾青辉老师和吴同垒老师耐心地给养殖户讲解猪舍的搭建、猪的习性和夏季多发病及注意问题，养殖户听得非常认真，老师还给养殖户介绍了许多关于养殖专业方面的知识，并把自己的联系方式留给了养殖户，以便将来出现问题，随时保持联系。老师们把一些促进猪生长的药和饲料赠予养猪户，希望除了能够提高养猪的经济效益，更希望能带动陈台子村的养猪业发展，让更多的养猪户提高经济效益，过上更好的生活，向幸福小康美丽乡村靠近。

二、科技支撑，为养殖户解决技术问题，提高养殖质量和效益

社会实践团队对昌黎县毛皮动物养殖集中的昌黎泥井镇大西庄村、侯家营村和荒佃庄镇信庄村、新家寨村等8个村的养殖量、品种等进行了调查，并结合当地的畜牧局、动物医院、兽药门市及养殖户对该地区毛皮动物的夏季主要流行疾病进行了调查，分析动物疾病的流行趋势。毛皮动物疾病防治专家马增军教授、贾青辉博士、张志强博士、吴同垒博士和8名学生，到养殖户家对毛皮动物的疾病及饲养管理进行一对一辅导，对养殖户养殖过程出现的问题进行了针对性解答，帮助解决养殖难题。并针对毛皮动物的主要的流行病进行合理的防控，进行高效防控技术指导。根据流行病学调查分析，对养殖户进行夏季毛皮动物主要疾病防控技术培训，提高养殖户以"预防为主，养防结合"为主的养殖观念，提高了养殖质量，提高了养殖效益，得到养殖户的好评，养殖

户表示以后有问题就找实践团队。

三、做好科技宣传和调研，推广科学养殖

为做好科技宣传、调研及推广科学养殖，社会实践团队主要在泥井镇养殖业密集的村落进行了科学养殖的推广。团队首先对养殖户饲养家畜的规模、品种、常患疾病等问题进行了调研。通过调研发现养殖中出现疾病大部分都是由于免疫没有做到位。就此团队的5位资深博士教授和8名队员为养殖户进行了免疫防疫方面的技术指导，并且给养殖户们免费分发了由专业老师编制的宣传手册，上面刊印了很多家畜常见疾病、患病症状及治疗方法，还给养殖户们留下电话号码，并表示有什么问题随时都可以与团队联系。养殖户们对实践团队表示十分感激，说这样他们少走了很多弯路，有利于增加收益，减少损失。团队对能帮助到养殖户也很高兴。

"七月之光"大学生党员支农协会是由动物科技学院学生党支部发起的，以大学生党员为主体的公益性、服务性科技支农组织。"协会"以"爱农、助农、惠农"为信念，以"情系祖国，服务三农"为宗旨，依托学院强大专家队伍和雄厚的科研实力，自2007年成立10年来举办了多次志愿者活动。如"牛场基地参观调查""兽药饲料特养产品交易大会""服务百姓，我快乐""走进狐、貂服务养殖户""走向毛皮，服务农户"等，通过深入农村调查了解农民朋友所想，与农民朋友建立密切联系，在老师的指导下，利用自己所学的知

服务活动被《中国教育报》报道

识，让广大群众对动物常见疾病的防治有了进一步的了解，提高了他们的养殖技术水平。

本次社会实践在认真总结前十年经验的基础上，通过调查问卷、宣传讲解、入户帮扶等方式，有针对性地帮助养殖户解决在养殖以及疾病防治防控方面遇到的难题。同时还为养殖户带去了国家最新的惠农政策，送去了现代化的发展理念和市场信息。通过实践，同学们不仅学习李保国同志服务基层，奉献科学的精神，又锻炼自身的实践能力，加深了对专业的了解，培养了团队了解社会、了解农村的意识，树立了正确的世界观和价值观。

（资料来源：河北德育网，2017 年 7 月 25 日）

农生学院实践团在"三农"沃土上走深走实走远

2021 年 7 月，由中国作物协会和全国农学院协同联盟发起的主题为"走进乡土乡村，致力乡村振兴"的 2021 年全国农科学子联合实践行动，在全国各地如火如荼展开。农学与生物科技学院作为

指导教师讲解甘薯种植知识

"全国农学院协同发展联盟"成员单位，组建"匠心筑梦，助力乡村振兴实践团"，代表学校积极响应并组织参加活动。按实践活动要求，实践团走进学校实践基地——位于秦皇岛市卢龙县印庄村的河北中薯农业科技集团股份有限公司开展甘薯种植技术支农活动。

今年的联合实践中，实践团派出该领域的专家教授作为导师团，带领学生深入田间地头进行技术指导。师生们根据作物生产、产业经济等方面的实际需求，因地制宜，创新思路，力求培育出冀东地区甘薯新品种，带动新的种植发展模式，将甘薯深加工后产生的副产物资源化利用，充分发挥出农科专业的优势。

实践团在种植技术帮扶的基础上，还将进行深度研发，努力用科技帮助当地的甘薯种植基地创建成系统的、全面的，小到秧苗、大到土壤的种植体系。在甘薯的产前、产中和产后提供全方位的技术指导，改善甘薯种植环境、

提高甘薯产量、提高当地
农民收入，为乡村振兴战
略做出贡献。

实践团与中薯集团代表合影

实践团全体师生在基
层实践的广阔舞台上，开
阔视野，增长见识，奋发
有为，树好形象，奏响时
代的最强音，真正走进乡村、服务乡村。

（资料来源：孙艳敏、赵辉，河北科技师范学院学校网站，2021 年 7 月 16 日）

化工学院开展"暖心走访"暑期家访活动

2021 年 7 月 10 日，化学工程学院"暖心走访"组成员赴青龙进行暑期大家访活动。

家访过程中，走访组成员首先详细了解了学生家庭情况、经济来源和需要解决的实际困难，向家长讲解了国家资助政策和学校的相关措施。辅导员老师向家长反馈了学生在校期间学习、生活、纪律和思想品德等方面的表现，指出了优点及今后努力的方向。

学院领导介绍了学校和学院的办学理念、专业特色，征求了家长对学校教育工作的意见和建议。家长对学校给予孩子的教育和关爱表示了由衷的感谢，感恩国家资助政策让孩子得以继续完成学业。

通过"暖心走访"暑期大家访活动，加强了学校、家庭和学生个人的沟通，各方面共同用心用情用力解决好学生培养中的现实问题，有力促进了学生健康成才。

（资料来源：孙艳敏、赵辉，河北科技师范学院学校网站，2021 年 7 月 16 日）

工商学院 2021 年暑期社会实践团出征

为深入学习贯彻习近平总书记在庆祝中国共产党成立 100 周年大会上的重要讲话精神，教育引导广大青年学生在社会课堂中受教育、长才干、作贡献，在社会实践中学党史、强信念、跟党走，近日，工商管理学院举行 2021 年大学生暑期社会实践活动出征仪式。

出征在即，学院党委副书记韩晓霞在发言中希望同学们牢记总书记的殷切期望，努力在社会实践的大熔炉中，以实干担当践行青年使命。据悉，今年大学生暑期社会实践活动以庆祝中国共产党成立100周年为契机，将"三下乡"与"返家乡"相结合，组织和引领广大青年学生在社会实践过程中为基层群

出征仪式

众提供服务，进一步坚定理想信念、厚植爱国情怀、锤炼高尚品德、矢志实学实干，努力把学习成效转化为奉献国家、服务人民的实际行动。

工商管理学院校级冀青梦想实践团、新青年党史学习实践团及院级社会实践团将开展多种形式社会实践活动。在实践历练中学党史、强信念、跟党走。

（资料来源：孙艳敏、赵辉，河北科技师范学院学校网站，2021年7月16日）

机电学子开展"庆党百年华诞，基层帮扶树新风"暑期社会实践活动

2021年7月10日至15日，机电工程学院"希望田野"队学子在河北省石家庄市、沧州市、定州市等地，开展"庆党百年华诞，基层帮扶树新风"返家乡暑期志愿服务活动。在居委会、村委会的协助下，志愿者积极参与地方举办的庆祝建党100周年宣传活动，热情地为家乡人民开展志愿服务，先后到抗战老兵家里采集红色故事、在村民家中开展爱心维修服务、在家乡开展科技助老活动等。

实践小队先后来到河北省石家庄市元氏县西郝村、西褚村、定州市邢邑

志愿者到村民家中开展服务

镇南宿王村、沧州市吴桥县东送门乡第六村等地。

在抗战老兵家里采集红色故事。实践团队来到抗美援朝老兵王希恩、侯秉畅、蒋文财，对越自卫反击战老兵牟福香等革命老兵家中，听他们讲述不怕牺牲、保家卫国、与敌人斗智斗勇的故事，他们在战争中将生命健

康献给了国家，坚持了舍小家为大家的革命情怀，故事曲折跌宕动人。英雄精神一直是习近平总书记推崇和倡导的，我们在钦佩为战争而失去健康和财富的老英雄同时，更要牢记历史，要以英雄们的顽强精神时刻鞭策自己，为实现伟大的中国梦贡献自己的力量。

志愿者为村民维修小家电

在村民家中开展爱心维修服务。志愿服务小分队成员到了家乡低保户家庭，利用专业所学的知识开展志愿维修活动，一位村里的老奶奶说："前天看见你在宣传，就在想什么时候能来到我家里维修，没想到这么快就来啦，真给咱大伙儿办实事来啦！"在专业老师的指导下，那些坏掉的电风扇电饭锅，甚至是电视机电暖器都在成员们的手中重获新生；队员们为乡里乡亲检查电路老化问题，尤其是电线裸露、缠绕以及阴暗角落等地方的电路，并为乡亲们讲解用电安全知识，用朴素接地气的语言讲解科学原理，排除了用电安全风险。

志愿者到老年人家中进行服务

在家乡开展科技助老活动。志愿服务小分队成员走进老人家中开展科技助老活动，帮助老人们使用智能手机，学会使用医保查询、医院挂号、生活缴费等常见程序；志愿者还为老人讲述了党史学习教育、国家复兴、乡村建设等知识，老人们对祖国的发展强大很自豪，感恩党在国家建设中的领导作用，表示自己也要赶上时代发展，感受新时代气息。

走入家乡基层，为建设美丽家乡贡献自己的力量。机电学院希望田野社会实践小分队成员通过深入基层宣传党史、科技扶贫助老，深刻意识到大学生应该积极投身实践、服务基层，将所学所悟运用到实际，在党的领导下积极参与家乡的振兴，增强历史责任感和使命感。

（资料来源：孙艳敏、赵辉，河北科技师范学院学校网站，2021 年 7 月 16 日）

艺术学院"努'粒'"实践小分队赴青龙考察调研

2021 年 7 月初,艺术学院"努'粒'"实践小分队来到青龙开展实地考察调研。学院党委书记刘国良、院长刘进成,副书记、副院长孟颖带队,艺术学院教师孙哲担任团队指导,在乡村振兴主任常学东教授的帮助下,师生共计十余人参加了活动。

实践团师生合影

团队立足于为当地农产品提供包装设计、直播推广等服务,提升产品知名度和市场竞争力,扩大销路,带动当地经济,推进乡村振兴。实践团来到青龙板栗生产基地,实地考察了解了青龙板栗的品种类型、生产规模、产品特征、主要销售渠道等信息,为设计推广工作打好基础。在同盛医药产业基地,了解了北苍术等药材的特性种类和功效,初步确定用水彩来设计药品包装的构思。在官场乡,参观考察了桃林口水库和梨园,了解到受道路状况和文化宣传的限制,未能形成特色产业规模的现状,对实践团的工作提出了期望。

本次实践调研,队员们深入基地、山间,亲身体验农产品属性,了解产品特点,学习包装知识,构思包装设计,运用所学知识技能服务乡村建设,为乡村振兴战略贡献青春力量。

(资料来源:孙艳敏、赵辉,河北科技师范学院学校网站,2021 年 7 月 16 日)

助力乡村振兴 共绘乡村发展新蓝图

2021 年 7 月 4 日起,城市建设学院"AUSS - 乡村振兴"实践团 8 名学生分赴河北省各自家乡所在村庄,运用所学城乡规划专业知识,开展"三下乡"暑期社会实践活动。

"AUSS - 乡村振兴"实践团成员利用所学专业知识,在村庄内部展开调

实践团成员实地沟通调研

研工作，通过和镇政府沟通，了解整体发展方向，确定产业定位；向村委会咨询，明确村委会产业发展思路，并以聊天交流的方式，探寻村民对村庄建设的意愿。

实践团在实践活动中认真贯彻落实"以人为本"的政策方针，把"以人为本"指导思想贯穿整个实践过程。在对村庄的改造提升过程中，实践团尽最大可能尊重本底，树立"山水林田湖草生命共同体"理念，旨在通过成员的劳动成果，以乡村振兴战略为主要抓手，推动城乡融合发展，城乡居民共同富裕，在乡村振兴和城乡融合发展的伟大实践中，加快国家现代化进程，贡献自己一份力量。

（资料来源：孙艳敏、赵辉，河北科技师范学院学校网站，2021 年 7 月 16 日）

共聚青春朝气，助推工地普法
——文法学院普法实践团

"您能详细地给我讲一下工伤赔偿吗？""劳动合同的签订是怎么回事？"工地上淳朴的农民工认真问到……近日，秦皇岛市总工会联合我校文法学院组建"法之行"普法实践团开启普法宣讲活动。他们来到秦皇岛市海港区的一处建筑工地进行法律宣传，为农民工现场答疑解惑。

活动现场，普法团队通过通俗易懂的语言介绍了法律条例中与农民工日常工作生活息息相关的内容，让他们了解自己依法享有的各项法律权利和应遵守的义务，引导农民工在遇到纠纷时合法、理性维权，零距离为工友提供法律服务，赢得了大家的一致好评。

实践团成员为农民工现场答疑解惑

此次普法宣传活动是"法之行"普法团队践行"我为群众办实事"承诺的具体体现，用实际行动拉近了农民工和法律之间的距离，提高了农民工的法律知识水平，切实为群众办实事、解难题，将司法为民落到实处。据了解，"法之行"团队也会继续深入社区、工地、村委会等各地进行普法宣传，进一步扩大法律援助的覆盖面和影响力。

（资料来源：孙艳敏、赵辉，河北科技师范学院学校网站，2021 年 7 月 16 日）

第五节　河北科技师范学院的师生帮助农民脱贫致富

　　地方性，是地方高校与生俱来的基因；接地气，是地方普通本科高校的生存发展之道。学校地处环渤海经济圈，位于美丽的海滨城市秦皇岛，背山面海，传统专业历史悠久，积淀深厚，新增专业覆盖面广，融合性强，在农业和海洋科学研究领域具有得天独厚的区位与专业优势。近年来，学校充分发挥农科优势，由学科链组建创新链、创新链支撑产业链。依托学科优势，针对农业产业需求，实施农业科技特派员制度，组建科技特派团。

　　通过广泛开展新品种推广、新技术示范和培训，建立科技示范园区，促进农业增产和农民增收，推动当地农业产业的高质量发展。师生深入农村生产一线，从农、果、牧、加工等20多个专业领域组建科技特派团，仅向青龙县就输送了43名科技特派员。为地方经济发展、农民增收致富出谋划策，扶持发展了果蔬种植、家禽饲养、食品加工等10余个专业合作社，开展了各类实用技术培训500余期，为增收致富培训了各类人才数万人次。张立彬、史秋梅、常学东3位教授带领各自的科技服务团队，"入村""上山"，服务种植、防病、加工等，助农爱农兴农，荣获河北省"李保国式科技服务团队"称号；也涌现出科技助农增收的"樱桃教授"边卫东，中药材专家乔亚科教授，黄瓜培育专家闫立英教授，林小虎教授杂粮团队的"春小麦＋夏谷一年两熟栽培模式"在冀东地区得到广泛推广……更有王同坤、齐永顺、张京政师生三代"科师人"接续发力，扶助千百万农民脱贫致富，被当地农户亲切地称作"给自己带来真金白银的科技财神"，他们扶助的板栗产业已经成为青龙县的支柱产业，"打造全国板栗第一县"已成为该县经济社会发展的品牌和拳头项目。

【典型案例】

我校科技特派员工作受到国家、省、市级媒体关注

　　多年来，我校充分发挥大农学科优势，从农、果、牧、加工和机电等20多个专业领域遴选出有一定实践经验的89名特派员，针对地方80余个基地和

企业的发展需求，深入生产一线，围绕区域农业产业化发展存在的关键问题，一大批科研人员把讲台、研究室、实验室搬到农业生产一线，他们结合当地的资源、人才优势，扶持发展了毛皮动物养殖、果蔬种植、家禽饲养等十余个专业合作社，开展了各类实用技术培训，为农村培养了一大批掌握实用技术的现代农民，为农业增效、农民增收做出了重要贡献，为农业产业化龙头企业和农民合作组织创造了可观的经济效益。

学校扎实有效的工作得到了社会上的广泛认可，也得到了新闻媒体的关注。日前，《光明日报》《河北日报》《河北经济日报》《秦皇岛日报》分别给予了报道，搜狐、新浪等几十家网站纷纷给予了转载。

（资料来源：孙艳敏、唐代清，河北科技师范学院官网，2016年2月25日）

村里来了科技扶贫"智囊团"

中秋时节，河北省青龙满族自治县陈台子村沐浴在午后的阳光中，宁静祥和。

3年前，这个位于燕山深处的小村庄还是国家扶贫开发重点县里出了名的贫困村，全村260户村民，有一半是建档立卡贫困户。如今，125户贫困户全部脱贫。

"3年来，村里发生了翻天覆地的变化，路修通了，路灯亮了，桥建起来了，田间作业路硬化了，村里小学用上了自来水。特别是引水上山工程完工了，今后再也不用肩挑背扛地上山给果树浇水了。"提起3年来的巨大变化，陈台子村支部书记王建华感激地说，"多亏了河北科技师范学院派来的驻村工作组，不光把村容村貌、基础设施搞好了，还指导村民依靠科技搞种植养殖，增产增收，村民们都说工作组是个'智囊团'。"

陈台子村耕地面积只有650亩，全村880口人，人均不足1亩，但山场面积达两万余亩，阔叶植被覆盖率高，坐拥绿水青山。河北科技师范学院驻陈台子村工作组经过实地走访，结合村情，依托村里丰富的资源，确定了陈台子村产业扶贫项目：特色种养业、庭院经济、红色旅游业等。

"科技帮扶是我们学校的优势，2018年驻村以来，我们坚持扶贫与扶智、扶志相结合，探索发展立足自身资源的产业项目，培养立村产业，为实现短期脱贫、长期致富打下基础。"工作组组长、河北科技师范学院数学与信息科技学院副书记兼副院长王伟说。

村民陈仲春就是工作组科技帮扶的受益者之一。2016年，他建起了牛车沟木耳种植合作社，头两年木耳产量低，品相也不好，卖不上价。"工作组知道后，专门把他们学校的菌类种植专家请到种植合作社，现场查看，研究分析，为我详细讲解木耳种植养护的技术要领。这两年木耳产量、品相、价位都上去了，也敢扩大种植规模了，已经从一开始的10万棒发展到现在的60万棒了，接下来工作组还准备支持我种植经济效益更高的菌类新品种。"陈仲春说。

一花独放不是春，如何让每一户贫困户都稳定脱贫、长久致富呢？王伟和两位成员孙学文、赵赓在村里走家串户，征求村民意见，结合陈台子村资源优势和村内劳动力不足的现状，提出了"发展庭院经济，在陈台子村推广试种作物新品种，促进增产增收"的方案。

"我们为贫困户免费发放葡萄新品种——阳光玫瑰苗种560棵，成活率接近100%；免费提供2.5万株红薯新品种——烟薯25进行试种，免费提供小米新品种50余斤进行试种，目前产量和品质都很好，计划今年大面积推广。"王伟说，工作组依托河北科技师范学院的科研优势，加大对陈台子村农业产业升级的帮扶力度，让贫困户和村民们依靠科技力量实现脱贫，走向富裕。

"目前各家各户的庭院都种上了阳光玫瑰葡萄，在后院山坡地散养'溜达鸡'，对小米、红薯进行品种改良，增加附加值。"王建华掰着手指头给记者算了一笔账，"阳光玫瑰葡萄现在在南方每斤能卖到50至80元，一个庭院至少能产1 000斤，光这一项就能收入几万元。还有各家后院散养的鸡都是吃野菜和虫子长大的，下的蛋营养丰富，鸡肉质地紧实，去年年底，一只鸡卖到了120元，鸡蛋10元1斤。小米和红薯新品种去年试种就很成功，亩产量高，而且卖价高，比

《光明日报》对科技扶贫活动进行报道

过去每亩至少增收 1 000 元。另外，工作组还多次邀请农广学校和河北科技师范学院的教授来村里进行果树栽培技术培训，今年果树也增产了。"

"庭院经济的成功尝试让我们对陈台子村脱贫致富有了充分的信心，也给了我们进一步拓展思路，谋划下一步工作的底气。"王伟说，通过查阅史料，工作组发现陈台子村拥有革命老区的红色资源，抗日战争期间的藏粮洞、藏枪洞、会议洞、放哨洞等遗迹依然存在，于是他们立即铺设道路、修复保护古迹，将这些红色遗迹整合打造成陈台子村爱国主义教育基地，经过县、市相关部门验收，今年 8 月 28 日正式挂牌"秦皇岛市爱国主义教育基地"。截至目前，已有 10 个单位、300 余人次前来开展爱国主义教育活动，村里贫困户通过提供农家乐体验和销售土特产实现增收 1 万余元。

"不愁吃穿不愁住，有事可做有收入，这就是咱眼下的幸福生活！"陈台子村最后一户脱贫的贫困户刘长秘说。在他身后的山坡上，自家的 300 多棵果树结出了沉甸甸的果实，每个果实都闪耀着科技种植的光辉。

（资料来源：《光明日报》，2020 年 10 月 5 日）

三代人踏出科技扶贫"燕山道"

时值暑假，一场小雨给连日高温肆虐的燕山带来清凉。

河北省青龙满族自治县肖营子镇上打虎店村，听说河北科技师范学院副教授张京政来作"板栗夏季高效管理技术"讲座，早上 8 点多钟，当地 500 多名种植农户已经穿着雨鞋打着伞，陆续来到村子板栗园边的会场。"张教授是俺们县的科技特派员，按他说的整，今年肯定又是一个丰收年。"种植户李大哥高兴地说。自 20 世纪 80 年代以来，河北科技师范学院以"九龙进山"工程为标志，开启了科技扶贫之路。35 年来，先后三代"科师人"接续发力，扶助千百万农民脱贫致富，被当地农户亲切地称作"给自己带来真金白银的科技财神"。

青龙曾经是国家级贫困县，去年顺利"摘帽"。当地板栗种植历史悠久，种植面积达到 38 万亩。但曾经因管理理念陈旧、技术粗放等原因，平均亩产只有 70 公斤。2005 年，河北科技师范学院齐永顺、张京政等科技特派员来到青龙，指导种植户进行科学管理，头一年就让板栗亩产翻了一番。消息传开，第二年当地果农全都争着抢着请科技特派员前往指导，全县板栗种植都用上了新的管理办法。

如今，张京政还保留着一张珍贵的照片：他和自己的老师齐永顺、王同坤当年在板栗园进行技术指导的照片。"1957 年出生的王同坤老师是 1963 年出生的齐永顺老师的老师，1978 年生人的我是齐老师的弟子。"张京政用满口的山东口音说。

要取得更大效益，必须整体规划，形成规模，以产业带动。如今，该校已经在青龙县建成肖营子镇五指山村万亩板栗种植示范园等 18 个示范基地，近 3 年来，免费发放"燕龙"等 5 个板栗新品种接穗 13 万枝。由此，青龙板栗产业品种结构得到进一步优化，品种化率提升 7%；产量大幅飙升，平均每亩增产 50 公斤以上；质量得到明显改善，一等果率达到 85% 以上，每亩平均增收 400 至 800 元。

据王同坤教授介绍，加上辐射周边县区，如今新模式下板栗种植总面积已达近百万亩，3 年累计生产板栗 7.7 万吨，栗农总收入 11.65 亿元。如今，板栗产业已经成为青龙县的支柱产业，"打造全国板栗第一县"成为该县经济社会发展的品牌和拳头项目。

青龙县板栗产业发展，只是河北科技师范学院多年进行科技扶贫的一个缩影。常学东教授团队通过建立科技示范基地对安梨传统种植技术升级改造，实现了燕山地区安梨产业起死回生；乔亚科教授团队引进现代农业技术，让中药材产业提档升级；闫立英教授团队推进黄瓜产业提质增效……

"建设高水平应用型大学是我们的目标。今后，我们还会进一步加强技术研发、开展科技服务、促进成果转化，更好地服务地方经济社会发展。"河北科技师范学院校长郭鸿湧说。

（资料来源：周洪松，《中国教育报》，2019 年 8 月 29 日）

"樱桃教授"进村来

6 月 14 日上午，河北科技师范学院园艺科技学院教授边卫东开车刚进秦皇岛市海港区海阳镇小茢芝港村，路旁的村民们便认出他的车，纷纷和他打招呼。

小茢芝港村现在有 60% 的村民种大樱桃，有上千亩大樱桃园，年

边卫东（右）向果农提出改进种植方法的建议

产大樱桃 200 多万斤，纯收入近 2 000 万元。平均每亩地能挣近 2 万元。大樱桃是村民重要的收入来源。

眼下，小苇芝港村的樱桃树龄有的已经超过 15 年，已经到了换品种的时候。

边卫东径直来到大樱桃种植户崔国海的樱桃园。边卫东的主要目的是想帮崔国海更新树种。

"你的大樱桃树该换品种了，看看我给你推荐的这个新品种吧。"

"这新品种有啥优势？"

"个头大，甜度高，果把不容易掉，最重要的是采摘期长。"

"你能给我多少苗？"

"你别急着决定，先看看我手机上这些数据和照片，再决定种不种。"

"你老边推荐的苗我放心。"

......

"老边在村里人缘好，我们能靠大樱桃过上好日子，还不是全靠他？"崔国海对记者说。

边卫东和小苇芝港村结缘，要从小苇芝港村种植大樱桃树的经历说起。

2003 年，小苇芝港村村民开始大规模种植大樱桃。接下来几年时间里，村民辛辛苦苦、投入巨大，没想到到头来，树上几乎不开花，更不用说结果了。

怎样才能让大樱桃树结果，让村民能吃上"大樱桃"饭呢？林业部门帮小苇芝港村联系到了边卫东。

2008 年夏天，边卫东第一次来到小苇芝港村。他直奔樱桃园。"当时，樱桃树长得很健康，拉枝开角做得也不错，但是疏芽没做好，这是造成树不开花的原因。"边卫东回忆说。

"今年来不及，但请大家相信我，明年春天我帮大家，肯定开花结果。"在查看了几处樱桃园后，边卫东在村民面前夸下"海口"。

2009 年春节后不久，边卫东就一头扎进村里，带着村民浇返青水、施肥，手把手地教，耐心解答村民不懂的问题。

"'疏芽''摘心'这些知识都是那时候我跟边教授学的。"崔国海的媳妇隋素玲说，这些技术说起来简单，做起来难。虽然学会了"疏芽""摘心"的基本操作，但每个枝上离多远留一芽、"摘心"摘多长，当时都是一边问边卫东，一边做的。

经过一个春季的忙活，小苇芝港村的樱桃树终于开花结果了，让全村人看到了挣钱的希望。

自那时以来，边卫东逐渐把秋季施肥、花季蜜蜂授粉、水肥一体化等技术传授给小苇芝港村的村民，提高果树产量。

随着樱桃产量逐年提高，村民们对于科技的力量越来越信服。边卫东只要一段时间不到村里去，准有村民打电话找他解决问题。

（资料来源：孙也达，《河北日报》，2019 年 6 月 19 日）

河北科技师范学院启动今年首批省级科技特派员派驻工作

"严格遵守科技特派员制度，认真履行科技特派员的职责，不负重托，不辱使命，努力完成好选派期间的各项任务。"科技特派员张海华代表 53 名选派的科技特派员进行宣誓。日前，河北科技师范学院举行了 2021 年首批河北省科技特派员派驻工作启动仪式暨省级科技特派员培训会议，活动线上线下同步进行。

本次选派的 53 名科技特派员将投入秦皇岛市农业农村一线及相关企业，开展科技服务、政策宣讲、技术培训、参与研发推动科技成果转化和产业化等工作。

河北科技师范学院自 2004 年起发挥农科优势，在河北省率先实施科技特派员制度。通过 17 年的不懈努力与探索，学校科技特派员工作实现了"四拓展"，即由科技特派员向科技特派团的拓展、由服务产业的某一点到服务全产业链拓展、由自然科学领域向自然＋人文社会科学全学科链拓展、由面向农村派遣科技特派员到将首席专家派驻龙头企业的拓展，充分发挥龙头企业对产业的带动引领作用。逐渐形成了理论有探索、制度有保障、实施有成效、社会有影响的"四有"科师品牌。

该学校将以此次活动为契机，进一步弘扬科技特派员精神，建好科技特派员工作室，加强对科技特派员工作的管理，统筹安排好科技特派员日常工作和服务保障工作。不断深化科技特派员激励机制，创新科技特派员工作方式，加强与各地市管理部门和授受单位沟通，做好典型科技特派员培训和宣传工作，在乡村振兴的广阔天地大显身手，为高水平应用型大学建设、为乡村振兴做出新的更大贡献。

启动仪式结束后，河北科技师范学院又组织了省级科技特派员培训，解读省、市科技特派员文件及要求、宣讲河北省创新券政策以及科技特派员工作经验交流。

（资料来源：康美思、孙艳敏、李云，《河北日报》，2021 年 3 月 20 日）

让一年两熟不再是梦想

——河北科技师范学院林小虎团队攻关"冀东春小麦＋夏谷"种植模式纪实

"我家这亩地，今年种春小麦卖了近1 000元，秋天谷子又能收入1 000多元，一年收两回、挣两份钱，这多亏河北科技师范学院教授林小虎，来年我还得多种！"小麦收获季节，昌黎县崔家坨村王玉刚高兴得合不拢嘴。

2018年10月，王玉刚的50亩谷子示范田喜获丰收，经过测产，这茬夏谷平均亩产为353公斤，达到国内目前夏谷产量的中等偏上水平。这标志着"春小麦加夏谷的一年两熟"种植模式在冀东取得成功，每亩地增产粮食200公斤，效益至少提高500元。

昌黎县受纬度和气候等因素影响，无霜期较短，气温较低，传统上粮食作物生产存在"一季有余，两季不足"光热资源浪费的情况。为了提高粮食产量、为粮农争取更大效益，林小虎带领团队成员，历经9年攻关，比对50多个品种的粮食作物与多种栽培管理方法，成功研究出"春小麦加夏谷"一年两熟栽培模式。

在研究示范新技术、科技支撑作用初显同时，林小虎团队结合冀东燕山山区杂粮生产企业、农民合作社比较少且规模小实际情况，又把目光投向探索形成企业引领产业发展新模式上，扶持培育秦皇岛双合盛生态农产品有限公司，积极探索"政产学研企"联合模式，强化引领示范作用。

双合盛是一家以生产速冻杂粮食品为主的企业，共有员工109人，其中建档立卡贫困职工占总数的1/5。林小虎团队从杂粮生产栽培技术上扶持培育指导，作为省现代农业产业技术体系企业试验站进行重点建设，打造以精品杂粮速冻食品提升农产品附加值，延长杂粮产业链模式。目前，该公司有标准化生产车间6 300平方米，日生产18吨生产线2条，年生产"在旗"系列产品7 000吨，可消化各类杂粮杂豆原料1 000万斤，企业年销售额超过7 000万元，带动燕山及周边地区的杂粮产业发展。

为进一步助力燕山山区杂粮产业发展，针对全产业链薄弱环节，省现代农业产业技术体系杂粮杂豆创新团队冀东燕山山区综合试验推广站站长林小虎组织团队成员通过全省三区人才培训、农技人员知识更新培训、新型农民培训、工作调研等多种途径和方式，深入企业、农户调研座谈，了解产业发展中的问题和实际需求，根据问题进行一对一指导，为当地种植业调结构转方式起到巨大推动作用。

针对燕山山区传统农家谷子品种品质虽然好但农艺性状严重退化情况，林小虎组成科技特派团到燕山山区搜集原始农家品种紫脖根、靠山睡等并进行复壮，同时做好适合冀东山区气候特点的冀科谷1号、冀谷42、济谷21等新品种的引进与生产示范。一年来，林小虎团队田间现场指导、提供咨询服务累计93次。

林小虎将执着、汗水和梦想撒在燕山广袤大地，先后成为中国作物学会粟类作物专业委员会委员，省现代农业技术产业体系杂粮杂豆产业体系专家，中国遗传学会会员，省遗传学会理事。作为主要完成人先后获得国家科技进步二等奖1项，农业农村部科技进步三等奖1项，在国内外学术刊物上发表学术论文50余篇。

（资料来源：唐代清、孙艳敏、牛静强，《河北经济日报》，2019年7月8日）

把科技种子播撒在生产一线
——河北科技师范学院科技特派员服务"三农"纪实

近年来，河北科技师范学院师生深入我省农村生产一线，充分发挥农科优势，组建10个科技特派团，开展各类实用技术培训500余期，培训农民数万人次。

从邢台市红石沟到秦皇岛市北戴河新区，从唐山市滦县（今滦州市）鸡冠山到迁安市亚滦湾，河北科技师范学院张立彬教授科技服务团队，利用研究十余年的樱桃属野生果树欧李"燕山1号"，把荒废的河滩变成村民的"宝地"，把盐碱地变成果树园。一次次科技服务，让村民们燃起学习的热情，也让村民们切实体会到科技为其生活带来的实惠。

昌黎县的毛皮产业红火，但技术始终落后，该校史秋梅教授带领她的科研团队为此主动开展了"毛皮动物主要病毒病安全高效防控关键技术研究与应用"的课题研究。几年下来，她的团队累计检测6 900份毛皮动物病例、1.5万余份血清样品，鉴定87种病原，完成了200余株相关菌毒株的毒力基因的测序，明确了我省毛皮动物疫病流行的主要特征，研发了5种国家三类新兽药，取得兽药生产批文10个，提高毛皮动物育成率6%至8%，新增直接经济效益4.5亿元。该项成果荣获省科学技术进步一等奖。

安梨是燕山地区的优质特有水果，常学东教授经过实地调研发现，近年来安梨产业遇到了卖果难、收入低、面积萎缩、百年大树面临被砍伐的困境，青龙当地安梨售价不足 0.2 元 / 斤，大批果农忍痛伐树，安梨种植面积锐减 1/3。

3 年前，常学东用承诺帮助梨农解决安梨销路的方式紧急叫停砍树行为，之后四处联系，最终和河北燕禾泉食品股份有限公司签订协议，以 0.35 元 / 斤保护价收购安梨。其团队在青龙建设安梨生产种植基地 1 万多亩，进一步提升安梨品质，增加农民收入。

（资料来源：唐代清、孙艳敏、赵辉，《河北经济日报》，2019 年 4 月 15 日）

专家为"三区"科技人才培训班学员集中授课
——冀东燕山山区综合试验推广站站长为我省"三区"科技人才培训班学员集中授课培训

2019 年 3 月 24 日，我省现代农业产业技术体系杂粮杂豆创新团队冀东燕山山区综合试验推广站站长林小虎教授为来自张家口、承德、秦皇岛市 19 个县（区）的 80 余名我省"三区"科技人才培训班学员进行集中培训授课。

培训课上，林小虎站长做了《河北省山区特色农业产业发展（杂粮杂豆）》的专题报告。报告从燕山山区地形、气候、光、热、水资源等自然条件角度和杂粮作物节水、生态、环境友好、保健养生价值等角度阐述了燕山山区种植杂粮作物的可行性与必要性，重点就"燕山丘陵山区谷子雨养旱作提质增效栽培技术"进行了实际案例培训。

本次培训是河北省科技厅为深入落实《边远贫困地区、边疆民族地区和革命老区人才支持计划科技人员专项计划实施方案》《河北省农业科技精准扶贫三年行动方案（2018—2020 年）》，针对张家口、承德、青龙的产业结构和市场需求，重点从技术、经营、管理三个方面进行的培训，通过培训为贫困地区经济社会发展提供有效的科技支持和智力服务，提升贫困地区科技人员科技服务能力。

（资料来源：《河北农民报》，2019 年 4 月 11 日，第 7 版）

实施农业科技特派员制度 助力乡村振兴

"实施乡村振兴战略是党中央做出的重大战略部署，是决胜全面建成小康社会、全面建设社会主义现代化强国做出的重大战略决策，也是许勤省长在政府工作报告中提出的 2019 年的一项重点工作。"1 月 17 日，省政协委员、河北科技师范学院副校长杨越冬在接受记者采访时说。

杨越冬

杨越冬表示，实施乡村振兴战略的首要任务是农业产业的高质量发展，要实现农业产业高质量发展，关键在农业科技创新。围绕农村一二三产业融合发展这一主线，利用科学技术，大力实施品种优良化、生产标准化、农业信息化、农机装备智能化、农产品加工特色高值化，是打造科技农业、绿色农业、品牌农业、质量农业和特色高效农业的关键。这就需要农业科技人员以新品种、新技术创新引领，以农业科技示范园区示范带动。

"服务社会是高校的重要职责。以河北科技师范学院为例，学院仅向青龙就输送了43名科技特派员。其中，张京正科技特派员3年间先后在青龙主产乡镇建立了18个板栗示范基地，免费发放燕龙、燕丽、燕紫等板栗新品种(系)接穗13万支，举办高效管理技术培训班28次，培训人员3 860人次。参加培训的栗农普遍增产增收，亩均减少用工5个、增产50～100斤、增收400～800元。科技特派员制度在助力农民增收致富方面起到了良好的实际效果。"

杨越冬建议，各高校依托学科优势，针对农业产业需求，实施农业科技特派员制度，组建科技特派团，由学科链组建创新链、创新链支撑产业链。通过广泛开展新品种推广、新技术示范和培训，建立科技示范园区，促进农业增产和农民增收，推动当地农业产业的高质量发展。

杨越冬建议，政府应充分引导高校发挥人才和技术优势，进一步完善科技支撑乡村振兴的制度和政策体系。一是建立和推广科技特派员制度，鼓励高校在农村建立产学研合作示范基地；二是设立科技特派员专项，支持和鼓励农业科技人员深入农业生产一线，提升农业产业科技水平和竞争力，以科技助推农业高质量发展，助力乡村振兴。

（资料来源：李代姣，长城网，2019年1月17日）

我校三个教师团队荣获"李保国式高校科技服务团队"称号

为表彰河北省优秀教师和教育工作者，引导广大教师争做有理想信念、有道德情操、有扎实学识、有仁爱之心的党和人民满意的好老师，大力营造尊师重教的社会氛围。在第 32 个教师节到来之际，2016 年 9 月 9 日上午，河北省 2016 年教师节表彰大会在河北会堂大礼堂隆重举行。我校张立彬、常学东、史秋梅三位教师出席了会议，三位教师带领的三个科技团队分别荣获"李保国式高校科技服务团队"称号。

根据《河北省教育厅关于推荐一批李保国式科技服务团队的通知》（冀教科〔2016〕16 号）要求，经我校推荐，河北省教育厅组织专家评审，全省共评选出 20 个李保国式科技服务团队。我校常学东科技服务团队、史秋梅科技服务团队、张立彬科技服务团队被评为"李保国式高校科技服务团队"。

（资料来源：孙艳敏、唐代清，河北科技师范学院学校网站，2016 年 9 月 9 日）

送科技下乡做强药企龙头

11 月 19 日，在位于青龙的满药本草药业股份有限公司，河北科技师范学院农学与生物科技学院中药材教学科研团队的专家，正在与企业负责人查看改良后燕山枸杞的品质。这批枸杞由于有效成分含量高于同类产品，受到客商青睐，已经全部被韩国客商包销。满药本草还种植了改良后的五味子，同样供不应求，效益也非常可观，每亩地的效益超过了万元。

企业负责人于治国说："原来的药材品种良莠不齐，品质也没有好的保证，经过河北科技师范学院专家的技术指导，市场竞争力大大提升。"

在同盛医药有限公司，工人们正在对道地药材幼苗进行移栽。道地药材，又称地道药材，是指经过中医临床长期应用优选出来的、在特定地域通过特定生产过程所产的药材。作为全省首个道地药材工厂化育苗基地，整个温室面积达 3 200 平方米，每年可产出北苍术、黄芩等燕山地区优质道地药材苗上千万棵。

中药材种植业作为产业扶贫的组成部分，近几年发展迅速，但中药材种苗普遍存在品质良莠不齐、有效物质纯度不一等现象。专家团队通过对全省主要道地药材品种的种质资源进行收集整理与评价，筛选出优良种质，研发高效优质简化生产配套技术，为我市中药材生产高质量发展保驾护航。

河北科技师范学院农学与生物科技学院教授乔亚科说："我们准备从种质资源的收集保存、优良品种的筛选以及生产上的关键技术等方面进一步开展研究工作，为我市中药材产业持续健康发展提供技术保障和支撑。"

（资料来源：陈引玉，《秦皇岛日报》，2018 年 11 月 21 日）

河北科师板栗专家张京政：情系果农 科技扶贫

"树体郁闭，将造成板栗品质不理想、产量低，导致经济效益低……" 1月6日，在青龙满族自治县八道河镇钱杖子村山头的板栗园内，100多位果农围着张京政，全神贯注地听他讲解板栗栽培技术，解答他们在板栗种植过程中的种种疑问。

河北科技师范学院园艺科技学院副教授张京政是省市县三级科技特派员，近10年来，他一直奔波在青龙的田间地头，指导果农栽培技术。

1月6日，应钱杖子村村干部邀请，张京政为钱杖子村和周边村落的果农们进行板栗种植的技术指导和培训。

据了解，钱杖子村有8 500亩板栗园，种植板栗是当地村民的主要收入来

张京政深入栗园为栗农答疑解惑

源，但低产却一直困扰着果农。张京政一到村里，就到板栗园仔细查看了树体，并向果农详细了解平时的管理情况。他发现，钱杖子村存在板栗栽培问题较多，树体高大，造成果农在劳动过程中存在安全隐患，同时，管理费工费时，产量低。

为了解决栗树的这些问题，提高果农的经济效益，张京政建议"抓大放小"。这是他在教学和实践中不断总结，并于2014年提出的一项创新修剪技术，即年年疏除大枝，通过透光，提高光合效率，从而促进增产。据了解，青龙八道河镇王厂村李志刚在张京政的指导下，通过学习新技术、改良新品种，在去年春季严重干旱的情况下，他的板栗总产量翻了一番还要多。

"张教授，小枝不结果，要是不修剪的话，不就是浪费营养吗？"听了张京政的新技术，果农心存疑虑。

张京政耐心地向果农一一解释："其一，疏除大枝之后，再去小枝，树体容易疯长；其二，村里劳动力日益短缺，没有这么多果农做这样的小事。"

两个小时的技术指导，让果农们收获颇丰，意犹未尽，纷纷留下张京政的手机、微信等联系方式，以方便日后再行请教。

当天，张京政还到青龙镇龙潭村为果农进行了技术指导。据了解，仅2018年一年，张京政就免费举办各种类型技术培训班60多次，赴青龙现场指

导 20 多次，参加培训的栗农 1 万多人。此外，张京政还将创新技术示范先后制成 10 个视频，通过网络、微信群等免费传播推广，已经有 10 万多人次点击视频学习，这种"建立基地、加强培训、制作视频、网络交流"的创新技术示范机制，让全国各地更多的果农切切实实受益。

（资料来源：储学敏，《秦皇岛日报》，2019 年 1 月 8 日）

板栗专家送来"致富经"

4 月的青龙满族自治县草碾乡东蚂蚁滩村草长莺飞，春意盎然，经历了严寒考验的大地又焕发出勃勃生机。4 月 19 日一大早，几十位村民就来到康宏的板栗园，满怀期待地聆听板栗专家、河北科技师范学院园艺园林系张京政教授的现场培训。

"我们要改变传统的管理模式，建立新思维，通过提效率、提产量、提质量向果树要收益"。针对农村劳动力普遍外出打工无暇打理果树的实际情况，张京政教授不仅手把手地传授果树管理经验和技术，更是向果农全力推广"抓大放小"的先进理念，通过对果树安全、高效和高质的管理，实现增产增收。在整个讲解过程中，村民们听得全神贯注，张教授则耐心地解答大家在板栗种植上的种种疑问。

张京政教授现场指导栗农

为了尽快改变村里林果业管理落后的现状，东滩村驻村工作组有针对性地采取了多种措施，举办农业科技培训就是其中的一项。培训期间，张教授还为每一名果农发放了培训教材和光盘，并邀请村民们加入板栗管理教学微信群，遇到果树管理的问题随时可以和培训老师交流，做到包教包会。

这次培训让果农们收获颇丰。"今天的培训很实用，这下我们心里有底了，秋天一定会用大丰收来回报张教授"，村民康海军的脸上洋溢着自信和喜悦。

（资料来源：刘建楠、郑国凡，《秦皇岛日报》，2020 年 4 月 23 日）

【课后思考题】

1. 谈谈你对社会实践意义的理解。

2. 你参加了哪种形式的社会实践服务活动？怎样参加的？

3. "返家乡"社会实践你做了哪些工作？

【拓展阅读】

1. 国务院扶贫开发领导小组办公室、脱贫攻坚先锋系列图书编辑委员会：《脱贫攻坚先锋》，中国劳动社会保障出版社 2019 年版。

2. 邓延亭：《中国脱贫调研报告》，中国社会科学出版社 2019 年版。

第四篇

劳动实践典型案例

　　"纸上得来终觉浅，绝知此事要躬行。"从书本上得来的知识终究是浅薄的，只有通过实践才能更了解生活、了解社会，感悟专业知识的内在价值，体悟劳动实践中的获得感、幸福感与成就感，感受劳动实践所带来的美与力量。

学习目标

知识目标：

了解不同专业的劳动实践特色。

了解劳动实践在日常生活中的重要作用。

了解劳动实践在专业学习中的重要作用。

了解劳动实践在促进就业方面的重要作用。

素质目标：

懂得劳动实践的真正意义。

通过劳动实践平台增进学科专业之间的融合。

通过劳动实践平台增强创新意识。

通过劳动实践活动促进综合素质提升。

第十二章 劳动实践教育典型案例

【本章导读】

　　劳动教育需要我们手脑并用、心手相生。掌握一定的劳动技能固然重要，更重要的是通过创造性的劳动教育，可以让我们切实感受到劳动不仅光荣，还能让人获得幸福，能让身心获得全面发展。专业不同、学科不同，富有特色的劳动实践活动不仅丰富了学生的课余生活，更进一步证明了劳动教育在树德、增智、强体、育美、创新、促学等方面发挥的巨大作用。让我们了解身边的典型案例，推动各专业互学互鉴，进一步增强专业间的融合，在劳动实践中全面提升综合素质，为服务社会、报效国家奠定坚实基础。

第一节　河北科技师范学院机电工程学院：

弘扬劳动促就业，共育时代新青年

一、机电学院维修实践

1.案例简介和教育目标

　　"维修实践"劳动项目，由机电工程学院的师生们立足"劳"与"动"融合而别出心裁推出的劳育项目。项目实施开展十多个年头，学生在暑假社会实践期间深入乡村，为群众排忧解难。在该实践活动的促进下，学生的动手能力逐渐加强，就业形势向好，并把服务群众的思想深入到心里，许多学生毕业后选择去新疆、内蒙古等条件艰苦的地方工作。"维修实践"劳动项目是大学生作为一个集体走近农村、服务农村的社会实践活动。利用大学生文化、科技、卫生"三下乡"的活动，帮助农民解决一些生产生活中的实际困难，提高他们的科技文化素质，对于服务"三农"具有非常重要的意义。该活动得到了河北日报、河北经济日报、秦皇岛日报、新华网等媒体的报道，并收到了帮扶村村委会的表扬信等。

2. 案例实施内容

在老师的指导下，学生深入乡村和企业，将所学应用于社会实践中去，帮助乡村群众和企业进行小型家用电器和设备的修理。他们利用专业特长为各村的村民维修家用电器，当村民们知道有大学生来给他们义务维修家电，纷纷陆续从家中搬来各式各样的坏旧电器，前来维修电器的村民排起了长队，实践团队员有条不紊地为村民登记，认真维修。对于空巢老人，怕老人行动不便，一部分实践团队员深入家庭进行上门维修。每期活动结束后，他们还对当期的维修情况进行总结，统计并购买缺少的零件，为接下来的实践项目作准备。

3. 案例特色和创新点

新时代劳动教育的基本立场、原则、要求与马克思主义劳动观一脉相承、相融相通，又在劳动范畴、劳动的审视视角以及劳动的价值体系等方面体现新变化新发展。为落实好中共中央、国务院《关于全面加强新时代大中小学劳动教育的意见》精神，应对开展劳动教育的新形势新任务，高校要诠释好劳动教育蕴含的逻辑脉络，努力构建德智体美劳"五育并举"的教育体系，为培养堪当民族复兴重任的时代新人、加快实现教育现代化、建设教育强国助力。

河北科技师范学院机电工程学院积极发挥专业特色优势，挖掘专业课程实践环节中蕴含的劳动育人价值，创新性地运用维修等载体创新开展劳动教育，实现了团队式劳动、专业式劳动、创造性劳动三者统一。通过服务于人的劳动创造，以专业技能和劳动汗水为社会贡献自己的绵薄之力。

4. 案例取得成效

在育人成效上，河北科技师范学院机电工程学院"维修实践"劳动项目积极引导大学生树立劳动观念、传承劳模精神和工匠精神，蕴含着突出

闫继开与二十大代表（新疆电网）

的劳育功能。一是有突出的专业性特色,对强化大学生运用专业能力创新劳动具有促进作用,使专业课与劳动课融会贯通;二是有突出的服务社会特征,使大学生懂得了"奉献与感恩"的道理,使劳与创、勤与美合二为一,劳育与感恩教育互促共进;三是有突出的课程思政特征,激发了大学生社会责任感和奉献精神,树立了主人翁意识,构成了一堂生动的劳育思政课。

如今,有越来越多的学生选择在毕业后前往国家最需要的地方去工作,比如新疆、内蒙古等地,劳动教育成果初见成效。

学生在企业接受劳动教育　　　　　　学生为群众服务

媒体报道

二、"寓"教于乐,塑造文明寝室

1. 案例简介和教育目标

习近平总书记在全国教育大会上指出,教育工作的根本任务是培养德智体美劳全面发展的社会主义建设者和接班人。将劳动教育与其他四育并列，并上升为党和国家的教育方针，彰显劳动教育承担着全面培育新时代发展人才的重要使命。而大学生寝室作为大学生主要的生活和社交场所，在大学生劳动教育过程中发挥着至关重要的作用，对大学生的思想、心理以及行为有着潜移默化的影响。为了培育大学生正确的劳动观，树立高尚的劳动情怀，增强大学生寝室的归属感和责任感，实现学生自我管理、自我服务的目标，河北科技师范学院机电工程学院以学生为主体，开展了以文明、健康、绿色、安全为主题的寝室美化劳动教育活动，该活动激励学生参与劳动，整理宿舍内务、美化寝室空间，化身"安全卫士"，排查用电安全。

2. 案例实施内容

首先，为了充分调动学生参与寝室劳动的热情，学院将寝室文化节申请为第二课堂内容，通过参与寝室文化节活动来获取积分的方式调动学生的积极性。其次，"机电工程学院寝室文化节"活动以线上线下相结合的方式开展，在老师的指导下，学生组织的带领下，大学生从宿舍实际出发，利用自己的奇思妙想对寝室进行整理、装扮。在寝室美化的过程中，学院以"环保、简约"为原则，动员学生利用身边的废弃物变废为宝，打造绿色、健康、温馨、安全的宿舍环境。

寝室装扮完成后，在网络上进行集中风采展示，并且在全院范围内网上公开投票评比出 5 个优秀宿舍，此次网络投票活动，获得累计 9 500 票，38 817 点击量，提升了大家参与寝室劳动的积极性，也很好的起到了"爱寝室如同自己家"的宣传效果。除此之外，机电工程学院组建安全卫士，同步开展宿舍安全大排查，在专业老师的带领下，每个宿舍出一个代表，利用专业知识对宿舍楼用电安全进行大排查，主要是排查大学生寝室用电是否规范化，有无安全隐患，对有安全隐患的宿舍进行安全分析和教育，并且做好记录，在全院范围内开展寝室用电安全宣讲会。通过此次活动，不仅可以加深学生对寝室的归属感，而且可以激发学生参与劳动的热情。通过寝室安全大排查和安全用电宣讲会，将教育与生产劳动相结合，既能加深学生对专业知识的理解，也能提升学生安全用电的意识，为自己和他人的生命和财产负责。

3. 案例特色和创新点

学院将课堂知识与生活实际相结合，带动学生利用所学知识，发挥其专业特长，对用电安全进行大排查，并且在学生内部开展寝室安全用电宣讲会，带动大家一起认识寝室安全用电的必要性和重要性。本次活动挖掘综合实践环节中蕴含的劳动育人价值，着眼于教育与生产劳动相结合，寓教于乐、以劳启智，在生活中教学，生动地将课堂与生活、劳动与育人完美结合。

4. 案例取得成效

在育人成效上，首先，由于物质条件的改善，导致学生参与劳动的时间和机会较少，缺乏基本的劳动技能，吃苦耐劳的精神也在减弱，学习或生活中条件稍差就打退堂鼓，此次活动可以很好地纠正当代大学生偏差的劳动观，提升大学生的劳动素质。其次，宿舍是学校对学生进行思想政治教育的重要阵地，机电学院开展的此次实践活动，以学生为主体，通过学生亲身参与，亲自体验，实现自我管理、自我服务，带动学生积极热情地投身美化宿舍的活动中，提升学生的主人翁意识，强化学生的归属感，更好地发挥寝室的思政育人作用，将宿舍打造成高校思想政治教育的有效育人平台。最后寝室文化活动有突出的专业性劳动特色。在老师的指导下，学生利用专业知识对宿舍用电安全进行排查，既可以在劳动实践中让学生进一步加深对专业知识的理解，又可以让学生在实践中掌握一定劳动技能，提升动手能力，感受劳动带来的乐趣，寓教于乐，也可以实现寝室用电安全教育的作用，创造一个文明、温馨、安全的寝室环境，促进大学生的身心健康。

寝室文化节线上投票

寝室文化节部分作品展示

学生整理宿舍内务

第二节　河北科技师范学院化学工程学院：
幸福劳动三部曲

一、"幸福劳动三部曲：致敬最美劳动者"

1. 案例简介和教育目标

"幸福劳动三部曲：致敬最美劳动者"劳动实践项目，由化学工程学院化学专业师生们立足"劳动"与"幸福"融合而别出心裁推出的劳育项目。劳动教育课程实施以来，学生从"辛勤劳动、诚实劳动和创造性劳动"三个角度，层层深入，对校园内各行各业劳动者进行采访，培养学生"劳动创造美好生活"，以及"幸福人生需要奋斗"的劳动理念；同时，对本职业受访者进行职业剖析，培养学生职业认同感及如何以自身的专业知识技能为基础，进行创造性劳动。

2. 案例实施内容

在老师的指导下，大学生深入食堂、校园、宿舍、办公室，对食堂工作人员、环卫工人、宿舍管理人员、辅导员老师进行采访，尤其了解在疫情防控期间，劳动者们的辛勤劳动过程，使学生能够尊重劳动，常怀感恩之心；并结合自身专业特点，对专业实验授课教师进行采访，以专业技能和劳动汗水，谱写"幸福劳动三部曲"。在项目设计过程中，特别重视对本专业劳动教育者的采访，探索化学实验中蕴含的劳动实践育人价值，一方面，增加学生专业技能，引导学生创造性的解决问题，进而积累职业经验，提升就业创业能力；另一方面，让学生在实验课中动手实践，在劳动中接受锻炼，磨炼意志，辛勤劳动、诚实劳动、创造性劳动，培养学生正确的劳动价值观和良好的劳动品质，树立"劳动最光荣、劳动最崇高、劳动最伟大、劳动最美丽"的观念。

3. 案例特色和创新点

以周围每天为学生服务的劳动者为采访目标，使学生尊重劳动、常怀感恩之心，同时积极发挥专业特色优势，挖掘专业课程实践环节中蕴含的劳动育人价值，将"劳动"与"幸福"深度融合，从校园劳动、专业劳动、创造性劳动三个角度树立新时代大学生的劳动价值观。

4.案例取得成效

在育人成效上，"幸福劳动三部曲：致敬最美劳动者"劳动实践项目积极引导学生培育深厚的劳动情怀，树立正确的劳动价值观：尊重劳动、热爱劳动、践行劳动。一是以校园劳动为基础，让同学们常怀感恩之心，尊重身边的每一位劳动者，尊重每一份平凡普通的劳动。二是专业实验课程与劳育相融合的特点，对强化大学生运用专业能力创新劳动具有促进作用，使专业课与劳动课融会贯通。三是有突出的劳动课程思政特征，树立了劳动创造美好的生活，幸福人生需要奋斗以及努力充实职业技能奉献社会的责任意识；同时，通过校园劳动者的采访，可以激发学生家园的主人翁意识、爱校荣校意识和环境保护意识。

学生对身边的劳动者进行采访

二、生活技能培养

1.案例简介和教育目标

劳动教育不仅要重视理论知识的传授，更要重视对学生掌握劳动技能和各种能力的培养，因此课堂上要充分发挥学生的主体作用，引导学生掌握劳动方法，学会总结规律。让学生在劳动实践中进一步加深对所学知识的理解，感受劳动带来的收获乐趣，形成尊重劳动、热爱劳动、珍惜劳动成果的真挚情感。本学院针对大三的学生开设了劳动教育课程，鉴于学生马上就要走出校园进入社会开始独立生活，因此专门围绕家务劳动开展了生活技能的培养和学习。根据实际情况开展了衣之有形、食之有味、起居有序、绿化环保、垃圾分类几个方面的项目训练，包括常用针法的学习、包饺子、变废为宝、美化宿舍等实践项目，结合学习通进行垃圾分类等生活常识的测试。通过劳动教育课程的学习，对劳动教育的认识和理解开展了学习通线上讨论等活动。

2.案例实施内容

（1）衣之有形。进行洗衣必备常识、熨烫实用技巧、针线拿手绝活等知识的理论讲授，并开展了常用针法及钉扣子的基本方法练习，课堂上每位学生都能够得到实践操作的机会，由教师实际演示操作步骤方法后学生开展自主练习，学生还能够在完成基本操作的基础上进行创新。

（2）食之有味。向学生介绍中国传统饮食文化和烹饪基础。课堂上老师为学生准备了面粉和擀面杖，着重开展和面及饺子皮的制作练习。

（3）起居有序。向学生讲授作息规律、设施整洁、物品井然的重要性，以此为目标开展了美化宿舍的活动，按宿舍分组完成宿舍美化及改善活动，并将整个过程以短视频的方式记录下来。

（4）绿化环保、垃圾分类。向学生介绍绿化环保行动的要点，以及垃圾分类的标准、原则和投放点，结合学习在线上开展垃圾分类知识测试；线下，组织学生利用身边废弃物，开展变废为宝手工制作活动。

3.案例特色和创新点

劳动教育有"讲、练、议"几个环节：

"讲"就是先由教师讲有关的理论知识，体会劳动创造美好生活，体会劳动不分贵贱，使学生热爱劳动，尊重普通劳动者，培养勤俭、奋斗、创新、奉献的劳动精神；具备满足生存发展需要的基本劳动能力，形成良好劳动习惯；具体讲解生活技能的操作及步骤。

"练"就是组织学生亲自参加劳动实践过程，按要求完成劳动任务。根据不一样劳动技能，提出不一样的要求。

"议"就是每次劳动结束后，由教师简要讲评完成劳动任务情景和学生在劳动中的表现，同时学生以课堂讨论的形式展对劳动教育课程的认识进行总结。

创新点：从生活中实用的基本技能的训练入手，提高学生的积极性，让学生体会劳动的艰辛,体验劳动的快乐,享受劳动的成果。

4.案例取得成效

生活技能培养劳动实践项目在育人成效上,通过实践训练使学生们感受到劳动过后环境干净整洁的喜悦,更学会了很多关于劳动的生活技能,它让同学们更加热爱生活,体会到了实践的意义。以普及劳动科学知识、提高劳动科学素养为着眼点,把劳动科学发展和劳动实践需求两个维度相结合,针对当代大学生特点,从思想认识、情感态度、能力习惯三个方面入手,旨在引导学生理解和形成马克思主义劳动观,培养热爱劳动和劳动人民的情感,并形成良好的劳动习惯。在理论实践的学习基础上,关于劳动教育的认识和理解开展了学习通线上讨论等活动。

学生开展包饺子等实践练习

第三节　河北科技师范学院园艺科技学院:
推动校园环境更美

一、"园艺视界:推动校园环境更美"

1.案例简介和教育目标

"园艺视界:推动校园环境更美"劳动实践项目由园艺科技学院果树教学

部的师生们立足"园艺"与"美"融合而别出心裁推出的劳育项目。劳动教育课程实施以来，园艺专业每级80多名学习积极深入校园和园艺实验站共拍摄视频80多个以及图片100多张。项目旨在引导学生自主地去发现问题和解决问题，重在促进学生交流和讨论的团队写作能力提高，此颇具特色的育人模式成功吸引了学生积极学习，形成了良好的学习效果。

2.案例实施内容

在任课教师的细心指导下，学生深入校园、园艺中心实验室、园艺实验站等场所，结合自身专业特长，用手机、摄像机和剪辑软件等将环境问题、试验、专业劳动等进行拍摄和整理，以专业技能和劳动汗水为校园献策献计。在设计过程中，特别重视园艺实验站的环境改造以及果树专业技能的观摩学习。项目引导学生养成维护园艺实验站环境的良好习惯并认真学习，使学生学习维护绿色校园方面的工作，并能在规定的时间训练后养成习惯。"园艺视界：推动校园环境更美"劳动实践中，先后有200余名同学对校园环境和实验站问题进行了认真发现和深入剖析，最终形成有利于推动校园环境更美的建议书，特别是有助于改善园艺科技学院门面园艺实验站的基地环境。劳动教育实践过程中，鼓励学生自由结组，发扬团队协作精神，进而使学生体验到团队合作的快乐和劳动的可贵。

3.案例特色和创新点

园艺科技学院果树教学部积极发挥专业特色优势，挖掘专业课程实践环节中蕴含的劳动育人价值，创新性地运用手机拍摄实验站、观摩学习试验技能尤其是果树技能、结组发现校园环境问题等形式创新开展劳动教育。以劳育美、以勤润心、以劳启智，将"劳"与"美"深度融合，实现了团队式劳动、专业式劳动、创造性劳动三者统一。通过美的劳动创造，以专业技能和劳动汗水为校园和基地能够更美发挥一份作用。

4.案例取得成效

果树教学部"园艺视界：推动校园环境更美"劳动实践项目育人成效上，积极引导园艺学生树立劳动观念、传承劳模精神和工匠精神，蕴含着突出的劳育功能。一是有突出的专业性劳动特色，对强化大学生运用专业能力创新劳动具有促进作用，使专业课与劳动课融会贯通；二是有突出的劳美融合特点，使大学生懂得了"劳动升华美"的道理，使劳与创、勤与美合二为一，劳育与美育互促共进；三是有突出的劳动课程思政特征，激发了大学生校园责任感和奉献精神，树立了以劳动创造美、以美"靓"化家园的主人翁意识、爱校荣校意识和环境保护意识，构成了一堂生动、多彩、多姿、多味的劳育思政课。

实验站果树基地垃圾袋清理

园艺实验站环境美化劳动

二、身体力行感受园林之美

1. 案例简介和教育目标

"身体力行感受劳动之美"劳动实践项目，由园艺科技学院的师生们立足专业特色，融合"劳"与"美"而精心设计的劳动教育实践项目。充分利用园艺科技学院园艺园林实验站劳动教育实践基地的优势资源，让学生直接参与劳动过程，真实体验劳动工具的使用，在实践中加深对劳动的理解，同时加强专业技能培养。鼓励学生动手实践、出力流汗，接受锻炼、磨炼意志，培养学生正确劳动价值观和良好劳动品质。

2. 案例实施内容

在老师指导下，前往园艺园林实验站劳动教育实践基地开展劳动教育体验与感受实践活动。充分结合专业技能训练，包括锄草、翻地、播种、养护、花卉分根、花卉换盆、灌木修剪、扦插、嫁接等多项内容，实际感受园林植物种植养护的全过程，让学生在实践中感受劳动的艰辛，体验劳动的快乐，理解劳动的光荣与伟大。学生在实践的过程中对园林树木花卉的品种、生活习性、种植过程等都有了更全面的了解和认识。最后就本次课程撰写劳动体验心得感受，深刻理解劳动意义，进而对劳动实践进行总结和提升。将劳动最美丽、劳动最崇高、劳动最伟大、劳动最光荣深入学生心中。

3. 案例特色和创新点

园艺科技学院积极发挥专业特色优势，挖掘专业课程实践环节中蕴含的劳动育人价值，创新性地依托园艺园林实验站劳动教育实践基地开展劳动教育。结合园林花卉认知与应用、园林树木认知与应用等专业课程，给学生专业实践提供场地，通过专业教师指导，学生在实践过程中学习使用锄头、镰刀、枝剪、耙子等劳动工具，掌握园林绿化基本技能，进一步深入专业学习，在实践中体验专业，感受劳动创造美好生活的真谛。

4.案例取得成效

一系列劳动教育实践活动，让学生掌握了必备的劳动和专业技能，树立了积极的劳动精神，涵养了优秀的劳动品质，其服务意识有所加强。此项活动深受学生喜爱。学生对劳动教育深有感触，体会到了劳动的艰辛与不易，同时也锻炼了吃苦耐劳的精神品格。本次劳动实践的开展，让园艺科技学院的学生更加巩固了集体的力量，培养了大家团结协作的精神和勇于奉献的优秀品质。作为新时代的青年，理所当然地应该在学校乃至全社会大力倡导热爱劳动、尊重劳动、崇尚劳动的社会风气。通过劳动实践感受园林之美，以专业技能和劳动汗水为美丽校园作出一份贡献。

实验站锄草

武秋生老师示范灌木修剪

师生实践花卉分株换盆

第四节　河北科技师范学院农学与生物科技学院：以劳培育爱农情怀

一、校园洋溢劳动美

1.案例简介和教育目标

"美丽校园行动和文明宿舍建设"劳动实践项目，是农学与生物科技学院"劳动教育"课程教学团队本着可操作性强、低成本、易复制的原则精心设计的劳育项目。"美丽校园行动"就是给学生分组承包卫生区，做到定期保洁，熟知垃圾分类知识，教师对完成情况进行评比打分；"文明宿舍建设"是以宿舍为单位，进行宿舍文化建设，包括房间布置、床铺整理、卫生打扫、手工制作等，教师对完成情况进行评比打分。两项成绩均计入学生"劳动教育"考核总分。项目实施以来，学生参与积极性高、效果好，起到了劳动育人的作用。

2.案例实施内容

"美丽校园行动"具体实施方法：将农学、植科两个专业的学生分成4个小队，由小班学委担任小队长，在课程伊始分别划定承包昌黎校区操场、体育馆、砺慧园、主楼等青年路以南4个区域的卫生保洁；植保、资环两个专业的学生负责青年路以北的4个卫生区。要求学生利用课余时间定期到自己承包的卫生区开展活动，并将活动情况拍照发给指导教师。指导教师不定期检查学生完成情况，根据环境清洁程度打分。活动结束时间为课程结束时间。

"文明宿舍建设"具体做法：以宿舍为单位，进行宿舍文化建设，包括房间布置、床铺整理、卫生打扫和保持、个人卫生、用品清洗、手工制作等，宿舍长要将活动情况拍照发给学委，学委再转发给指导教师。在课程即将结束时，由宿舍长组成检查组对每个宿舍建设情况进行评比打分，指导教师负责汇总成绩。

3.案例特色和创新点

"美丽校园行动和文明宿舍建设"劳动实践项目具有以下特点：

（1）可操作、低成本、易复制。该项目不受专业限制，所有专业均可实施；利用现有清洁工具即可操作；收拾整理起居室营造美好休息环境必须天天重复进行，有利于良好劳动习惯的养成。

（2）引入评比竞争机制，激发了学生劳动积极性。整个活动有动员、有组织、有检查、有评比打分，调动了学生力争上游的积极性。

（3）课余时间进行，不占用上课时间。

（4）促进学生更好地融入校园。学生的劳动和汗水使校园更加美丽，起居室更加舒适，增加了学生成为学校一分子的自豪感，有利于学生主人翁意识的提高。

4.案例取得成效

"美丽校园行动和文明宿舍建设"劳动实践项目对引导学生树立劳动观念、增强劳动意识、养成劳动习惯和传承劳模精神起到了促进作用。

一是使学生更加融入校园，提高了主人翁意识。校园是学生学习、生活的主要场所，在享受校园美丽的同时也需要人人献出自己的爱。学生付出了自己的劳动和汗水，也更加享受和珍惜校园学习生活。

二是使学生转变了对劳动课的初始认识。在刚开始上劳动教育课时，学生普遍存有疑惑：农学、植科专业本就农事操作和室内试验的工作量比较大，也更加辛苦，为什么还要开设劳动教育课？通过课程理论讲授和课外实践活动，学生对劳动教育课的认识发生了转变，认识到劳动教育是每个人生存发展、成长成才的必由之路；养成劳动习惯，做到诚实劳动、创造性劳动至关重要。

三是学生的精神面貌发生了变化。环保意识、担当意识、社会责任感、团队精神、奉献精神得到升华；劳动最光荣、劳动最崇高、劳动最伟大、劳动最美丽思想在学生心中扎下了根。

二、以劳培育爱农情怀：农作物病虫害调查"自留地"培养专业情感

1.案例简介和教育目标

植保专业的学生通过自己动手开"自留地"，精量播种、精量施肥、详细调查病虫害、精量喷农药，体会农作物从播种到收获的过程，以及精细化的管理在农作物整个生长过程的重要性，此外学生还对主要病虫害进行田间调查，增发学生"知农、爱农、学农"的农业情怀和学习专业知识及技能的热情。

让学生体会劳动的辛苦，懂得珍惜劳动成果，珍惜粮食；体会到了春种秋收的喜悦，真正体会到劳动光荣，崇尚劳动的美好情感体验，真正做到劳动

教育的知行合一；激发学习艰苦奋斗和创业精神。

2. 案例实施内容

在劳动教育教师和专业课程教师的指导下，植保专业的学生自主开垦"自留地"，开垦后学生在此种植玉米，并对出苗后的玉米进行浇水、施肥、收获等田间管理；更主要的是在玉米整个生长过程中，学生进行玉米田间病虫害调查，全程近距离地观察并调查玉米地主要病虫害发生和发展过程、田间危害症状和危害结果，直至最后收获玉米。

植保专业的学生在教师指导下开垦"自留地"　植保专业的学生自己能积极主动地开垦"自留地"

植保专业的学生在教师指导下进行人工精细化播种　植保专业的学生对玉米进行施肥

3. 案例特色和创新点

结合农科学生专业特点让学生在劳动教育中成为实施主体和能动者，避免被动灌输，主动体验劳作中的辛苦和收获的喜悦，达到劳动教育润物细无声的效果；这种教育方式充分地体现出了劳动教育的人性化，能激发学生的学习积极性和主动性，让学生印象深刻，增加了劳动教育的生命力和可持续性。

4. 案例取得成效

植保专业按照应用型大学对毕业生的培养要求，积极实践探索"三三四"实践教学模式为特色的劳动实践教学体系，锻炼学生吃苦耐劳、扎实肯干、专业技能强、适应性广的优秀品质，为培养出"下得去、留得住、用得上，专业劳动实践技能强，有良好职业道德"的应用型技术人才，坚持从大一新生开始引领学生明确目标、把握方向，坚持以引导学生热爱劳动、崇尚劳动、劳动光荣的思想，追求达到劳动教育促进植保专业学生成才目标。

这种劳动教育模式从植保2012级学生一直持续到2020级，全程参与学生达504人次，2次获得学校创新训练项目，获得1次学校"互联网+"二等奖，获批了1项发明专利，参与的学生中有16人考取了中国农业大学、南京农业大学、北京林业大学和华南农业大学等重点大学。学生身上展现出来的爱农、勤奋和吃苦耐劳精神获得了导师的高度认可。2015级秦宝国和王翼飞2位同学主动申请去西部偏远地区新疆喀什工作，他们在工作中发扬艰苦奋斗和积极进取、努力拼搏精神，干出了不小的成绩。

第五节　河北科技师范学院动物科技学院：
感悟劳动之美，共创舒适环境

"感悟劳动之美，共创舒适环境"

1. 案例简介和教育目标

"感悟劳动之美，共创舒适环境"劳动实践项目，由河北科技师范学院动物科技学院的师生们立足"以劳为荣""以劳树德""以劳增智""以劳强技"融合而别出心裁推出的一项劳育项目。劳动课程实施以来，动物科学专业19级和20级的近200名的师生分多次共同完成了教学基地羊床、运动场、草料库及学生宿舍的清洁卫生，既改善了人、羊的生活环境，也增加了学生间的亲和力，同时提高了学生们的劳动技能以及对动物科学专业的深层次认知，使其提前体验了毕业后的工作环境。

2. 案例实施内容

在专业老师指导下，学生分组深入动物科技学院教学牧场承德无角黑山羊羊舍、运动场、草料库等处，结合自身专业特长，用铁锹、钩耙等工具进行劳动创造，以专业技能和劳动汗水为校园添彩。在项目设计过程中，特别重视弘扬智慧畜牧特色，并融入勇做动科新人的元素。项目还积极开拓实践平台，在专业实践的基础上展开宿舍卫生评比活动，通过小视频或精美 PPT 的形式展现以劳为荣、以劳树德、以劳增智、以劳强技的思想内涵。在劳动实践中，先后对 20 个羊床、1 个运动场、1 个草料库及 21 个学生宿舍进行了清洁卫生，使学生体验到劳动带来的快乐。

3. 案例特色和创新点

动物科技学院积极发挥专业特色优势，挖掘专业课程实践环节中蕴含的劳动育人价值，创新性地通过教学实践基地和宿舍相结合的劳动为人、羊创造美好的生活环境。以劳为荣、以劳树德、以劳增智、以劳强技，将"劳动"与"专业"深度融合，实现了团队式劳动、专业式劳动、创造性劳动三者的统一。通过体验式的劳动创造，为将来走上工作岗位，尽快适应工作环境、提高专业技能奠定基础。

4. 案例取得成效

育人成效上，河北科技师范学院动物科技学院"感悟劳动之美，共创舒适环境"劳动实践项目，使学生进一步树立起"劳动最光荣、劳动最崇高、劳动最伟大、劳动最美丽"的思想意识，并以实际行动自觉参与并维护人与羊的环境卫生。本次劳动一是突出了专业性的劳动特色，对强化学生运用专业能力创新劳动具有促进作用，专业课和劳动课得到有机的融合；二是突出了劳动与环境美融合的特点，使学生真正懂得了劳动可以创造美；三是突出了劳动课的思政特征，激发了学生社会责任感和奉献精神，树立了以劳动创造美、以美优化生活，学专业、爱专业和保护环境的意识，创新性地完成了一堂生动、多趣、有汗、有味的劳育思政课。

学生在清粪中

学生打扫后的黑山羊运动场

第六节　河北科技师范学院食品科技学院：
以劳育人，助力职业发展

一、创新劳动实践，助力职业发展

1. 案例简介和教育目标

酿酒工程专业是河北科技师范学院的重点建设专业，也是省级一流建设专业。为全面贯彻党的教育方针，构建"三全育人"新格局，酿酒工程专业坚持立德树人、"五育"融合，结合人才培养计划，以专业人才的实践教学为劳动教育抓手，将酿酒工程专业的生产实习和综合实习作为重要的劳育内容，努力挖掘实践资源，精心计划和安排，每学年开展一次酿酒工程专业的实习实践和劳动教育项目。

2021—2022 年，230 多名学生参加了实习实践和劳动教育项目，两年来向内蒙古吉奥尼酒庄、北京年度酒庄、北京瑞登堡酒庄、北京莱恩堡酒庄、沙城迦南酒业、张家口古堡庄园、秦皇岛金士葡萄酒国际酒庄、朗格斯酒庄等10 余家企业输送实习生 100 余人次。本专业学生吃苦耐劳、勤奋好学的优良品德和风貌赢得了企业的高度赞赏，也使本专业与企业建立了良好的合作共赢关系，为将来实习实践和劳动教育不断扩宽劳育场域和开放式教育模式的建立奠定了基础。

2. 案例实施内容

在每学年的葡萄酒榨季，对大三和大四酿酒工程专业学生分别开展专业生产和综合实践和劳动教育，一般为 4 ～ 5 周。实施内容具体如下：

（1）建立劳动文化，铸造思想高地：通过开展实践和劳育动员和总结大会，宣传和分享实践和劳育成果，表扬并奖励实践

专业组织实践动员及劳动教育大会

和劳育模范，树立榜样，建立劳动文化、形成劳动教育氛围。

（2）顶岗实习，以"劳"培"德"：通过生产顶岗实习实践开展劳动教育，使学生真实体验生产劳动过程，通过身体力行参与各岗位工作，培养学生的劳动能力以及勤奋踏实和吃苦耐劳的精神。

（3）建立劳动教育导师制，以"劳"促"学"：根据专业人才培养计划、企业用人和生产计划，进行精心设计和安排，建立导师制负责指导学生实习全过程，做到理论学习和生产实践的无缝衔接。

学生在北京年度酒店实习

（4）深挖劳动资源，以"劳"培"技"：与企业协商沟通，为学生提供参与各种工作岗位的机会，提升学生各项专业技能，为学生争取更多的学习和使用高精密仪器设备的机会以及参与重大或重要项目等相关工作的机会，开阔学生眼界、提升专业技能。

（5）开展产教学研融合，以"劳"增"智"：依托葡萄与葡萄酒现代产业学院建设，积极探索和开展校企合作和产教学研

学生在秦皇岛金士国际酒庄实习

融合研究，为学生提供更多、质量更优的实践项目及劳育场所，提升学生的专业综合素质。

（6）协商就业，助推职业发展：通过与实习企业签订协议，优先安排实习和就业，企业和学生进行双向选择，择优就业。拓宽了学生在优秀企业就业的渠道和途径，助力学生职业发展。

学生在北京瑞登堡实习

学生在北京瑞登堡实习

3. 案例特色和创新点

（1）将劳育与德育、教学、职业体验相融合，坚持"五育"融合。

（2）建立劳动文化，培育劳育氛围，从思想上引领学生，培养学生的劳动精神。

（3）充分发挥课题组骨干教师带头作用，深挖劳动资源，拓宽劳育场域范围，不断优化和提升劳育质量和劳育效果。

（4）劳育和专业实践相结合，劳育成果和职业发展相结合，达到学校、企业和学生三赢，做到互推互助、良性循环和共同发展。

4. 案例取得成效

（1）有效拓宽"五育"融合场域，实现与德智体美劳"五育"融合。

（2）形成了系统化、结构化的劳育项目体系，提高了劳育效果。

（3）创新了实践教育模式，拓宽了实践教育与劳育场域，提升了教学质量和人才培养质量；推动了专业发展和学生职业发展的良性循环。

二、社会实践：红色信使寻访实践团

协商就业，助推职业发展：通过与实习企业签订协议，优先安排实习和就业，企业和学生进行双向选择，择优就业。拓宽了学生在优秀企业就业的渠道和途径，助力学生职业发展。

1. 案例简介和教育目标

"红色信使寻访实践团"劳动实践项目是由河北科技师范学院食品科技学院的师生们依托家乡当地蕴含的红色文化，以"于红色基地探寻伟大精神"和"深入走进红色人物生平事迹"为实践目标推出的学习红色精神，赓续红色血脉的劳育项目。自此项目实施以来，团队成员相继走访了 8 个红色教育基地，参观了 10 个网上云展厅，采访了 16 位红色人物，获媒体报道文章 32 篇，各类公众号浏览量破 10 000 余次，获各地开具表扬信 60 余封，并得到了市委员会、县委组织部等机关的肯定与赞赏。

2. 案例实施内容

在老师的指导和帮助下，大学生深入走进家乡当地的红色基地，在重温革命峥嵘岁月和缅怀先烈中汲取奋进力量、激发报国之志。同时，同学们通过以"聆听初心故事，感悟使命情怀"为主题的专题活动，分别拜访了"光荣在党 50 年"纪念章获得者、退伍军人、拥军优属践行者、一线文化工作者、一心为民的村支部书记等各行各业的共产党员，在聆听红色故事、感悟时代发展中坚定自身信念，并向前辈们表达敬意。除此之外，学生还利用互联网平台，通过腾讯会议直播等形式，共参观了中共一大纪念馆、中国人民抗日战争纪念馆、红岩革命纪念馆、周恩来邓颖超纪念馆等 10 个网上云展厅，深入学习了自中国共产党成立以来，共产党人百年来恪守初心、解放中国、解救人民、建设祖国、发展经济的艰辛历程，并积极打造精品课堂，面向家乡当地中小学生开展红色教学活动，聚焦建党百年，打造红色精品课程，为学生上好厚植家国情怀的"思政必修课"。

3. 案例特色和创新点

通过引导学生切身投入党史教育的学习中，使学生们更好地聚焦于中国共产党百年来的艰辛历程，将书本内容、文字内容通过红色基地、网上云展厅等平台生动呈现，鼓励学生在生活中学党史、强信念、跟党走，激励学生发掘家乡红色资源、探寻家乡红色文化、感悟当地红色内涵，将红色基因融入血脉。

4. 案例取得成效

育人成效上，河北科技师范学院食品科技学院"红色信使寻访实践团"劳动实践项目积极引导学生们发扬奉献精神、吃苦耐劳精神，学生积极投身疫情防控，成了各自家乡的抗疫志愿者，在关键时刻"站得出来，顶得上去，冲锋在前"，向社区报到，做好信息梳理报送、协助核酸检测、政策宣传动员、防控答疑解惑等工作，共筑守望相助的防护网，汇聚众志成城、勠力同心的正能量；在河北省"桑梓计划"大学生暑期社会实践专题活动开展时期，学生积极报名投身于各自家乡的"桑梓计划"中，深入农村基层，辅助公务人员进行常规检查，切实体现了当代大学生的优良品质。

思想引领上，河北科技师范学院食品科技学院"红色信使寻访实践团"劳动实践项目在鼓励学生发掘红色文化、传承红色血脉的同时，也使学生更加坚定了成为一名光荣的共产党员的信念，学生在日常学习、生活中自觉加强党史学习，不断增强自身思想建设。目前，参与成员加入党组织占比为87.5%，通过对红色文化的深入学习，学生的党性修养得到了极大提升。

教育拓展上，河北科技师范学院食品科技学院"红色信使寻访实践团"劳动实践项目在使学生充分学习、了解家乡红色知识、红色内涵、红色文化的同时，对当地中小学生也进行了相应的知识普及。除此之外，在学校也激励了一大部分学生自觉投身党史学习中，自"红色信使寻访实践团"启动后，河北科技师范学院食品科技学院学生相继成立了大小十余支学党史学习教育团，通过理论宣讲、合唱展示、视频宣传等方式，多角度围绕劳育案例进行红色知识的普及、红色文化的宣传工作，以自身行动落实青春誓言，为发掘学习河北省的红色文化贡献自己的青春力量。

寻访交流

寻访交流

三、让爱循环 衣旧情深

（一）案例简介和教育目标

案例简介：随着经济社会的发展，人民群众生活水平不断提高，很多学生都存积着不少闲置不用的旧衣物。很多学生在整理衣服的时候，发现许多过时不用的衣物弃之不用，或又因款式欠佳、颜色不再鲜亮"永无出头之日"。这些旧衣物对于学生来说扔了感觉可惜，不扔又占地方。若将这些旧衣物作为不可回收利用的普通垃圾处理掉是对资源的极大浪费，是我们不认同、不情愿的做法。食品科技学院团委开展"让爱循环 衣旧情深"志愿服务活动，就是由志愿者向广大学生收集闲置的衣物，然后再对旧衣物进行分类筛选、科学处置,实现物尽其用。同时,将筛选出来的衣物捐赠给贫困山区里的孩子,帮他们度过一个温暖的寒冬。

教育目标:希望通过本次活动,号召学生捐出自己多余的衣物,让闲置不用的衣物得到充分利用。使学生提高对环保、可再生资源的关注,并从中体会到帮助他人的乐趣。在全校营造乐于奉献,关爱他人的温馨氛围,把温暖送到那些需要关爱的人怀中。在活动中增强志愿者的劳动意识和个人的劳动能力,并带动更多人加入关爱社会的活动中来。

(二)案例实施内容

本次活动历时 5 天,学生会成员分批次进行轮流值班,将学生捐赠的爱心衣物整理、收纳并记录爱心捐赠人士的有关信息。最后将这些衣物进行分类并联系小雨点爱心机构进行捐赠。最终,共得捐赠衣物两百余件,学生用一袋袋的衣物传递着属于他们的温暖。具体实施内容如下。

1. 衣物接收标准

为了尊重我们所捐助的贫困地区的群众,请各位同学在捐赠衣服之前,注意以下注意事项:

(1)接受范围:主要为日常必备衣物,以实用为主要诉求,包括外套、长裤、T 恤、军训鞋、军训服。考虑到贫困地区主要缺乏秋冬防寒衣物,提倡捐赠棉衣裤、毛衣、羽绒服、棉大衣、呢大衣等。

(2)不接受范围:内衣裤、裙子、吊带(包括过于个性、性感的衣物)、短裤、鞋、袜、帽子、腰带、围巾等。

(3)检查方法:检查衣物是否存在破损、发黄、明显污渍等现象,若发现予以退还。检查衣物纽扣拉链是否完好,不完好的予以退还。

(4)装袋方法:尽量把衣物叠好,然后依次按外套、长裤、恤衫、鞋的分类顺序自下而上装袋。

2. 前期准备

(1)提前 3 天做好宣传工作。

(2)购买或申请所需物资,如宣传物资和回收的胶带。

3. 宣传工作

(1)制作 50 份宣传单。

(2)利用网络发布活动信息(QQ 群、微博和说说等)。

(3)由相关部门工作人员制作展板并在活动当天展出。

4.后期工作

（1）组织工作人员对衣服进行分类、清点和记录。

（2）择日按照衣服数量联系小雨点爱心机构，争取他们派车过来。如果机构工作人员安排不了车辆，志愿者要提前联系车辆运送衣物到小雨点爱心机构，剩下的衣服送往旧布买卖站或者联系自强社让其处理。

（3）归还所借物资。

（4）衣服捐出以后，撰写通讯及总结，总结活动的经验与不足之处。

（三）案例特色和创新点

作为食品科技学院的品牌活动，"让爱循环 衣旧情深"也做了更深入的融合创新，一是引入数据化管理系统，让每一位组织者、捐赠者都能实时了解到项目动态，并通过小程序进行线上流程的可视化操作，使项目实施过程更加智能化。

"让爱循环 衣旧情深"融合创新的第二个特点是，该活动链接了更多社会资源，为项目形成强大助力。学生会工作人员通过搜索，将查找出的各种社会信息在公众号、QQ、微信、微博上发布，让学生了解了贫困山区孩子们的生活现状以及捐赠衣物的好处，呼吁更多学生前来捐衣。在捐赠衣服后，相关工作人员也会授予捐赠学生荣誉证书。

（四）案例取得成效

通过这次活动，共接收捐献物品500余件，包括衣物、鞋子等。展示了食品科技学院学子关心山区儿童、无私奉献的精神，也体现了当代大学生奉献友爱互助的优良传统美德，以及心系社会的情感。使广大师生的思想

参加"让爱循环·衣旧情深"活动的部分学生留影

品德和精神面貌进一步提升，学院的学风进一步浓厚、教风进一步淳朴，整个学院呈现出人人讲劳动、讲奉献，人人乐劳动、乐奉献，团结互助，奋发向上的景象。

四、以劳为美："食代先锋"志愿服务劳动

1.案例简介和教育目标

"食代先锋"志愿服务劳动实践项目，由河北科技师范学院食品科技学院的师生们立足"劳动"与"服务"为出发点，贴合食品科技学院的特色进行志愿服务实践活动的劳育项目。以党的二十大胜利召开为大背景，提高食品安全意识成为群众关注的焦点。学生作为时代的主力军，应该积极响应国家号召，依托自身专业优势，通过劳动等方式，提高当地人民群众的食品安全意识。自劳动课程实施以来，由老师带领学生开展食品知识科普活动，活动前期提前展开调研，并针对不同人群，如老年人、青年人、儿童、餐馆店主、菜市摊主等进行不同方面的食品知识科普。通过理论宣讲及打卡等各种活动方式展开光盘行动、普及冬奥食品安全保障知识，让人们培养节约习惯，养成珍惜粮食、反对浪费的习惯。引导学生崇尚劳动、尊重劳动，懂得劳动最光荣、劳动最崇高、劳动最伟大、劳动最美丽的道理。

调查菜市场

对青少年进行饮食科普

检查超市食品隐患

2.案例实施内容

在老师与学生的共同探讨下，劳动主要围绕以下三点展开：食品安全进乡村科普宣传；冬奥食品安全保障助力食品安全生产；光盘行动，拒绝舌尖上的浪费。第一，食品安全进乡村科普宣传。针对当前农村居民食品安全意识薄弱等主要现状，学生将结合所学专业，进行走访调查，以发放食品宣传单、摆放展板等多种线下形式，向广大人民群众普及食品安全知识，并做好后期回访工作，确保活动开展有效。第二，冬奥食品安全保障助力食品安全生产。学生结合自己参与冬奥志愿者食品保障的经历，在各自家乡宣传讲解食品安全保障知识，从疫情防控、食材贮存等多方面进行提醒，强化从业人员的食品安全意

识，把好食品安全每一道防线。第三，光盘行动，拒绝舌尖上的浪费。有统计数据显示，中国人每年在餐桌上浪费的粮食价值高达 2 000 亿元。针对食物浪费现象日益严重的问题，学生对家庭饮食习惯、饭店餐饮等开展问卷调查走访，倡导大家节约粮食，并带动身边的家人、朋友参与光盘打卡活动。

3. 案例特色和创新点

食品科技学院积极发挥专业特色优势，大幅度减少了农村食品中的安全隐患问题，让人民群众通过食品科普宣传获得食品安全"正能量"。食品安全是一项关系国计民生的"民心工程"，关系到经济发展和社会稳定。加强食品安全宣传教育，提高全民食品安全知识水平和自我保护能力，可有效改善人民的生活质量。本次活动中，有一名学生曾是北京冬奥会志愿者，通过她的亲身经历，志愿团队提出了特色的劳动内容——冬奥食品安全保障助力食品安全生产，把冬奥期间的食品安全方法带入百姓家，展现了劳育引导大学生们努力学习科学文化知识、练就过硬本领、培养劳动情怀、激发学习热情和创新精神。

4. 案例取得成效

劳动教育是培养社会主义劳动者的需要，通过劳动实践主要有以下收获：首先让学生了解国情、了解社会，增强社会责任感和使命感。其次对理论知识的转化拓展，增强运用专业知识解决实际问题的能力，正确认识自己，对自身成长产生紧迫感。最后有效地提高个人素养，包括适应社会、服务社会的能力、组织、协调能力和创新意识。帮助学生树立劳动观念，传承工匠精神。

社会调研

社会调研

第七节　河北科技师范学院物理科技学院：
让青春在劳动中闪光

疫情防控中协助社区人员进行相关工作

1. 案例简介和教育目标

当前，随着生活水平的提高和生活环境的改善，以及一些家庭对孩子的百般宠爱，其中出现了不少娇男、娇女。他们不懂得珍惜劳动成果，没有形成良好的劳动习惯和劳动观念。同时，他们的心理素质较差，普遍缺乏吃苦耐劳、勤俭节俭、奋发向上的精神。所以，对他们进行劳动观点、劳动志向、劳动感情、劳动习惯、劳动知识、劳动纪律和劳动技能的教育已是刻不容缓。

2. 案例实施内容

疫情中站岗执勤、运送物资和垃圾等。

疫情防控期间站岗执勤　　　　　　疫情防控期间帮助运垃圾

3. 案例特色和创新点

充分发挥志愿者的特点，引导学生热爱公益事业、热爱劳动、做力所能及的工作为身边的人们，体现大学生的精神风貌。

4. 案例取得成效

不经风雨，长不成大树；不经过百炼，难以成钢。学生在劳动过程中磨炼坚强意志，在劳动实践过程中培养良好的道德品质，在劳动实践活动中丰富知识和发展创造思维，在劳动实践中学习为人民服务的本领。让学生树立热爱劳动的思想，养成良好的劳动习惯和劳动态度，努力成为一个德技双全的有用人才。

第八节　河北科技师范学院数学与信息科技学院：
以实际行动体验劳动之美

尊师重教：以实际行动体验劳动之美

1. 案例简介和教育目标

"尊师重教：以实际行动体验劳动之美"劳动教育案例是根据学校《本科生劳动教育实施方案》要求，并结合师范类学生特点制定的特色项目。该项目实施以来，共有89名学生及12名教师参与，涉及5门以上课程的50多个知识点，总授课时长达到1 800分钟。该项目的开设，让学生在劳动实践中加深了对本专业知识的理解，体会到"台上一分钟，台下十年功"的真正内涵，促使学生以实际行动践行尊师重教传统。学生通过课下备课、模拟演练、合作交流、解决问题，感受劳动带来的收获乐趣，感受到老师的辛苦，培养尊重劳动、热爱劳动、珍惜劳动成果的真挚情感。

2. 案例实施内容

项目实施前期，学生自由选择喜欢的课程及章节，根据指导老师提供的相关资料进行授课前的准备。指导教师给学生提供优秀教师观摩、听课、一对一指导的机会，教授授课技巧及讲台艺术。在项目实施过程中，以分组形式完成，学生以教师身份在台上完整展示（20分钟），教师以学生角色体验听课过程，最后由评委从教学内容、教学方法、教学态度、教学效果等方面进行综合评价，并给出中肯建议供参考。通过这种讲台体验、角色互换的形式，更好地完成角色互换式体验，使学生体会到劳动付出的可贵，同时促进教师工作更顺利地开展，起到了"双赢"的效果。

3. 案例特色和创新点

在育人成效上，数信学院"尊师重教：以实际行动体验劳动之美"劳动实践项目积极引导大学生树立正确的劳动观，提倡崇尚劳动、尊重劳动，在劳动中传承合作精神、奉献精神、工匠品质。一方面突出专业性劳动特色，强化大学生专业能力、创造能力、劳动能力，使专业知识与劳动课融会贯通，使学生师范类身份更好地在特色劳动教育中加强；二是开展劳动教育，坚持第一课堂与第二课堂有机融合，坚持观摩听课与教师一对一指导全面推进，进一步完善三全育人工作体系，形成育人合力。让师生近距离接触优秀教师、教学名师，聆听教学经验故事，观摩精湛技艺，感受并领悟勤勉敬业的劳动精神，升华学生对教师的理解及尊重之情。

学生讲课现场

4. 案例取得成效

数学与信息科技学院全面贯彻党的教育方针，落实全国教育大会精神，积极发挥专业特色优势，挖掘劳动教育课程环节中蕴含的劳动育人价值，积极探索具有学校特色的劳动教育模式，创新体制机制，注重教育实效，实现知行合一，促进学生形成正确的世界观、人生观、价值观。该案例从前期选题到最后的展示，均由学生独立完成，指导教师进行有效辅助，各种优秀教学展示成果是学生劳动价值的绽放，也是对教师的最大尊重和回报。项目实施总结阶段，形成了89份劳动成果，评选出近10份优秀案例，并以图片、视频的形式向学院备案及推广展示，案例形式及方案设计也得到学院的认可及肯定。

第九节 河北科技师范学院工商管理学院：
劳动技能培养与综合素质提升

一、"水培蔬菜"进校园

1. 案例简介和教育目标

为加强大学生劳动教育，深入践行教育部、农业农村部《中国农民丰收节农耕文化实践教育》相关文件精神，工商管理学院人力资源管理专业积极创新工作思路，发挥育人功能，将"劳动最光荣，劳动最崇高，劳动最伟大，劳动最美丽"真正融入教育全过程，别出心裁推出"水培蔬菜"进校园劳动实践项目。项目实施以来，全体人资专业学生先后尝试了葱、大蒜、绿豆芽、黄豆芽、香菜、胡萝卜等蔬菜的水培。通过该劳动实践活动，逐步实现"四体勤、五谷分"，学生在探寻食物源头的同时，体验来之不易，培养胆识。

该项目的实施有效地提高人资专业学生的生活自理意识以及动手能力。学生通过学习蔬菜的水培技术、亲自动手劳作，使其认识自然规律，感受民俗文化，培养奋斗精神，厚植爱国情怀，实现精神上的满足和思想上的洗礼。同时，使学生在遵守作息时间、自律性、责任心等基本素养方面都有了一定的提高。

2. 案例实施内容

"水培蔬菜"进校园活动包括三部分。第一部分是探索和种植。在教师指导下，人资专业的学生认真进行每一个环节。教师为学生讲解操作步骤，并亲手示范，从选器皿、种子和菜根，准备定植器，到初期培植、管理与养护，再到采收，学生情绪高涨。讲解结束后，学生分组进行放苗、固定、浇水、施肥等工作。师生一起体验了劳动之美，共享劳动之乐。

第二部分是记录农作物的生长。要求学生拍照记录自己所培育的蔬菜生长变化，再结合文字描述，利用数据模板或应用程序整合成电子手账。在每一步挥洒汗水的劳动过程中，学生的主观能动性得到了体现，劳动技能够得到有效的锻炼和提升。

第三部分是蔬菜的采收。以班级为单位进行采收，一部分成果通过新媒体平台进行线上销售，还有一部分成果被学生作为珍贵的礼物赠送给学院的老师，与恩师们一起分享丰收的喜悦。

3. 案例特色和创新点

一是以"变废为宝"为原则。在器皿的选择上，以废旧矿泉水瓶为主。在豆芽培育过程中，辅助用品采用的是废旧黑色塑料袋或是闲置的深色衣物。

二是与新媒体平台相结合，发挥专业特色。人资专业学生利用所学专业知识，发挥专业特色优势，组建团队，进行适合的人事安排，创作宣传文案，实现了团队式劳动、专业式劳动、创造性劳动三者统一。学生积极和新媒体平台进行合作，把所收获的一部分蔬菜进行在线销售，使学生进一步体验劳动创造与实践的结合，弘扬工商特色、彰显工商元素，以专业技能和劳动汗水为校园添彩。

学生制作"水培蔬菜"

 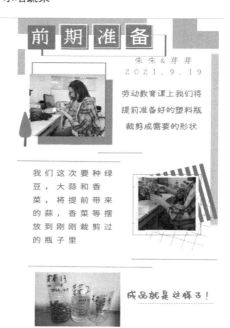

学生记录农作物生长手账（一）

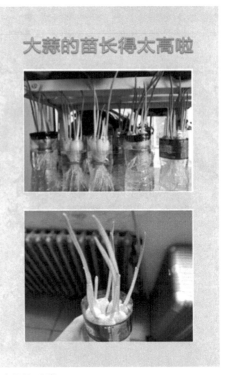

学生记录农作物生长过程的手账（二）

三是校内跨领域连通。按照进一步的规划，人资学生将和学校后勤进行沟通，把所收获的蔬菜放到食堂，加工成爱心菜，然后以学院的名义供全校学生免费食用，这种校内跨领域连通方式可以增强学生的成就感。

4. 案例取得成效

"水培蔬菜"进校园充分发挥了劳动育人的作用，一方面帮助大学生在劳动的过程中树立正确的劳动观，使大学生在养成良好的劳动习惯的同时学习勤俭奋斗、创新、奉献的劳动精神。另一方面有利于培养大学生的社会责任感、创新意识、创新精神与实践能力，对将学生培养成为德智体美劳全面发展的社会主义建设者与接班人有重要意义。人资 19 的学生在实践总结中对"水培蔬菜"进校园项目的评价很高，纷纷表示，通过这门课程，不仅了解到农作物生长的相关知识，还感受到了劳动带来的充实与快乐，看着自己亲手种的蔬菜一点点长大，每个人的心里都充满了自豪感。实践的过程让自己感受到劳动的价值，体验到劳作的艰辛与乐趣。

二、劳动素质培养：7S 塑造管理文化

1. 案例简介和教育目标

随着经济的快速发展和时代的进步，社会对高校提高人才培养质量的要求越来越强烈，良好的劳动素养是高素质人才必备的素质。"7S 塑造管理文化"劳动实践项目，由河北科技师范学院工商管理学院物流管理专业的师生们立足"劳动"与"素质"相结合推出的劳育项目。教育目标为以劳动教育课程为主，并在物流管理专业实践课程中融入劳动教育元素，将劳动教育与专业教育紧密结合，实现学生个人素质和专业技能双向提升。结合实践课程中的实验、实习内容营造和谐、文明、整齐、整洁的实习环境，培养良好的习惯，落实责任关怀，全面体现 7S 管理内容，塑造管理文化。

2. 案例实施内容

将劳动教育课程与物流管理实践教学课程相结合进行实施。学生学习 7S 相关理论后对实习、实训、实验等场所进行清洁、整理等劳动。由实训管理员及物流管理团队专业教师组成的"劳动标准"开发团队实地察看并分析实习、实训室特点，进行分区，按 7S 管理理念和方法制定劳动标准，同时对卫生、物品及设备归置要求用简洁明了的文字进行描述并辅助以效果图片。将 7S 有关的劳动标准制作成目视化展板悬挂或摆放于各劳动区域，方便学生按照标准

进行劳动实践，确保劳动实践的质量。

具体内容如下：

（1）1S——整理（SEIRI）：将物品区分为有用的与无用的，并将无用的物品清除掉。

目的：腾出空间，以便更充分地利用空间；防止误送（送错地方）、误用（无用的或不良的）；减少库存量；创造清爽的工作环境。

主要活动：明确原则，大胆果断清除（或废弃）无用品。研究无用品的产生原因，思考解决方法。

实施要点：废弃的决心，行动要快速果断。

①整理实习工作区。对工作区的电脑、课程实习文件资料、书、本、笔等必要资料留存并按照指定位置放置，对与实习无关物品移走它存或处理。

②整理劳动工作区。对劳动工具扫把、拖把、水桶、擦布等必要劳动工具按需留存，对可回收废料留存，对实习过程中产生的废弃用品和垃圾进行分类，并放入指定垃圾箱。

（2）2S——整顿（SEITON）：合理安排物品放置的位置和方法，并进行必要的标识。

目的：工作场所一目了然，减少或消除找寻物品的时间，创造整齐、整洁的环境，消除积压物品（如设备的备用品等）。

主要活动：合理地决定物品的保管方法和布局，彻底实施定点、定位存放管理，将物品、场所的有关内容（名称、数量、状态等），进行标识。

实施要点：三定原则：定物、定位、定量，标识：在现场进行适当的标识。整顿实习工作区和劳动工作区规划工作区物品摆放位置、要求摆放整齐、排列有序，不同场所和各类物品标识。

（3）3S——清扫（SEISO）：彻底清除工作场所的垃圾、灰尘和污迹。

目的：使设备质量保持稳定。维持仪器及设备的精度，维持机器设备的稳定性，减少故障发生，创造清洁的工作场所。

主要活动：对区域、设备进行彻底的清扫（责任到人、无清扫盲区）。实施无垃圾、无污垢化。强化对发生源的处置和对策。

实施要点：彻底贯彻清扫（点检）的原则。在实习过程中对实习场所所有卫生区域予以划分，并指导学生自行负责区域内卫生和物品摆放，任课教师和学生负责人对区域卫生和设备情况检查和管理。

（4）4S——清洁（SETKETSU）：持续推行整理、整顿、清扫工作，并使之规范化、制度化，保持工作场所的干净整洁、舒适合理。

目的：保持场所、设备等的清洁，使异常现象显现化（易发现），并做到异常时的对策办法可视化。创造舒适的工作条件。

主要活动：彻底地、持续地实施整理、整顿、清扫工作，并做到责任到部门到个人、保证无清扫盲区。将异常状态及其对策进行标识。

实施要点：活动标准化。对清扫工作进一步落实，保持必需品清洁干净，指导学生配合实验室管理人员和任课教师做好检查工作。

（5）5S——素养（SHITSUKE）：建立自律和养成从事前 4S 工作的习惯，使前 4S 的要求成为日常工作中的自觉行为。

目的：营造团队精神，遵守规章制度，培养具有良好素质习惯的人才。

主要活动：强化教育。创造良好的工作环境和工作氛围。加强沟通。对学生的努力给予恰当的评价。

实施要点：①教师教学准备充分、确保软件和硬件运行良好，按照实习计划和指导书指导学生展开实习，教学效果和教学态度良好（用语规范、态度亲切）；②实验中分组共同完成实验业务，培养学生的团队意识和集体精神；③指导学生学习实验室工作流程和规则，按要求填写设备使用记录和相关表格（包括记录、耗材、异常情况等）；④学生不迟到、不早退、不旷课、学习态度积极主动、明确操作规程、时间利用率高；⑤设备出现故障及时联系实验室管理人员和任课老师及时排除故障

（6）6S——安全（SECURITY）：安全就是消除工作中的一切不安全因素，针对可能影响安全的区域和设备，如自动化立体仓库区和手动堆高车、液压搬运车实验前加强安全教育和安全操作规程示范以杜绝一切不安全可能。

目的：保障人身安全，保证生产的连续安全正常地进行，同时减少因安全事故而带来的经济损失。

主要活动：就是要求在工作中严格执行操作规程，严禁违章作业。时刻注意安全，时刻注重安全。

实施要点：清除隐患，排除险情，预防事故的发生。①实验室管理人员和任课教师实习前进行全面安全检查和学生进行教育，对运行中的设备做到有人监守；②在实习过程中，发现安全隐患及时采取应急措施并上报相关部门负责人；③实习结束后，关闭门窗、切断水源、电源，检查无误后方可离开；④加强安全素养，规范个人行为，责任到人。

（7）7S——节约（SAVING）：养成节省成本的意识，主动落实到人及物。

目的：提高经济效益，降低管理成本。

主要活动：对时间、空间、能源等方面合理利用，能用的东西尽可能利用，以自己就是主人的心态对待企业的资源，切勿随意丢弃，丢弃前要思考其剩余之使用价值。

实施要点：合理利用发挥最大效能，物尽其用。①对人员合理配置，实习前教师对全班学生进行合理分组，确保人员配置优化；②教师对实习时间进行合理规划和安排；③合理规划空间，理顺所有物品；④节约用水、用电和实习用品。

3.案例特色和创新点

工商管理学院物流管理专业教师充分发挥专业特色优势，挖掘专业课程实践环节中蕴含的劳动元素，将劳动教育与物流管理专业的相关职能相结合，结合物流管理实验室这一场所，应用现场管理的理念，进行7S实践，将劳动教育与专业培养深度融合，实现劳动教育与专业素质的完美统一。

4.案例取得成效

育人成效上，"7S塑造管理文化"劳动实践项目积极引导学生树立新时代劳动价值观、培养社会责任感，提高学生基本素养和综合素质。

一是有突出的专业性劳动特色，与物流相关职能的有效结合，对强化学生运用专业能力创新劳动具有促进作用，使专业课与劳动课融会贯通。

二是有突出的劳动与素质融合特点，使学生认识到劳动素质涉及受教育者品德发展中正确的劳动态度的形成，认知发展中知识、技能的掌握和智力的发展，身体发展中素质的提高和机能的发展。

三是有突出的劳动课程思政特征，激发了大学生社会责任感和奉献精神，将思政教育融入劳动素质培养中。习惯养成方面力求让大学生在实践中锻炼，使大学生理论知识与劳动实践结合更加紧密，知行合一，进而对大学生完善人格、培养正确劳动价值观起到积极作用！

三、信息沟通动手能力培养

1.案例简介和教育目标

劳动课程是学校教育的重要组成部分，劳动课程的设计与管理，应以促进学生全面发展为目标，力求达到以劳育德，以劳启智，以劳健体，以劳取乐，以劳益美的综合教育效果。"信息沟通动手能力培养"劳动实践项目，由河北科技师范学院工商管理学院信息管理与信息系统专业的师生们立足"现代信息素质"与"信息技术动手能力"培养相结合推出的劳育项目。教育目标为以《劳动教育》课程为主，并

7S 标语

学生实践劳动 1

将信息管理与信息系统专业培养的信息技术能力融入劳动教育实践环节，将劳动教育与专业教育紧密结合，实现学生个人素质和专业技能的相互促进提升、融合发展。结合劳动教育课程中的实践动手环节，运用自身的信息技术能力，以实现一次深刻"信息沟通"为主题，进行"信息沟通"产品的设计制作。

2. 案例实施内容

结合运用自身的信息技术能力，在劳动教育课程中的实践动手环节中以实现一次深刻"信息沟

学生实践劳动 2

通"为主题，进行"信息沟通"产品的设计制作。整个案例环节包括信息主题、沟通体系、沟通途径、技术手段的分析论证及设计，并实现"信息沟通"产品的制作和实践应用，根据应用情况进行效果评估反馈并至少完成一次产品改进。

具体内容如下：

（1）主题实践活动动员，传达主题实践活动主旨，完成人员分组安排。

目的：传达主题实践活动主旨，使大家明了活动的目标、过程、形式及个人和小组需要完成的工作和可以做的工作，并提示大家可以使用的技术手段，激发大家的兴趣。

主要活动：主题活动主旨讲解动员，学生自动分组并产生组长。

实施要点：准备主题实践活动动员讲解 PPT，激发学生的兴趣，完成自动结组并选出组长。

（2）各组确定自己的"信息沟通"目标、主题和关键技术。

目的：确定自己的"信息沟通"产品的关键点。

主要活动：各组通过与老师互动、分散调研、集中讨论等形式，确定自己的"信息沟通"产品的设计设计要点。

实施要点：不断地进行头脑风暴、集中讨论。

（3）各组确定自己"信息沟通"产品的主体互动方案框架。

目的：根据前一阶段的结果确定互动方案框架。

主要活动：结合本组人员的技术能力特点选择互动框架。

实施要点：不断地进行头脑风暴、集中讨论，并开始进行核心工作的设计及关键完成责任人的确定。

（4）各组确定自己"信息沟通"产品的总体技术实现方案。

目的：根据之前阶段的结果确定总体技术实现方案。

主要活动：结合本组人员的技术能力特点确定技术实现方案并明确具体工作分工。

实施要点：明确具体工作分工。

（5）各组根据自己"信息沟通"产品主题方向搜集沟通素材。

目的：搜集沟通主题素材，丰富将来呈现的"信息沟通"产品。

主要活动：全员出动搜集主题素材。

实施要点：不断地进行头脑风暴、集中讨论。

（6）各组根据自己"信息沟通"产品目标进行已有素材的选择、裁剪、编排。

目的：编排主题素材，初现"信息沟通"产品面貌。

主要活动：素材的处理编排。

实施要点：不断地进行头脑风暴、集中讨论。

（7）各组根据自己"信息沟通"产品的目标、已有素材、设计框架等完成产品的制作。

目的："信息沟通"产品制作。

主要活动：素材的处理编排、产品全貌总览。

实施要点：互动设计及技术设计框架的实现。

（8）各组呈现自己的"信息沟通"产品，并完成互动评分。

目的："信息沟通"产品的互动应用及效果评价。

主要活动：产品呈现汇报、相互评价反馈。

实施要点：分组汇报并给别人评分。

（9）各组改进自己的"信息沟通"产品，并完成总体活动书目报告。

目的："信息沟通"产品的改进。

主要活动：产品改进提升、完成书面报告。

实施要点：完成书面报告。

3. 案例特色和创新点

工商管理学院信息专业的教师充分发挥专业特色优势，挖掘专业课程实践环节中容易激发学生动手兴趣的部分，将自身专业的技术能力培养和学生的动手能力培养相结合，以打造一次高效深度的"信息沟通"互动为目标，设计了该劳动教育案例，从立意、设计环节、技术运用等方面深刻立足本专业特色，并大大激发了学生的动手实践热情和兴趣。

4. 案例取得成效

一是有专业性劳动特色，与信息专业相关技术能力有效结合；对强化大学生运用专业能力创新劳动具有促进作用，使专业课与劳动课融会贯通；二是有素质教育特色，使学生在实践活动中加强相互的沟通协作，提升自身的团队协作素质和能力。三是有劳动教育课程思政特色，在各组"信息沟通"主题方向的选择上通过激发学生的社会责任感和奉献精神，将思政教育融入"信息沟通"产品的制作和应用过程中。总体上，本次活动使信息专业学生的理论知识学习与劳动实践结合更加紧密，知行合一，达成完善学生人格、培养学生正确劳动价值观的劳动教育目标。

第十节　河北科技师范学院体育与健康学院：
传承中医精髓，体验劳动魅力

一、传承中医精髓 体验劳动魅力

1. 案例简介和教育目标

我国从古至今非常注重劳动教育。近些年，劳动教育受到了党和政府的高度重视，教育部在 2022 年印发了《义务教育课程方案》，将劳动教育完全独立出来，并颁布《义务教育劳动课程标准（2022 年版）》。河北科技师范学院体育与健康学院体育教育专业的"传承体育精髓，体验劳动魅力"劳动教育实践项目，立足专业优势，将劳动教育融入体育教学中来，实现了新时代劳动教育创新，探索劳动教育的新模式，促进劳动教育新融合。本专业劳动教育案例实施以来，多名师生参与了长期以来体育文化宣传服务校园、中医按摩服务社区和农村、多次线上宣传中医知识文化。本项目颇具特色的育人模式受到多家媒体报道，并受到社区及村民的一致好评，得到全校师生的认可，形成了良好的社会反响。

本案例的教育目标是培养学生的劳动能力和劳动精神，提升学生的专业实践能力，培养德智体美劳全面发展的新时代体育方面的人才。劳动教育是国民教育体系的重要内容，是促进大学生成长成才的重要途径，不仅具有立德树人的育人价值，还能增强专业知识学习的实践价值。国务院印发的《中医药发展战略规划纲要（2016—2030 年）》提出：国家将着重加强体育与中医想融合的师承教育建设，使师承教育与院校教育高度结合。本专业精心打造体育文化知识宣传活动、服务社区社会实践活动、校园内服务师生活动，营造浓郁的传承中医文化劳动教育的氛围。以我院专业课教学为引领，以劳动教育为契机，开展了一系列以"传承中医精髓"为主题的劳动教育活动，积极推进"中医服务师生、中医服务社区"新时代劳动教育发展，促进学生学习中医知识、积极参与社会实践活动、服务人民，为本专业大学生的高质量发展奠定坚实的基础。

2. 案例实施内容

传承是中医知识经验延续发展的主要形式。学院将定期邀请校内外有丰富的实践经验和专业知识的教师开展中医讲座，并带领学生进行实际操作。我院十分重视劳动教育，经过我院多年的实践探索，把劳动教育融入实践建设，并将中医传承融入体育课程建设中，劳动实践体系日益完善，教学内容不断优化，以劳动教育为载体，有效推动了学院思想政治教育工作的进程。本专业学生在辅导员和专业老师的带领下，利用假期和周末的空余时间，运用自己所学中医知识和技能开展体育保健知识讲座和健康康复服务等社会实践志愿服务活动。本专业的学生为师生、村民及市民等热情服务，并在老师的带领下，对来访的人员进行诊断。有些老师颈椎和腰椎出现严重的问题，还有些老人也有严重腿脚问题等，学生不仅为他们提供中医传统养生康复理念，还通过艾灸、推拿、刮痧、拔火罐、火灸、针灸等技能，为他们缓解病痛，还会定期为他们提供免费服务。学生在实践的过程中，还为村民和市民推广普及了简化 24 式太极拳，并结合自己的专项技能为村民开展了健美操、篮球等喜闻乐见的系列体育活动，为一些有不同疾患的村民进行了相应的中医治疗，并就如何避免日常生活和劳作出现损伤以及损伤后的处理措施开展了宣教。

3. 案例特色和创新点

本案例的特色和创新点：一是把传承中医精髓与体验劳动魅力相结合，有效地提升了学生的专业知识，培养实践能力。二是链接体育专业知识深度学习，传承中医知识文化。中医是经验性和实践性很强的学科，成为优秀的中医临床医生关键在于自主思考能力、临床思维模式及实践应用能力的培养。思考能力和思维模式的培养是内化和深化的过程，学生应该主动学习，并将教师的临床经验通过理解转化为自己的知识储备。三是关注中医治疗，推进劳动实践。在落实劳动教育的过程中，重视全员参与实践，让学生每学期掌握一两种劳动技能。促进学生反思劳动态度、劳动习惯、劳动情感、劳动技能、劳动思维等个性化发展，检验自己是否掌握了必备的劳动技术和劳动技能，实现学习需求和德行互助式增长。

4. 案例取得成效

"传承中医的精髓，体验劳动魅力"劳动教育实践项目积极引导大学生树立劳动意识和传承中医文化精神，具有劳动育人的价值功能。一是有突出的体育教育的劳动特点，对强化学生运用专业能力创新劳动具有促进作用，使专业课与劳动课融会贯通。二是具有突出的劳体融合特点，随着中医传承教育工作以多模式、多形式、多元素特点的开展，只有将传承落实在日常实践工作中，渗透到个人思维模式、职业操守和素质修为中，有效制订并充分实施传承人才培养规范和标准，中医传承教育工作方可得到深化和发展。三是有突出的立德树人教育。2014年教育部印发《关于全面深化课程改革落实立德树人根本任务的意见》，将"立德树人"设为中国特色社会主义教育事业发展的核心，也是实现大学生自身全面发展的重要要求。本案例采取多种措施丰富校园文化活动内容，创新社会实践形式，激发了学生的社会责任感和奉献精神，树立了以劳动培养学生人格、以服务人民的奉献精神、爱校荣校意识和传承中华文化意识，让学生在形式多样的第二课堂的组织与实践中锻炼能力、提升素质、增长才干，进一步锤炼道德水平和道德素养。四是助力"人人出彩"的目标。为提升学生学习兴趣，考虑到学生不同层次的基础文化水平，本专业制定了与学生基础文化素质和接受能力相适应的德育教育的内容、方法等，有效落实了劳动教育助力"人人出彩"的目标。五是实现了因材施教。中华教育文明源远流长。我国古代的教育家提出了很多关于劳动教育的原则和方法。教育家孔子在多年的实践经验中总结了"因材施教"的育人理念，强调把劳动教育放在重要位置，本案例尊重每个学生的劳动能力的特点，进行差别化育人，进而达到最佳教育的效果。面对学生道德素养和劳动行为的差异，增强学生的自信心，促进学生实现全面的发展。

二、健康扶贫中国行，劳动聚力中国梦

1. 案例简介和教育目标

劳动能够有效提高身体素质，对人的全面发展具有十分重要的意义。新时代，我国着重挖掘劳动的教育属性和功效，将劳动与教育相结合，把劳动教育应用于学生的思想政治教育方面，努力激发劳动教育在这方面的功能。德智体美劳"五育"并举是我国高等教育的重要教育方针和指导方向，劳动教育在其中占据重要的位置。同时，大力开发劳动教育在提升学生思想政治教育方面的功能，帮助学生抵御不良社会思潮的影响，进而树立正确的劳动观念，提高学生的思想政治觉悟和水平，为实现中华民族伟大复兴贡献力量。

2. 案例实施内容

2022 年暑假，在教师的指导下，体育与健康学院运动康复专业的学生，开展了以"健康扶贫中国行，劳动聚力中国梦"为主题的劳动实践活动。实践地点涵盖江苏徐州市、唐山市滦南县、邢台市桥东区、隆尧县和保定市徐水区等团队成员家乡所在地。

队员们分别到小学、市区中心广场、生态园、居民小区、村委会、工厂等场所运用自己所学专业知识技能开展体育保健知识讲座和健康康复服务等社会实践活动。学生以推拿、刮痧、拔火罐、针灸等技能，带着满腔热情为家乡人民提供中医传统养生康复服务。活动中，学生为社区居民推广普及了简化24 式太极拳，耐心细致的一对一、手把手教授，并就如何避免日常生活和劳作出现损伤以及损伤后的处理措施开展了宣教。居民们感动地说："孩子们的知识传授和耐心辅导，让我们感受到了健康知识和体育活动的重要性，特别是他们传授的太极拳让我们中老年人受益匪浅，今后我们要坚持锻炼，为健康中国作出我们自己的贡献。"

3. 案例特色和创新点

健康是促进人的全面发展的必然要求，是社会发展的根基，是国家富

强、民族振兴的重要标志。党的十八大以来，习近平总书记指出，要将人民健康放在优先发展的战略地位。2014 年国务院明确将全民健身上升为国家战略。2016 年习近平总书记在全国卫生与健康大会上指出，树立大卫生、大健康的观念，推动全民健身和全民健康深度融合。同年，中共中央、国务院印发《"健康中国 2030"规划纲要》，指出加强体医融合。

同时，我国提出健康中国发展战略，是致力于构建全国上下健康和谐的生活方式、社会环境。运动康复专业不但可以对大众的生活理念、锻炼方式作普及推广，还可以为群众进行专业性的运动技术指导。尤其在健康中国战略提出后，社会对运动专业人才需求量是非常大的，无论是专业性的运动康复机构，还是老年休闲场所、社区康复中心等多元化新兴产业都需要大量的运动康复专业人才作保障。通过此次劳动实践活动，学生运用运动医学、人体科学及体育学基本理论和基本知识，结合运动康复实用技能，融入课外活动生活之中。使学生具备一定的创新意识、创业能力、创新思维和创新精神。掌握获取知识、方法和经验的学习能力以及逻辑分析问题能力，锤炼了敏锐的观察力和分析问题、解决问题的能力，能够将专业知识与专业技能有效融会贯通于社会生活之中。

4. 案例取得成效

本次暑期劳动实践活动，充分体现了大学生新时代劳动教育的意义与价值。

提升专业能力素质。学生结合专业特色，将健康知识和技能送到基层、乡村，不但加强了社会实践能力，增强了服务奉献社会的责任感，还弘扬了中华传统文化，厚植爱国主义情怀，践行了健康中国战略，提升了自身体医融合与康复体育协同发展能力，为健康中国和乡村振兴贡献自己的力量。

加强思想道德素养。通过社会劳动实践活动，加强学生能够自觉践行社会主义核心价值观，具有崇高的理想和坚定的信念，自觉遵守国家法律、校规校纪和公共秩序，敬业师长、团结同学，主动合作、乐于奉献，具有竞争、进取和创新意识。养成和谐的人际关系、严格的自律能力和强烈的社会责任感。

提供全面发展保障。通过劳动实践，促进学生劳动意识的形成，培养积极的劳动态度、劳动情感，养成自觉的劳动习惯，帮助学生形成良好的劳动素养和劳动品质。通过开展社会劳动实践，有助于提升学生对劳动的兴趣与热爱，提升学生自我价值；有助于提升学生劳动素质，为追求人的全面发展提供基本保障；有助于激励学生成长成才，明确奋斗成就未来的理想信念。

助力理想人格塑造。新时代劳动教育能够助力学生理想人格的塑造，通

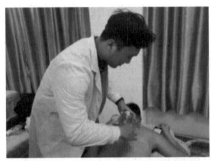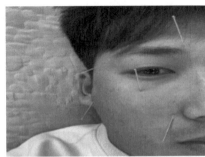

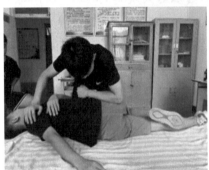

学生在社会实践活动中为广大居民服务

过不断更新观念、与时俱进，提高学生对劳动教育重要性的认知，不断创新劳动教育的内涵与方法，注重劳动实践环节，通过社会实践教育平台，开展志愿服务和公益劳动，营造浓厚的劳动育人氛围。通过劳动教育培养学生综合素质，为塑造学生理想人格和实现人的全面发展提供基本保障。

第十一节　河北科技师范学院教育学院：
德育渗透　以劳育专

一、以劳育专：计算机设备维护淬炼技能情怀

1. 案例简介和教育目标

"计算机设备维护"劳动实践项目，由河北科技师范学院教育学院教育技术学专业的师生们立足"劳"与"专"融合而推出的劳育项目。师生利用信息技术专长，为学院办公设备、实验室设备、师生个人电脑进行维修维护服务和

正版化维护。

开展该劳动实践项目，体现了树德、增智、育美的综合育人价值，一举多得。

（1）学生在劳动实践中感受了学院艰苦奋斗办大学的精神，体会到了学院优先保障教学的学生中心的办学思想，融洽了师生关系；树立了劳动最光荣的观念，培养了勤俭、奋斗、创新、奉献的劳动精神。

（2）通过实践锻炼，学生的专业技能得到了锻炼和提升；也让学生感受到专业的力量和价值，增强了学生的专业情怀和学习热情。

（3）学院办公与实验设备得到及时维护和维修，减少了维修等待时间，确保了学院办公效率，保障了教育教学实验顺利开展。

（4）充分挖掘人力、智力资源和实验室资源，延长了办公和实验设备的使用生命周期，节约了学院维修资金。

2. 案例实施内容

在专业老师指导下，学生对于实验室设备开展例行维护，办公电脑和师生个人电脑随时出现问题随时处理，结合自身专业特长，以专业技能为师生的工作、学习来保驾护航。结合学校的"正版化"运动，把全院100多台计算机设备全部实现正版化。

特别重视服务队伍建设，组织兴趣小组，淬炼精兵强将。日常以活动和研讨锻炼技能，鼓励学生参加竞赛，以赛促学。还积极开拓实践平台，组建专业性的学生社团（科师计算机网络媒体协会），普及计算机与网络维护技能。"计算机设备维护"劳动实践中，先后100余名同学对学院内的各类办公设备和实验室设备开展正版化和维护维修工作，保障了学院办公设备的正常运转和延长了设备的使用寿命。

3. 案例特色和创新点

教育学院教育技术学专业积极发挥专业特色优势，挖掘专业课程实践环节中蕴含的劳动育人价值，创新性地运用计算机维护为载体创新开展劳动教育。

（1）坚持因地制宜：根据学校和学院的办学实际，充分挖掘专业优势和实验室资源等可利用资源，开展专业性劳动实践，既培养学生劳动精神和专业能力，又保障办公教学、节约办学经费。

（2）针对劳动新形态，专业服务与社会实践相结合，将"劳"与"专"深度融合。强化劳动意识，培养科学精神，提高创造性劳动能力。

4. 案例取得成效

该劳动教育项目实施的近五年以来，100 余名师生参与其中，教育学院的办公区和实验室的计算机设备共计 130 余台重新安装操作系统并正版化；对于办公和实验用的各类计算机设备、打印机、网络等，处理各类故障 100 余次；为学校师生维护计算机系统、维修设备故障、义务除尘达 80 余次；承担项目任务的兴趣小组，立项大学生创新创业训练项目 15 项（其中国家级 3 项，省级 4 项），"调研河北"项目 4 项，省级以上竞赛获奖 20 余件。项目实践得到

软件正版化工作　　　　　　　　　　　学生维护实验室设备

帮助教师维护电脑

师生技术交流与培训　　　　　　　　　师生技术交流与培训

了学院师生的肯定，既为学院节约了一笔不小的经费开支，又节省了师生等待维护的时间，保障了办公和实验开展的顺利进行，形成了一定的口碑，产生了良好的社会反响。

育人成效上，"计算机设备维护"劳动实践项目积极引导大学生树立劳动观念、传承艰苦奋斗精神和精益求精的工匠精神，蕴含着突出的劳育功能。一是有突出的专业性劳动特色，将"劳"与"专"融合，对强化学生运用专业能力创新劳动具有促进作用，使专业课与劳动课融会贯通。二是有突出的劳动课程思政特征，激发了学生艰苦奋斗和乐于奉献精神，树立了以创造性劳动服务社会的劳动意识，强化了专业情谊和学习动力。

二、德育渗透下的劳动教育实践

1. 案例简介和教育目标

将德育教育融入劳动教育是培养一代新人的重要途径。学校劳动课是学校对学生进行思想道德教育、劳动教育、责任意识教育、提高学生综合素质的一项重要综合实践活动。由于疫情的原因，2021—2022年第2学期，学生未能返校。采取线上上课的方式，给劳动教育实践课程带来了影响。为了保证线上劳动教育实践课程的顺利开展，教育学院的专业课教师因地制宜地提出对策。专业课教师从劳动教育课程的目标出发，结合劳动教育课程大纲内容，充分利用疫情防控、学生居家的有利条件，从两个方面开展了本课程的实践内容：（1）从感恩父母、孝敬父母、体贴长辈的角度出发，进行实践活动；（2）以"疫情封控，所见所得"为主题进行交流研讨，以及在疫情防控形势下，贡献自己微薄之力的志愿者活动。

2. 案例实施内容

（1）在20级科教专业开展劳动教育课程的过程中，教师在课上对学生进行了调查。其中有三分之二的学生没有独立做过一顿饭，家务劳动大多数由爸妈代替。为了让学生能充分体会到父母的辛苦和不易，专业教师布置安排了一项家庭作业——"自己动手，丰衣足食，美食视频上传"作业。作业完成后，学生用PPT或视频方式进行了分享，交流经验、心得。有的学生说，经过自己亲身的劳动深刻体会到父母的关爱和辛劳；有的学生说，在本次作业完成过程中，爸妈充当视频录制者，两者进行了角色转换，不仅锻炼了自己的能力，也增进了和家长的感情交流。虽然看似是简单的一次作业，但是学生通过亲自参与劳动，才会懂得尊重并珍惜别人的劳动成果，懂得幸福生活需要靠劳动亲手创造，懂得去分担父母的辛苦，从而培养感恩父母、感恩社会的美德。

（2）20级科教专业的劳动教育课程，恰在疫情防控期间，在教师讲到有关"志愿者"一章内容时，组织了一堂"疫情封控，所见所得"交流活动。通过课堂讨论和交流，学生再次提高了对疫情防护过程中"美丽逆行者"的尊重。趁热打铁，让学生把这些感受记录了下来，当作一次作业。孩子们很认真地去完成。通过作业的批阅，发现了他们的美，他们也在用自己的行动践行志愿者的角色。他们用自己的实际行动展现了当代大学生的风貌。

3. 案例特色和创新点

德育渗透不只是课堂上的讲授，更应该落实到实践中。通过结合学生实际情况，因时而异，因地制宜地采取合理的措施进行劳动教育课程实践的落实，是本次案例的特色之处。"自己动手，丰衣足食"活动，充分利用学生居家条件，通过联合家长，进行了有意义的家校合作，通过后期反馈，学生家长也非常赞同此次实践作业的布置，让学生懂得了感恩父母，孝敬长辈。在志愿者探讨及实践任务中，深刻认识到"赠人玫瑰，手有余香"的真谛。参与志愿服务既是"助人"，亦是"自助"；既能"乐人"，也能"乐己"；既是在帮助他人、服务群众、贡献社会，也是在传递爱心、宣扬文化、传播文明，对促进社会的进步与稳定贡献着自己的一份力。这些活动从学生自身实际出发，真正落实到实践中去，在具体实例中落实德育教育。

4. 案例取得成效

通过本次课程实践的布置，一方面，真正落实了劳动教育课的德育教育目标。让学生在劳动过程中掌握相关的劳动技能，体会到劳动的艰辛，懂得劳动的重要性，从而获得一定的劳动成就感，使学生产生热爱劳动的情感。在劳动过程中，学生能感受劳动的辛苦，使学生明白无论是自身环境还是家庭环境的整洁舒适都需要靠自身的辛勤付出，只有通过自己的劳动，才能换来美好的环境和幸福的生活。使他们在这过程中慢慢养成爱劳动、讲卫生的习惯，树立健康的劳动观。另一方面，通过志愿者事迹的反思及亲身实践，让同学们深刻体会到在疫情或困难面前的那种责任感与使命感，体会到"舍小家，为大家"，默默坚守着社区防线、守护着百姓安全一线人员的辛苦和伟大。从细节、从实践中渗透德育教育。

第十二节　河北科技师范学院外国语学院：
走进生活的暑假作业

走进生活的暑假作业

1. 案例简介和教育目标

"走进生活的暑假作业"是英语演讲与辩论课程在"以劳育人"理念的指引下，对作业布置形式进行的创新与尝试。在这项社会实践作业中，学生在暑假期间，参加多样的志愿者活动，采用线上线下相结合的形式，以小组为单位，每天进行组内分享及每日微演讲，并于暑假结束后完成 3 分钟已备演讲，讲述自己的故事。课程大胆创新，以期"以劳育人"，在提升专业技能的同时增强学生的团队意识，培养学生的社会责任感，实现课程深度育人价值，同时培养学生关注社会、讲好中国故事的能力。

2. 案例实施内容

2021 年暑假，在专业课教师的指导下，各小组分别完成为期 10 天的线上和线下相结合的社会实践活动。各小组学生根据当地及个人具体情况，在 10 天内积极参与中小学生课业辅导、社区环境维护、图书馆领读、交通协管、乡村振兴专题资料整理等丰富多样的志愿服务活动。学生走出校门，接触社会，了解社会，投身社会，在汗水中感悟与成长。

各小组每位成员首先需要完成当天的社会实践活动，活动结束后将记录的影像材料以及实践活动内容上传到 QQ 群，并进行 1 ～ 2 分钟的微演讲。每天由一位同学负责组内点评，撰写日志。小组内每位同学各司其职，团结互助，积极讨论，为社会贡献自己的一份力量。假期结束后，每位同学以实践中的体验和感悟为素材，完成 3 分钟的演讲。

3. 案例特色和创新点

案例特色：围绕国家需求制定教学目标，完善教学设计。习近平总书记在相关重要论述中多次强调要讲好中国故事，传播好中国声音。"讲好中国故事"不仅是政府部门的工作，也是每一个中国人的责任。国家对人才的需求能否满足，取决于课堂上发生了什么，这就决定了教师要结合国家需求进行教学设计。英语演讲与辩论是英语专业的核心课，课程在提升学生演讲与表达能力的同时，注重培养学生对社会的关注，增强学生的文化自信，培养学生讲好中国故事的能力。"走进生活的暑假作业"社会实践任务正是基于国家与社会的需要而设置的。

案例创新点：劳动教育与教学目标有机融合。通过作业形式的创新，学生在劳动中对各行各业有了丰富、立体的体验，在每日微演讲及组内点评中内化知识、提升技能、锤炼思维、强化文化自信。演讲中一个个小故事虽然平凡，但却生动、有说服力。作业以劳动实践为途径，以"用外语讲好中国故事"为产出导向，实现价值塑造、知识传授与能力培养的有机融合。同时，"走进生活的暑假作业"社会实践活动，深入贯彻落实习近平总书记关于青年工作的重要思想，引导和帮助广大青年学生上好与现实相结合的"大思政课"，是外语课程深度思政的有益探索。

4. 案例取得成效

英语演讲与辩论课程的教学目标包括学生能够了解演讲、辩论相关概念，独立撰写内容完备、逻辑清晰、语言准确的演讲稿，能够有效地立论、驳论；通过课堂演练，学生能够清晰、流利地呈现自己的演讲，流利讲好中国故事，同时能够对自己和他人的演讲进行有理有据的评价；通过小组任务，学生能够与小组成员积极配合，合作学习。而"走进生活的暑假作业"社会实践活动，通过各环节任务的设置，全方位推进了知识、能力目标与育人目标的达成。

外国语学院的学生参加各种志愿活动

知识巩固与能力培养成效：通过持续的微演讲练习与组内点评，学生逐渐内化课堂所学知识与技能，演讲的组织更加有条理，语言更加简洁有力，表达逐渐自然流畅。因为以切身体验为素材，有感而发，学生更是克服了演讲内容空洞、千篇一律、大而化之的习惯，演讲更加真诚生动，说服力与可信度都明显提高。

育人成效：通过丰富多样的社会实践活动，学生对社会、工作、责任有了更深刻的感悟。每日大家或不畏酷暑，汗流浃背；或不怕脏不怕累，投身工作；或虚心学习，努力改进。每一天实践劳动后大家又在组内用心分享自己的经历与感悟，讲好自己的故事。学生的用心与努力得到了社会的认可，一定程度上起到了示范引领作用。在此过程中，学生的社会责任感得到了提升，团队意识与合作学习能力也逐渐增强。

第十三节　河北科技师范学院文法学院：
以劳育美　以劳育德　以劳促学

一、以劳育美：中华才艺育新人

1. 案例简介和教育目标

"中华才艺系列——国画、剪纸、钩编、轻黏土制作，印章篆刻"由河北科技师范学院文法学院汉语国际教育的师生们植根于中华传统文化，把"劳"与"美"融合创造性地推出的劳育项目。劳动课程实施以来，汉语国际教育专业19级、20级和21级共260多名师生共绘制国画100多幅，剪纸作品170多幅，轻黏土制作作品300多件，编钩作品200多件，印章篆刻作品20多件。项目丰富多彩，让学生从动手实践中更深刻体会了中华传统文化的精髓，深受学生喜爱。

2. 案例实施内容

在老师指导下，学生结合汉语国际教育专业特色，对多项中华优秀传统文化技艺进行学习、实践，同时用所学技艺积极参加社区文化建设，利用假期组织小学生开展轻黏土制作等活动，深得孩子们喜爱。学生还把剪纸技艺传授给留学生，让留学生在活动中深入体会中华文化的魅力。多项中华才艺系列活动还为学生将来就业打下实践基础。

3.案例特色和创新点

文法学院发挥汉语国际教育专业特色优势，挖掘专业课程实践环节中蕴含的劳动育人价值，创新性地运用"中华才艺系列——国画、剪纸、钩编、轻黏土制作，印章篆刻"多种载体创新开展劳动教育。以劳育美、以勤润心、以劳启智，以劳促学，将"劳"与"美"深度融合，实现了专业性劳动与创造性劳动的统一，具体体现在以下四个方面。

（1）劳动教育与专业素质共同提高。教师在开展课程中，不仅停留在让学生动手操作层面，更注重与专业素养相结合。学生在国画中品读诗词、剪纸中了解民俗、篆刻中学习汉字，实现专业知识与劳动技能的共同提高；学生通过互相帮助、讲解，将所学技能更好的内化吸收，在劳动中提高语言表达能力、增强合作意识。

（2）劳动教育与文化传承紧密结合。习近平总书记强调，中华优秀传统文化是中华民族的根和魂，多次指出要增强文化自觉，坚定文化自信。学生在进行中华才艺系列劳动课程学习时，深入了解中华优秀传统文化，感悟中华文化之博大精深、丰富内涵与独特魅力。在劳动中潜移默化地培养学生的文化自豪感，使其自发承担起弘扬中华优秀传统文化的大任。师生充分发挥专业优势，在对留学生教学时，帮助中华才艺走出国门、走向世界，促进文化交流与传播。

（3）劳动教育与网络技术配合得当。师生在劳动教育实践中巧妙运用网络技术，利用直播软件线上教学、开展讲座，师生互动、生生互动，使学生对线上教学平台达到熟练应用，提高备课讲课答疑能力。同时，鼓励学生用视频、PPT方式记录自己学习成果，不仅方便同学间相互交流还锻炼多媒体操作能力。从整体上提高师范生的教师技能、综合素质，为就业增加竞争力和明显优势。

（4）劳动教育与自主创业相辅相成。学生在作品展示环节充分体会到劳动的价值与意义。本专业鼓励学生自主设计策划作品展、利用制作精美的手工艺品进行大学生创业。学生在上述形式中团结协作、积极创新，收获了友情、第一桶金；体会到了团队凝聚力、创业的辛苦与成就感。该课程开展以来，得到了师生的共同好评。

创新点：以劳动丰富学生专业知识技能、以劳动促进中华优秀文化继承发展、以劳动践行社会主义核心价值观，将劳动与大学生创业紧密结合，帮助其适应时代需求。本专业紧紧围绕着社会主义核心价值观开展劳动教育，中华才艺系列课程让学生通过感受中华文化魅力，培养爱国情怀、责任担当；通过自己动手自主创业，体会工匠精神、培养敬业诚信品质。在劳动的汗水中成长为合格的大学生。

4. 案例取得成效

在育人成效上，河北科技师范学院文法学院"中华才艺系列——国画、剪纸、钩编、轻黏土制作，印章篆刻"劳动实践项目积极引导大学生树立劳动观念、传承中华传统文化，学习工匠精神，蕴含着突出的劳育功能。一是有结合汉语国际教育专业性特色学习劳动技艺，使专业特色与劳动课融会贯通；二是有突出的劳美融合特点，使大学生体会到中华传统文化的魅力，懂得了"劳动升华美"的道理，使劳与创、勤与美合二为一，劳育与美育互促共进，提高了大学生劳动能力的审美能力；三是有突出的劳动课程思政特征，激发了大学生

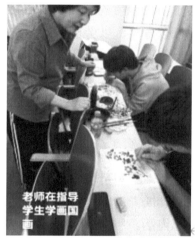

劳动实践——手工制作

的社会责任感和奉献精神，重视中华文化的传播，树立了以劳动创造美、传承美的意识，构成了一堂生动有趣、丰富多彩、有声有色有味的劳育思政课，学生们也深刻体会到了劳动课的重要性和必要性。

二、以劳促学：中华才艺之篆刻

1. 案例简介和教育目标

"中华才艺之篆刻"劳动实践项目，由河北科技师范学院文法学院汉语国际教育专业的全体师生将"劳动""中华传统文化""教师技能"三者融合而别出心裁推出的劳育项目。劳动课程实施以来，2019级、2020级、2021级三届师生开设篆刻课程及讲座十几次。该劳动项目充分考虑专业特色，学生在学习后开展讲授篆刻等活动，既提高了作为师范生的基本技能，又促进其继承传播中华优秀传统文化，增强文化自信，实现劳动教育"以劳养德、以劳增智、以劳育美、以劳创新"等方面的教育价值，在师生间形成了良好的反响。

2. 案例实施内容

在老师指导下，本专业学生对篆刻艺术进行初步理论与实践学习，掌握基本操作后，充分发挥学生想象力和特长进行美的劳动创造，在劳动汗水中巩固古代汉语、中华文化等专业知识。在项目设计过程中，特别重视以教促学、教学相长。老师鼓励并督促学生自主学习、提高水平，将学到的知识讲出来。教学部多次开展"生生课堂"，通过一对一生生教学形式展现社会主义核心价值观的思想内涵。"生生课堂"劳动实践中，实现了三个年级学生亲身实践并基本掌握篆刻步骤的教育目标。学生策划开展篆刻讲座，在锻炼综合素质的同时，更使其体会到劳动的意义。

3. 案例特色和创新点

习近平总书记在清华大学考察时指出，美术、艺术、科学、技术相辅相成、相互促进、相得益彰。要增强文化自信，以美为媒，加强国际文化交流。汉语国际教育专业精心培育的"中华才艺之篆刻"劳动实践项目，旨在通过篆刻学习，弘扬中华传统文化，让大家感受到切实篆刻艺术的独特魅力。

（1）以劳养德。中国篆刻文化博大精深，讲究对称平衡、虚实互补，巧拙雅俗、相反相成，阴阳违和、奇正相生，通过文字内容、章法结构以及刀锋运行造成的金石趣味来表现中国特有的文化底蕴，具有丰富多彩的审美价值。

通过篆刻我们可以真切感悟到中华传统文化的源远流长、博大精深，坚定文化自信，筑牢信仰之基、补足精神之钙、把稳思想之舵，树牢正确的世界观、人生观、价值观。

（2）以劳育美。篆刻艺术精微地体现出中国美学境界。中国传统美学中关于"神""形""虚""实"的理论在篆法中形成具体的美学规范。篆刻中坚持"曲处有筋，直处有骨；包处有皮，实处有肉；当行即流，当住即峙；动不嫌狂，静不嫌死"，"一划之势，可担千钧；一点之神，可壮全体"。篆刻者用一支笔，一把刀在"方寸之间"去寻找"寻丈之势"，以红色印章的方式传达中国文化精神，运用传统的篆刻艺术向世界展示中国文化精神的美好意愿，提升中国的文化的国际影响力。尤其作为汉语国际教育专业一员，可利用篆刻技术，向留学生传播中国文化，让篆刻走出国门，走向世界。

（3）以劳增智。习近平总书记强调中华优秀传统文化是中华民族的根和魂，多次指出要增强文化自觉，坚定文化自信。用篆刻记录诗词文，加深学生对汉字知识、传统文化的理解和掌握。同时，从提高学生的讲授技能出发，本专业创新地选择"生生课堂"、开展讲座的形式。学生在讲授篆刻时，锻炼了备课讲课、PPT制作能力；策划开展讲座，提高了合作意识与综合素质。

（4）以劳创新。劳动教育不仅要追寻大众化，还要"化大众"，不断用精英的、经典的、优雅的文化去提升大众的品位。这是需要师生共同探索实践的课题。中国文化几千年来历经冲击而不崩溃，仍然具有强大的凝聚力，原因在于中华文化的根本精神就是吐纳吸放，自我创新，能容纳并且融合古今中外各种优秀文化。在篆刻作品中，往往在看似平奇无华、湿润厚重中，体现"百炼钢化为绕指柔"之美，这即是孔子所说的"中和"之美。要想学好篆刻，需要不断的尝试、打磨，培养学生的工匠精神、创新精神。

创新点：以劳动传承传播文化、以劳动促进教师技能提高、以劳动培养合作精神，将劳动与学生需求紧密结合，实现了专业式劳动、团队式劳动与创造性劳动三者统一。在这一过程中，以专业技能和劳动汗水为大学生活添上值得记忆的一笔。

4.案例取得成效

育人成效上，汉语国际教育专业"中华才艺之篆刻"劳动实践项目积极引导大学生树立劳动观念、培养传承传播中华文化的使命感、提高教师素质与技能。三年来，该项目已经成为专业特色。其劳育功能主要体现在：一是有突出的专业性劳动特色，使专业素养与劳动实践相辅相成、共同提高；二是有突出的就业针对性，使大学生在劳动中掌握一门技艺、增强就业竞争力；三是有突出的劳动课程思政特征，激发了大学生文化自信，树立了以劳动传达中华文化精神的责任感、自豪感，构成了一堂生动、实用的劳动教育课。

教师指导学生现场

学生作品

三、以劳育德：上得课堂下得厨房

1. 案例简介和教育目标

"居家烹饪与视频制作"劳动实践项目，由河北科技师范学院文法学院汉语国际教育专业师生，响应国家开展劳动教育课程的号召并结合疫情网课现实条件而设计开展的劳动教育项目。该项劳动教育课程从 2020 级和 2021 级本科生实践以来，已经录制并向各大互联网平台上传了近 200 件学生自主创作的作品。秉承鼓励学生辛勤劳动，诚实劳动，创造性劳动的原则，培养学生的在互联网大数据时代下的新媒体技术运用能力，烹饪菜肴的动手实践能力，鼓励学生传承中国传统孝道文化，培养新时代德智体美劳全面发展的新时代大学生。

2. 案例实施内容

在老师指导下，学生根据家庭现有条件，结合自身的特长和需求，动手处理和烹饪食材，同时由家庭成员或自己进行拍摄录制。在项目设计的过程中，注重发挥学生的创新能力和实践能力，学生自由录制、剪辑视频，同时学生家庭成员的参与也让本课程实践增添了更多的家庭人文主义色彩。在视频剪辑完成后，学生上传到哔哩哔哩、抖音、小红书等互联网平台，留下学生珍贵且独特的大学课程记忆。学生在实践中锻炼了能力，增进了家庭感情，学生也明白了家庭柴米油盐的来之不易。

3. 案例特色和创新点

文法学院汉语国际教育专业发挥专业特色优势挖掘课程中的劳动育人价值和人文主义感情，结合疫情居家网课现有条件，借助互联网新媒体技术，以劳育美，以勤怡情，以劳培技，实现了劳动教育育人情操和传授技术深度融合。通过劳动技术的学习与实践，给学生枯燥的居家学习生活画上了浓墨重彩的一笔。

4. 案例取得成效

在育人成效上，河北科技师范学院"居家烹饪与视频制作"劳动实践项目引导大学生树立正确的劳动观念，传承中国孝道文化，蕴含突出的劳育功能。一是有专业传承的劳动课程特色，培养学生对互联网新媒体技术的运用能力，为适应将来的互联网时代课堂教学提供条件，二是有突出的劳用融合的特点，劳动技术教育不应该被束之高阁，满足了学生在互联网时代获得新技能的需要，实现了劳、创、用的有机融合。三是有突出的劳动课程思政教育特征，激发了学生的家庭责任感，学生在实践中进一步增强与家人的情感，传承中国传统的孝道文化，构成了一堂生动、多彩、有滋有味的劳动思政课。

第十四节　河北科技师范学院艺术学院：
校园彩绘助力乡村振兴

以劳育美：校园彩绘振乡村

1. 案例简介和教育目标

"校园彩绘振乡村"劳动实践项目，由我校艺术学院设计艺术设计专业和美术学专业的师生们立足"劳"与"美"融合而别出心裁推出的劳育项目。劳动课程实施以来，120多名师生共绘制墙体彩绘1 000余平方米。其中，就近支援乡村振兴项目彩绘600余平方米，延展的卡通形象级及周边设计获得市级以上竞赛奖6件。项目颇具特色的育人模式受到了学生们的欢迎，尤其是被服务乡村人民的称赞，也得到了学校和地方各级领导的大力支持。同时，还吸引了多家媒体：中国多彩大学生网、秦皇岛青龙电视台、学校网站等多家媒体采访报道，形成了良好的社会反响。

2. 案例实施内容

在老师指导下，前期，大学生深入校园的商业广场、艺术楼中心外墙，窨井盖等处，结合自身专业特长，用墙绘、彩绘、涂鸦等方式进行美的劳动创造，以专业技能和劳动汗水为校园添彩。在项目设计过程中，特别重视弘扬民族传统，振兴农业元素，在前期的劳动中锻炼了学生们的绘画技能，熟悉掌握了墙体绘画，及涂鸦的绘制技巧。中期，结合乡村振兴的主题，和我校对接的相关振兴农村的实际案例和项目，设计规划、绘制草稿，最后根据当地实际情况并结合产业特色设计出整体方案。最后阶段，先后有120余名同学对校园内的多个井盖进行涂鸦创造，对艺术楼中心外墙环境，主校区食堂商业街外墙环境进行了一系列改造，使这些地方成了校园特色文化的一道视觉走廊，并使学生体验到涂鸦的快乐和劳动的可贵，同时抽调部分优秀学生，结合暑期社会实践等活动分期分批地对我校对接的乡村振兴单位服务，先后为五个乡村绘制文化墙600余平方米。

3. 案例特色和创新点

艺术学院积极发挥专业特色优势，挖掘专业课程实践环节中蕴含的劳动育人价值，创新性地运用手绘墙画、校园涂鸦等载体创新开展劳动教育，并结合乡村振兴，积极对接学校相关项目。以劳育美、以勤润心、以劳启智，将"劳"与"美"深度融合，实现了团队式劳动、专业式劳动与创造性劳动三者统一。通过美的劳动创造，以专业技能和劳动汗水为乡村振兴和校园美化增光添彩。

4. 案例取得成效

育人成效上，艺术学院"校园彩绘与涂鸦"劳动实践项目积极引导大学生树立劳动观念、传承劳模精神和工匠精神，蕴含这突出的劳育功能。一是有突出的专业性劳动特色，对强化大学生运用专业能力创新劳动具有促进作用，使专业课与劳动课融会贯通；二是有突出的劳美融合特点，使大学生懂得了"劳动升华美"的道理，使劳与创、勤与美合二为一，劳育与美育互促共进；三是有突出的劳动课程思政特征，激发了大学生社会责任感和奉献精神。同时，也为乡村文化振兴，服务"三农"贡献了自己的力量，构成了一堂生动、多彩、有声有色有味的劳育思政课。

学生在校园进行墙体彩绘

学生在乡村进行墙体彩绘

学生服务乡村的彩绘作品

【课后思考题】

1. 联系实际说一说身边还有哪些典型的劳动实践案例。

2. 联系实际谈谈大学生在劳动实践方面存在哪些不足，并对此提出建议。

3. 依据所在专业特点，以社团或兴趣小组为单位设计一套劳动教育实践活动方案，并组织实施。

【拓展阅读】

[意] 亨利·戴维·梭罗：《瓦尔登湖》，华东师范大学出版社 2015 年版。

参 考 文 献

[1] 刘向兵 . 劳动通论［M］. 北京：高等教育出版社，2020.

[2] 刘向兵 . 新时代高校劳动教育论纲［M］. 北京：社会科学文献出版社，2019.

[3] 袁国，徐颖，张功 . 新时代劳动教育教程（通用版）［M］. 北京：航空工业出版社，2020.

[4] 赵鑫全，张勇 . 新时代大学生劳动教育［M］. 北京：机械工业出版社，2020.

[5] 陶媛媛，阎汉生，夏晓云，等 . 大学生劳动教育实践［M］. 成都：电子科技大学出版社，2021.

[6] 杨松涛，徐洪，杨守国 . 大学生劳动教育［M］. 北京：首都师范大学出版社，2021.

附　　录

教材课程思政要点

基本观点	内容	教学要点	本书对应章节
马克思主义劳动观	劳动与人类	劳动创造人类	第一章　认识劳动
	劳动与人的全面发展	尊重劳动、尊重劳动者；诚实劳动、创造性劳动、劳动创造幸福	第二章　马克思主义劳动教育理论发展 第三章　地方高校劳动教育 第五章　永不过时的劳模精神 第六章　追求卓越的工匠精神 第七章　百折不挠的奋斗精神
中国特色社会主义劳动观（习近平关于劳动的重要论述）	劳动发展观	中国梦的实现	第一章　认识劳动 第二章　马克思主义劳动教育理论发展 第七章　百折不挠的奋斗精神
		劳动安全与职业健康	第四章　劳动安全与权益
	劳动价值观	弘扬劳模精神、工匠精神、劳动精神	第五章　永不过时的劳模精神 第六章　追求卓越的工匠精神 第七章　百折不挠的奋斗精神
		革命精神、担当奉献	第七章　百折不挠的奋斗精神 第十章　自我奉献——志愿服务 第十一章　服务地方建新功
		树立正确的人生观、价值观、幸福观；社会主义核心价值观	第一章　认识劳动 第二章　马克思主义劳动教育理论发展 第三章　地方高校劳动教育
	劳动教育观	劳动教育体系建构与价值引领	第一章　认识劳动 第二章　马克思主义劳动教育理论发展 第三章　地方高校劳动教育
		劳动文化传播与劳动精神	第一章　认识劳动 第二章　马克思主义劳动教育理论发展 第三章　地方高校劳动教育 第五章　永不过时的劳模精神 第六章　追求卓越的工匠精神 第七章　百折不挠的奋斗精神